hänssler

JOACHIM COCHLOVIUS

Die Freiheit des Glaubens

Eine Auslegung
des 1. und 2. Korintherbriefes

Pastor Dr. Joachim Cochlovius
1974 bis 1979 Gemeindedienst in Berg/Oberfranken
1979 bis 1996 Studienleiter im Geistlichen Rüstzentrum Krelingen
seitdem 1. Vorsitzender des Gemeindehilfsbundes mit Sitz in Walsrode
Verheiratet, vier Kinder. Zusammen mit seiner Frau Lieselotte u. a. in der
Eheseelsorge tätig. 1997 erschien seine Auslegung des Römerbriefs unter
dem Titel »Leben im Zeichen des Kreuzes«.

hänssler-Taschenbuch
Bestell-Nr. 392.651
ISBN 3-7751-2651-1

© Copyright 1999 by Hänssler-Verlag,
D-71087 Holzgerlingen
Umschlaggestaltung: Daniel Kocherscheidt
Satz: AbSatz
Druck und Bindung: Ebner Ulm
Printed in Germany

1. KORINTHERBRIEF

Struktur des 1. Korintherbriefs

INHALT

Vorwort

Die beiden Briefe des großen Völkermissionars an die Christen in Korinth gehören wie der Römerbrief zur Weltliteratur. Sie sind beispielhafte Dokumente eines außergewöhnlichen seelsorgerlichen und theologischen Ringens um den Weg der Gemeinde Jesu in dieser Welt. Gleichzeitig vermitteln sie einen tiefen Einblick in die innere Kraft und in das Selbstverständnis des Apostels Paulus, der allen Enttäuschungen zum Trotz, die ihm die Korinther bereiteten, in ungebrochener Liebe ihnen die Treue hielt.

Obwohl die zwei Korintherbriefe Gelegenheitsschriften sind, ist ihre Aktualität bis heute ungebrochen. Die Reformatoren fanden in ihnen die Grundlage für ihre »Theologie des Kreuzes«, die alle theologische Arbeit darauf verpflichtet, ausschließlich der Verkündigung des Gekreuzigten und Auferstandenen zu dienen. Paulus gibt uns in diesen Briefen wegweisende Hilfestellungen, wie innerchristliche Spaltungen verhindert und überwunden werden können. Er ermahnt zu einem geheiligten Umgang mit der Sexualität und warnt vor Ehescheidung. Ebenso bekommen wir die Augen geöffnet für die Gefahren der Glaubensvermischung und des Glaubensabfalls, der damals wie heute bis hin zur Leugnung der leibhaften Auferstehung Jesu ging. Und wir finden auch in den beiden bedrängenden Fragen der Bedeutung der Charismen und des Dienstes der Frau in der Gemeinde verbindliche Aussagen.

Die vorliegende Auslegung ist in den 17 Jahren meiner Lehrtätigkeit im Geistlichen Rüstzentrum Krelingen entstanden. In Vorträgen und Seminaren, die ich seit dem Beginn meiner hauptamtlichen Tätigkeit im Gemeindehilfsbund im Jahre 1996 gehalten habe, bekam sie die jetzige Form. Die beigegebenen Strukturübersichten der Korintherbriefe dienen der ersten Orientierung. Für den theologisch kundigen Leser werden die wichtigsten griechischen Begriffe in Umschrift zitiert. Eine Fremdwörtererklärung erläutert gebräuchliche Fachausdrücke. Hinweise auf weiterführende Literatur gibt es im Text.

Ich wünsche allen Lesern eine geistlich gewinnbringende Lektüre und eine feste Gründung in der apostolischen Lehre, damit wir auf dem »alles überragenden Weg« der Liebe Gottes (1. Kor 13) hingelangen »zum vollen Maß der Fülle Christi« (Eph 4, 13) und in vielfältiger Weise die »Freiheit des Glaubens« erfahren.

Walsrode-Düshorn, im Dezember 1998
Pastor Dr. Joachim Cochlovius

Einleitung in die beiden Korintherbriefe

Paulus hat die Gemeinde in Korinth während seiner zweiten Missionsreise ca. 50 n. Chr. gegründet. Er arbeitete dort in seinem handwerklichen Beruf bei Aquila, der zusammen mit seiner Frau Priszilla (Priska) aus Rom vertrieben worden war (Apg 18, 3). Aquila und Priszilla waren Judenchristen. Wie überall begann Paulus auch in Korinth seine Missionstätigkeit in der Synagoge. Dies hat heilsgeschichtliche Gründe. Gottes auserwähltes Volk hat den ersten Anspruch auf das Evangelium. Erst dann, wenn es sich dem Evangelium verschließt, hat Paulus die innere Freiheit, zu den Heiden zu gehen. Der erste Jude, der in Korinth zum Glauben kam, war Stephanas (und sein Haus). Ihn hat Paulus persönlich getauft (1. Kor 1, 16). Ebenso wurde der Synagogenvorsteher Krispus gläubig an Christus und von Paulus getauft (1. Kor 1, 14; Apg 18, 8). Der Kern der korinthischen Gemeinde bestand also aus judenchristlichen Familien. Nachdem Timotheus und Silas, aus Mazedonien kommend, Paulus bei der Missionsarbeit unterstützten, konnte sich Paulus verstärkt der Verkündigung widmen (Apg 18, 5). Nun kamen auch Nichtjuden zum Glauben (Apg 18, 8). Im Jahr 51 strengten die korinthischen Juden einen Prozess gegen Paulus an, und zwar mit dem Vorwurf, er würde die Juden vom jüdischen Gesetz abspenstig machen. Gallio, der römische Prokonsul von Achaja, nahm die Klage aber wegen ihres innerjüdischen Charakters nicht an (Apg 18, 12 ff.). Paulus blieb 1 1/2 Jahre in Korinth (Apg 18, 11). Besonders wichtig für seinen Aufenthalt dort wurde eine göttliche Offenbarung, die ihm Mut und Beistand zusprach (Apg 18, 9 f.).

Aufgrund der langen Wirksamkeit des Apostels war ihm die Gemeinde ans Herz gewachsen. In 2. Kor 6, 13 nennt er sie seine geistlichen Kinder. An ihnen will er festhalten im Leben und Sterben (2. Kor 7, 3). Trotz viel Kummer und Not, die ihm von den Korinthern bereitet wurden, hat er diese Gemeinde niemals abgeschrieben, sondern mit letztem geistlichen Einsatz um sie geworben und gekämpft. Nachdem Paulus seine dritte Missionsreise begonnen hatte, ca. 52/53 n. Chr., war der Judenchrist Apollos in Korinth tätig (Apg 18, 24 - 28). Paulus erkennt dessen Tätigkeit dort voll an (1. Kor 3, 6), beurteilt ihn aber eindeutig als »Mann der zweiten Stunde«. Offensichtlich hatte sich Apollos in Korinth eine eigene Anhängerschaft geschaffen, vermutlich durch die Taufe (1. Kor 1, 12). Eine dritte Gruppierung waren die sogenannten »Kephas-Leute« (1. Kor 1, 12). Vermutlich waren das Judenchristen, die aus Jerusalem eingewandert und von Petrus getauft worden waren. Es ist nicht auszuschließen, dass diese Gemeindeglieder deswegen ein elitäres Bewusstsein hatten, denn Petrus war der in der Urchristenheit allgemein anerkannteste Apostel. Für das theologische Konzept des Apostels Paulus, das von einer aus Juden und Heiden zusammengefügten großen Gemeinde Gottes ausging, war die Haltung dieser Kephas-Leute schwierig, denn sie stellte die jüdische Herkunft als geistlichen Vorrang heraus. Auch die vierte Gruppe, die sogenannten »Christus-Leute«, scheinen Judenchristen gewesen zu sein, die unter der direkten Berufung auf Christus die apostolische Autorität und Legitimität des Paulus bestritten. Vielleicht hatten einige von ihnen den irdischen

Jesus noch erlebt. Es ist nicht auszuschließen, dass besonders aus dieser Gruppe die stärksten Gegner des Apostels kamen (vgl. A. Schlatter, Die Geschichte der korinthischen Gemeinde, in: *Paulus der Bote Jesu,* S. 11-55).

Neben dem Gruppenstreit, der die Autorität des Paulus ruinierte, gab es in der korinthischen Gemeinde noch ein zweites Hauptproblem: Ein schwärmerisches Freiheitsdenken, das dem Christen einen freizügigen Umgang mit den natürlichen Trieben (Essen und Trinken, geschlechtliche Gemeinschaft zwischen Mann und Frau) zugestand. Das Stichwort hierfür war »Alles steht in meiner Macht« (1. Kor 6, 12; 10, 23). Nach dieser Auffassung war der Gang zur Dirne oder das geschlechtliche Zusammenleben mit der Stiefmutter kein Problem, ebensowenig die Teilnahme an heidnischen Götzenopfermahlzeiten (1. Kor 5, 1-5; 6, 12; 10, 23ff.). Dieses Freiheitsdenken entsprang wahrscheinlich einer Mischung aus heidnisch-griechischer Abwertung des Leiblichen und dem Missverständnis der paulinischen Botschaft von der Freiheit vom jüdischen Gesetz.

Der Zeitraum zwischen dem 1. und 2. Korintherbrief ist voller spannungsreicher Ereignisse. Der 1. Korintherbrief ist wahrscheinlich im Jahre 54 geschrieben. Paulus hatte während seiner dritten Missionsreise in Ephesus Station gemacht. In der korinthischen Gemeinde war zu dieser Zeit beschlossen worden, Paulus in wichtigen Streitfragen um Rat zu bitten (1. Kor 7, 1). Drei Abgesandte wurden zu Paulus nach Ephesus geschickt, u. a. Stephanas (1. Kor 16, 17). Diesen übergab Paulus den 1. Korintherbrief. Paulus scheint viele der in Korinth aufgebrochenen Fragen mit diesem Brief definitiv beantwortet zu haben. Jedenfalls spielt im 2. Korintherbrief z. B. das Problem der Teilnahme an Götzenopfermahlzeiten keine Rolle mehr. Auch die Fragen der Auferstehung, die Paulus in 1. Kor 15 ausführlich behandelt hatte, werden offensichtlich als gelöst vorausgesetzt. Grundsätzlich offen blieb aber noch die in Korinth geübte Infragestellung der geistlichen Legitimation seines Apostelamtes. Dieses Problem schwelte immer noch weiter. Nachdem die drei korinthischen Abgesandten aus Ephesus abgereist waren, kehrte Timotheus von einem Besuch in Korinth zurück und berichtete Paulus von der Auflehnung korinthischer Gemeindeglieder gegen Paulus. Der Apostel war tief betrübt (2. Kor 2, 1). Er entschloss sich zu einem Kurzbesuch in Korinth, dem von ihm mehrmals sogenannten zweiten Besuch (2. Kor 13, 1 f.; 12, 21; 1, 23; 2, 1). Dieser Kurzaufenthalt muss für Paulus sehr schwierig gewesen sein. In 2. Kor 13, 2 droht er denen den Gemeindeausschluss an, die sich ihm weiterhin widersetzen. Es muss also eine Art Rebellion gegen ihn stattgefunden haben. Bei seinem Abschied sagte Paulus zu, bald wieder nach Korinth zu kommen (2. Kor 1, 15 f.). Doch es sollte anders kommen. Nachdem Paulus von diesem Kurzbesuch wieder nach Ephesus zurückgekehrt war, ereilte ihn erneut eine schlechte Nachricht aus Korinth. Paulus deutet in 2. Kor 7, 12 dies nur ganz allgemein an. Vielleicht war es wieder eine Bestreitung seines apostolischen Auftrags. Paulus entschließt sich nun, seine ursprüngliche Absicht eines erneuten Besuchs in Korinth aufzugeben und stattdessen einen Brief zu schreiben. Dieser Brief, der sogenannte »Tränenbrief« (2. Kor 2, 4), ist nicht erhalten geblieben. Er wurde wahrscheinlich von Titus überbracht. Paulus verabredete mit ihm, dass er — Paulus — in Troas missionieren und dort auf die Rückkehr des Titus warten wolle. Paulus blieb aber nicht lange in Troas, sondern zog nach Mazedonien weiter, um schneller mit Titus zusammentreffen zu können (2. Kor 2, 12 f.). Titus kam mit guten Nachrichten zurück. Die Gemeinde in Korinth hatte sich durch den »Tränenbrief« ins Gewissen reden lassen. Derjenige, der das Unrecht begangen hatte, das den Brief ausgelöst hatte, wurde bestraft (2. Kor 7, 8 - 16). Die Gemeinde suchte wieder inneren Kontakt mit Paulus. Trotz dieser für Paulus erfreulichen Entwicklung blieb aber noch eine Gruppe in Korinth aktiv, die seine apostolische Autorität bezweifelte. Dieser Gruppe will Paulus nun endgültig seine Meinung sagen (2. Kor 10 - 13). So schreibt er, von Mazedonien aus, den 2. Korintherbrief (wahrscheinlich im Jahre 55). Mit diesem Brief kündigt er seinen baldigen – den dritten – Besuch in der korinthischen Gemeinde an. Wieder sendet er Titus, zusammen mit einigen Christen aus Mazedonien, voraus, um den Brief zu überbringen.

Briefeingang (1,1-3)

V. 1-3: Paulus weiß sich vom Auferstandenen zum
Aposteldienst berufen, und zwar zum speziellen Dienst
der Verkündigung des Evangeliums in der heidnischen Welt
(1,17; Röm 1,13ff.). Der Dienst der zwölf Apostel und
des nachberufenen Paulus ist nach Mk 3,14f. durch zwei
Voraussetzungen qualifiziert, und zwar erstens durch die
Lebensgemeinschaft mit dem irdischen Herrn bzw. durch
eine Begegnung mit dem Auferstandenen, sowie zweitens
durch die geistliche Bevollmächtigung zur Proklamation
der Herrschaft Gottes. Damit war der Aposteltitel auf die
erste Generation beschränkt.

Der Brief ist an die »Gemeinde Gottes« gerichtet.
Dem griechischen Ausdruck *ekklesia* liegt der alttestamentliche Begriff der »Versammlung« zugrunde (z. B. 4. Mose
16,3). Die Gemeinde Jesu ist die Gott gehörende Versammlung. Paulus sieht die neutestamentliche Gemeinde in
die alttestamentliche Versammlung Gottes »einverleibt«
(vgl. Eph 2,11-22). Es gibt nur eine »Versammlung Gottes«, nämlich die Menschen, welche die Verheißung der
Gotteskindschaft tragen. Im Alten Bund wurde die Verheißung durch die Zugehörigkeit zum Volk Israel verliehen,
im Neuen Bund wird sie dagegen durch den Glauben an
Jesus Christus geschenkt. Wer die Verheißung empfängt, ist
»geheiligt« und damit ein »berufener Heiliger« (V. 2). Das
Hauptkennzeichen der neutestamentlichen Gemeinde ist
der vom Heiligen Geist erweckte Glauben an den dreieinigen Gott: die Gemeinde ruft durch den Heiligen Geist den
Namen Jesu Christi als ihres Herrn und Heilandes an und
hat durch ihn Gemeinschaft mit dem Vater.

Paulus wünscht den Korinthern Gnade und Frieden
von Gott. Auch damit verknüpft er den Alten und den
Neuen Bund: »Frieden« ist der alttestamentliche Heils-
wunsch, und »Gnade« steht als Ausdruck der nun in Jesus
Christus angebrochenen Heilszeit voran. Gott hat nun
seine Gnade in seinem Sohn Jesus Christus offenbart.

Danksagung (1,4 - 9)

V. 4 - 9: Paulus praktiziert selber die Danksagung, die er
als Gehorsamsschritt des Glaubens fordert (Eph 5, 20).
Danksagung ist keine Gefühlsäußerung, sondern ein Wil-
lensakt des Glaubens. Der Dank des Apostels bezieht sich
auf die Tatsache, dass die Gemeinde in Christus die Fülle
des Heils schon empfangen hat und auch empfangen darf
(1. Kor 1, 30). In der Glaubensgemeinschaft mit Christus
hat jeder »Heilige« Zugang zur Fülle des Heils. Aus dieser
Fülle wählt Paulus mit Bedacht nur zwei Veranschaulichun-
gen der Gnade aus. Die Korinther sind durch den Dienst
des Paulus und der anderen Gemeindelehrer mit dem
Wort, d. h. mit der Verkündigung des Evangeliums und —
daraus folgend — mit Gotteserkenntnis reich beschenkt
worden. Paulus ist sich dieses Reichtums der Korinther völlig gewiss, denn das »Zeugnis des Christus«, also Christus
selbst, hat damit ihrem Leben eine feste Grundlage gegeben. Christus, der Auferstandene, handelt im Wort der Verkündigung und Seelsorge an denen, die ihm glauben. Er
macht sie in der Herrschaft Gottes fest. Dies stellt Paulus
als eine geschehene Tatsache fest. In der geistlichen Arbeit,
die in Korinth geschah, hat Christus selbst gehandelt. Als

Frucht dieser Arbeit benennt Paulus diese doppelte Tatsache: die Korinther haben eine Fülle an Gnadenerweisen Gottes empfangen, und sie erwarten sehnsüchtig den wiederkommenden Herrn. In Vers 8 und 9 drückt der Apostel seine Zuversicht aus, dass der Herr — trotz aller Mängel im geistlichen Leben der korinthischen Gemeinde — sein Werk an ihnen auch weiterhin tun wird, d. h. sie im Glauben, in der Hoffnung und in der Liebe wachsen lassen wird. Paulus vertraut also nicht in erster Linie der Einsicht und dem Gehorsam der Gemeinde, sondern dem Heilswerk Christi. Dies unterstreicht auch Vers 9: Gott ist treu. Er führt das Werk, das er in einem Menschen begonnen hat, auch weiter.

Der Hinweis auf die Gemeinschaft Jesu Christi bereitet nun den ganzen weiteren Briefinhalt vor. Alle gemeindlichen Probleme in Korinth wurden ausgelöst durch eine mangelhafte Gemeinschaft mit Christus. Paulus drückt in Vers 9 seine Zuversicht aus, dass Gott in seiner Treue dieses Grundübel in Korinth überwinden wird. Gott hat die Korinther in die Gemeinschaft seines Sohnes Jesus Christus berufen. Hier liegt ein sogenannter genetivus subiectivus (gen. subj.) vor (wie in 2. Kor 13, 13: Gemeinschaft, die der Heilige Geist stiftet, und kein genetivus obiectivus [gen. obj.]: Gemeinschaft, die auf den Heiligen Geist ausgerichtet ist). Die dahinterliegende Vorstellung ist die, dass Christus selbst die Gemeinschaft der Christen begründet, aufrecht erhält, vertieft und vollendet. Nicht der einzelne Christ gewährleistet diese Gemeinschaft, sondern Christus ist ihm immer voraus. Die Korinther müssen noch geistlich lernen, dass sie in einer objektiven, von Gott gesetzten geistlichen Gemeinschaft leben, die vom Heiligen Geist

selbst geschaffen und zusammengehalten wird (vgl. 1. Kor
12, 12). In dem Maße, in dem diese geistliche Erkenntnis
unter Christen wächst, verändert sich auch das konkrete
Miteinander der Gläubigen in der Gemeinde.

Ermahnung zur Einmütigkeit (1,10–17)

V. 10 - 11: Die erste und damit grundlegende Ermahnung
des Apostels in Vers 10 hat besonderes Gewicht. Paulus erteilt sie »unter Berufung auf den Namen unseres Herrn
Jesus Christus«. Dies bedeutet, dass er sich dessen bewusst
ist, dass Christus selbst durch ihn ermahnt. Es ist die Überzeugung des Apostels, dass in der vollmächtigen Verkündigung und Seelsorge Christus selbst am Werk ist.

Der Inhalt der Ermahnung steht in direktem Zusammenhang zu Vers 9. Die Korinther benötigen dringend Einsicht in das Wesen wahrer christlicher Gemeinschaft. Geistliche Gemeinschaft kann nur wachsen, wenn bestimmte
Vorbedingungen erfüllt sind. Die Grundvoraussetzung hat
Paulus schon angesprochen: die Gemeinschaft des Christus, die er selbst mit den Gläubigen herstellt. Dies muss aber
richtig verstanden werden: Christus ist der Heiland, der um
unserer Sünden willen dahingegeben und um unserer
Rechtfertigung willen auferweckt wurde (Röm 4, 25). Dies
ist sein Werk, das er an seiner Gemeinde unablässig tut. Immer ist er der vergebende und erneuernde Herr. So und
nicht anders begründet er seine Gemeinde und baut sie auf.
Geistliche Gemeinschaft mit Christus ist dort, wo der Herr
Menschen seine Vergebung und Rechtfertigung, d. h. Erneuerung schenkt. Wenn aber dies das Werk ihres Herrn

ist, dann ist es auch die geistliche Aufgabe der Gemeinde, ihr Leben daraufhin auszurichten. Die Vergebung der Sünden und die Erneuerung des Einzelnen zum Ebenbild Gottes muss Grundlage, Inhalt und Ziel ihrer Gemeinschaft sein. Dies macht Paulus mit Vers 10 überaus deutlich.

Die Gemeinde soll ihr geistliches Reden so gestalten, dass dabei immer das Versöhnungs- und Erneuerungswerk ihres Herrn im Mittelpunkt steht: alle sollen einmütig reden *(to auto legete pantes)*. Dies betrifft sowohl die Verkündigung als auch die Seelsorge und die Gespräche untereinander. Wenn jeder dieses geistliche Ziel vor Augen hat, können belastende Streitigkeiten überwunden werden. Diese gemeinsame Ausrichtung des Redens hat aber zur Voraussetzung, dass die Gemeinde ihre Gesinnung *(nous)* und ihre Urteilsbildung *(gnome)* am Heilswerk Christi ausrichtet. Der Heiland, der gekommen ist, Sündern die Vergebung zu schenken und sie zu erneuern, so dass sie nun zum Lob der Herrlichkeit Gottes leben können, muss auch die Gesinnung und das Urteilen der Christen bestimmen. Wer sich selbst als begnadigter Sünder vor Gott erkennt und in Christus die tägliche Vergebung und Erneuerung empfängt, der wird gerade in seiner Gesinnung und Urteilsbildung verändert. Er erkennt seine eigene Begrenzung, er wird bereit, weil er selbst in der Vergebung lebt, anderen zu vergeben. Er wird friedensfähig. Gleichzeitig verliert er die falsche Abhängigkeit von Menschen. Er gewinnt geistliche Souveränität, Demut vor Gott und ausrichtende Kraft im Umgang mit den anderen. Paulus meint mit dieser Ermahnung hier in Vers 10 nichts anderes als auch in Phil 2, 1 - 11, wo er zu einer auf Christus hin ausgerichteten Gesinnung mahnt.

V. 12 - 13: Wenn die Gemeinschaft, die Christus stiftet, nicht gefördert wird durch die Ausrichtung der Gesinnung und des Urteils an ihm, werden Menschen so wichtig, dass sie zur letzten Orientierung werden. Dies war in Korinth geschehen. Weil die Gemeinde sich in ihrer Gesinnung und in ihren Urteilen nicht am Werk Christi ausrichtete, hing sie sich an diejenigen, die in ihr Einfluss bekamen, also an Paulus, Apollos und Kephas (= Petrus), bzw. sie entzog sich aller menschlichen Autorität (diejenigen, die nur Christus selbst als Autorität anerkennen wollten). Vier Fraktionen waren auf diese Weise entstanden. Die »Paulusjünger« sahen in Paulus den Gemeindegründer und die letzte Autorität. Die »Apollosjünger« verehrten Apollos als ihren Lehrer. Die »Kephasleute« ließen, vielleicht unter Berufung auf Jesusworte wie Mt 16, 18 f. oder auch wegen persönlicher Kontakte, nur Petrus als letzte Autorität gelten. Und die »Christusnachfolger« schließlich scheinen nur den irdischen Jesus als Norm anerkannt zu haben, vielleicht sogar aufgrund persönlicher Augenzeugenschaft. Paulus nennt diese Fraktionsbildung geistlich unreif, »fleischlich« und an weltlichen Verhaltensmustern orientiert (3, 3 f.). Sie ist die Ursache für Neid und Streit, und sie legt sich lähmend auf das ganze Gemeindeleben.

Paulus macht diese geistliche Fehlhaltung drastisch deutlich. Er als der Gründer der Gemeinde, so wichtig sein Dienst auch gewesen ist, kann ihr niemals das Heil schenken.

Er ist nicht für sie gekreuzigt, und sie ist nicht in seinen Namen getauft (V. 13). Christus ist nur einer, d. h. es gibt nur einen Christus. Sein Heilswerk ist einzigartig. Es ist nicht übertragbar und teilbar. Was er als Gottessohn voll-

bracht hat, ist von keinem Menschen, auch nicht ansatz-
weise, zu vollbringen.

V. 14 - 16: In diesen Versen äußert Paulus — angesichts
der »fleischlichen« Haltung der korinthischen Gemeinde —
seine Dankbarkeit, dass er vom Herrn nur zur Evangeliumsverkündigung, nicht aber zum Taufen, berufen worden
ist. Er ist dafür dankbar, weil er sonst die Gefahr, dass sich
Gemeindeglieder an ihm statt an Christus orientieren, noch
viel stärker gegeben sähe.

V. 17: Hier beschreibt Paulus seinen Dienst mit einer
knappen, aber inhaltsreichen Wendung. Er verkündigt das
Evangelium nicht »in Weisheit der Rede« *(ouk en sophia
logou)*, d. h. nicht als eine menschliche Weisheitslehre, Philosophie oder Ideologie, sondern als vom Heiligen Geist
gewirktes Gotteswort. Philosophien und Ideologien sind
Produkte menschlicher Weisheit. Sie sind Versuche, die
Sinn- und Lebensfragen der Menschheit aus der menschlichen Vernunft heraus zu beantworten. Damit sind sie im
tiefsten Selbsterlösungslehren, die keinem Menschen geistlich nützen können. Paulus weiß, daß er dem reichen Ange-
bot menschlicher Weisheitslehren keine weitere hinzufügt,
sondern daß es sich bei seiner Botschaft um Gottes eigenes
Wort handelt. Er verkündigt das totale Verhaftetsein der
Menschheit an Sünde, Tod und Teufel und das Kreuzesgeschehen als das große Heils- und Versöhnungswerk Gottes.
Er benennt die Hörer als Sünder vor Gott, die Erlösung
brauchen durch den gekreuzigten und auferstandenen
Christus. Er predigt nicht »in der Weisheit des menschlichen Wortes«, d. h. er bedient sich nicht seiner eigenen

menschlichen Klugheit, um die Gottestat in Christus zu
verdeutlichen, sondern er lässt sich vom Heiligen Geist er-
leuchten und führen, und er vertraut auf dessen sünden-
überführende Kraft (2, 4). Warum? Weil er sonst der Kreuzesbotschaft die Wirkung nähme. Das Evangelium würde
sonst »entleert«, es verlöre seine geistliche Kraft.

   Paulus sieht an der geistlichen Situation der Gemeinde
in Korinth, wie dringend nötig die vollmächtige Kreuzesbotschaft ist. Nur sie ist in der Lage, den Menschen zum
Sünder vor Gott zu machen und ihn zu Christus zu ziehen.
Menschliche Weisheit und Klugheit, auch wenn sie gut gemeint ist, vermag dieses Werk nicht zu leisten. Das kann
nur eine vom Heiligen Geist gewirkte Verkündigung. Paulus rekapituliert hier seinen Dienst in Korinth. Er beschreibt, was er wollte und warum er nur die Kreuzesbotschaft gepredigt hat. Damit gibt er den Korinthern zu verstehen, dass sie nur durch diese Botschaft eine Erneuerung
ihres Gemeindelebens erwarten können. Der folgende Abschnitt fasst deswegen noch einmal das Wesen der Kreuzesbotschaft zusammen, so wie sie von Paulus gemeint war
und verkündigt wurde. In 2, 1 - 5 beschreibt er dann, inwiefern es für den Glauben der Gemeinde so wichtig ist, dass
die Botschaft nicht aus eigener menschlicher Klugheit und
Weisheit heraus gesagt wird.

Die doppelte Wirkung der Kreuzespredigt
(1,18-31)

Der ganze Abschnitt 1, 10 - 4, 21 ist durch die innergemeindlichen Streitigkeiten in Korinth bestimmt. Die Ein-

heit der Gemeinde war verloren gegangen, weil sie sich nicht mehr auf die von Jesus Christus gestiftete Gemeinschaft, sondern auf die für sie maßgeblichen Menschen gründete. Paulus nimmt diese notvolle Lage zum Anlass, sich selbst als den Gründer der Gemeinde sowie Wesen und Ziel seines apostolischen Dienstes darzustellen. Wie so oft, knüpft er auch hier grundsätzliche Ausführungen an konkrete Verhältnisse an, besonders im Abschnitt 1, 18-31.

Paulus beginnt seine Selbstdarstellung in 1, 17. Wie in 1, 1 bezieht er sich auf die ihm zuteil gewordene Berufung durch den Auferstandenen. Paulus ist zum Apostel der heidnischen Welt berufen, die er durch die Predigt des Evangeliums für Gott gewinnen soll. Wahrscheinlich ausgelöst durch die innergemeindlichen Diskussionen über den Inhalt seiner Verkündigung, beschreibt der Apostel nun in einer ganz grundsätzlichen Weise den Inhalt der apostolischen Lehre. Christus hat ihn gesandt, das Evangelium nicht »in Weisheit der Rede« *(ouk en sophia logou)* zu predigen, damit die verändernde Kraft des Evangeliums nicht gebrochen wird. Damit sind, wie schon ausgeführt, Gedanken und Worte gemeint, die menschlicher Klugheit entspringen. Christliche Verkündigung fußt nicht auf tiefsinniger oder wohlmeinender menschlicher Erfahrung, sondern auf dem Heilshandeln Gottes in der Geschichte und ihrer von ihm selbst geoffenbarten Deutung. Dort, wo sie Zeugnis der von Gott selbst geoffenbarten Deutung ist, enthält sie eine verändernde Kraft, die den Menschen vom göttlichen Zorngericht errettet (vgl. Röm 1, 16-18).

V. 18: Das »Wort vom Kreuz« ist die Predigt von Jesus Christus, dem Sohn Gottes, der Mensch geworden ist, um die Strafe Gottes für die Sünde der Menschheit auf sich zu nehmen, und der auferweckt wurde, um durch den Heiligen Geist in allen Wohnung zu nehmen, die an ihn glauben. Diese Predigt hat eine trennende Funktion (vgl. Hebr. 4, 12 f.). An ihr entscheidet sich das letztgültige Schicksal des Hörers. Entweder lehnt er sie ab, weil sie ihm lügnerisch, anmaßend, unlogisch, lächerlich, unvorstellbar und unbeweisbar vorkommt, dann bleibt er ein Verlorener. Oder er hört in ihr den Ruf Gottes und folgt ihm, dann erfährt er ihre verändernde Kraft und wird vom Zorngericht Gottes errettet.

V. 19 - 25: Dass Gott diesen Weg über die Predigt des Kreuzes gewählt hat, um Menschen zu erretten, ist eine Gerichtshandlung am menschlichen Geist mit aller seiner Klugheit. Nirgendwo in der Antike wurde der menschliche Geist so hoch geschätzt, ja für göttlichen Ursprungs gehalten wie im Griechentum. Die Griechen sind hier für Paulus der Inbegriff für die allgemein verbreitete Hochschätzung menschlichen Tiefsinns und menschlicher Klugheit. Dieser vom Menschen so hoch gerühmte menschliche Geist zeigt sich jedoch als unwillig und unfähig, *en te sophia tou theou,* »in bzw. inmitten der göttlichen Weisheit«, Gott zu erkennen. Obwohl der Mensch von lauter Gestalt gewordener göttlicher Weisheit umgeben ist – er braucht nur die Schöpfung zu betrachten – erweist er sich als zu beschränkt, um den lebendigen Gott zu erkennen. Vers 22 gibt die Antwort, warum dies so ist: Weil die ganze Menschheit sich ihre eigenen Vorstellungen und Bilder von Gott macht und so am lebendigen Gott vorbeigeht. Die Gedanken berühren sich hier eng mit Röm 1, 18 - 23.

Die Juden fordern »Zeichen« *(semeia)*. Sie wissen, dass der lebendige Gott in Raum und Zeit wunderbar eingreifen kann. Dieses Wissen hat sich ihnen in ihrem Denken unauslöschlich durch ihre Geschichte eingegraben. Sie haben Gottes Zeichen erlebt, sowohl als wunderbares Erretten als auch als furchtbares Straf- und Gerichtshandeln. Gott ist für die Juden ein durch machtvolle Zeichen sich offenbarender Gott. Aber gerade damit haben sie sich ein eigenes Bild von Gott gemacht, das sie nun daran hindert, das Kreuzesgeschehen zu begreifen. Dieses Geschehen muss für sie ein Ärgernis sein, denn Gott gibt in der Passion Jesu Christi kein machtvolles Zeichen seiner Größe und Majestät. Hier stirbt ein Mensch, von dem behauptet wurde und der es auch selbst gesagt hat, dass er Gottes Sohn sei, einen schmählichen Tod. Wie kann Gott seinen eigenen Sohn am Kreuz sterben lassen, ohne dass er sich durch ein machtvolles Zeichen offenbart? Es wundert nicht, dass in der jüdischen Gottesvorstellung Jesus nicht der Sohn Gottes sein kann.

Die Griechen — sie stehen in diesem Zusammenhang als Beispiel für das ganze Heidentum — haben ein anderes Bild von Gott vor Augen. Für sie war der menschliche Geist Verkörperung des Göttlichen im Menschen. Das tiefsinnige Nachdenken über das Göttliche, die als göttlich gedachte Natur und die spekulative intellektuelle Deutung der Welt- und Lebensgeheimnisse war für sie Ausdruck göttlichen Wirkens. Wer mit dem Anspruch auftrat, göttliche Wahrheiten zu sagen, der musste ein klug durchdachtes Gedankengebäude vorweisen. Die christliche Predigt vom Kreuzesgeschehen konnte diesen Ansprüchen nicht genügen. Sie ist zutiefst unlogisch, denn warum sollte ein Got-

tessohn auf seine göttliche Macht verzichten und sich an
ein Kreuz nageln lassen? Sie ist unbegreiflich, denn ihre
Aussagen über die Erschaffung der Welt, über die Auferstehung und Weltvollendung sind mit dem menschlichen Verstand nicht nachvollziehbar oder vorstellbar. Und sie ist
lächerlich, denn inwiefern soll jemand, der hingerichtet
worden ist, eine Veränderung bei den Menschen und ihre
Errettung bewirken können? So verbauten sich auch die
Griechen den Zugang zur christlichen Botschaft. So ver-
baut sich der Verstandesmensch bis heute den Zugang zum
Heil im Kreuzesgeschehen.

Sowohl die Juden als auch die Heiden hatten also, weil
sie von der Weisheit Gottes umgeben waren, die Möglichkeit, nach dem lebendigen Gott zu fragen und ihn zu erkennen. Aber ihre eigenen Gottesbilder hinderten sie
daran. Ihre Klugheit hat ihnen nichts genützt. Indem sich
nun der lebendige Gott durch die Predigt des Kreuzesgeschehens offenbart, spricht er ein Gerichtsurteil über alle
menschliche Klugheit. Es erfüllt sich die Ankündigung von
Jes 29,14. Gott beschämt die ganze Menschheit, die auf
ihre eigene Klugheit setzte, indem er nun durch die Torheit
der Verkündigung (*tes morias tou kerygmatos,* V. 21) allen
Errettung schenkt, die an Jesus Christus glauben. Dies bedeutet: Durch eine Predigt, die für die Welt, d. h. für Juden
und Heiden, ärgerlich, lächerlich, ja dumm ist. Aber das,
was in den Augen der Menschheit an Gott »dumm« ist, das
ist viel klüger als menschliche Klugheit. Und das, was in den
Augen der Menschheit eine Schwäche Gottes ist, das ist viel
stärker als menschliche Stärke (V. 25).

V. 26 - 29: Im Abschnitt Vers 19 bis 25 hatte Paulus die
Predigt des Kreuzesgeschehens als Gericht Gottes gegen
die menschliche Klugheit dargestellt. Diese Predigt demaskiert den Stolz und die Untauglichkeit des menschlichen
Geistes für die wahre Gotteserkenntnis. Und sie belässt und
behaftet jeden, der an den Maßstäben seines Denkens, seines Gottesbildes festhalten will, in seinem Verlorensein.
Man könnte diese Wirkung die richtende bzw. verdam-
mende Auswirkung der Kreuzespredigt nennen. In den
Versen 26 bis 31 wird nun ihre rettende Auswirkung beschrieben. Während der vorangegangene Abschnitt eine
Darstellung von Vers 18a ist, wird nun Vers 18b ausgeführt.

Die rettende Wirkung der christlichen Predigt besteht
darin, dass Gott sie für sein erwählendes Handeln nutzt. In
seiner Erwählung ist Gott völlig souverän (vgl. z. B. Röm
9, 15 f.). Aber er lässt sich in seinem Erwählen von der Absicht leiten, die in der gefallenen Welt geltenden Maßstäbe
zu erschüttern, die Untauglichkeit des menschlichen Geistes für wahre Gotteserkenntnis und für ein gottgefälliges
Leben zu erweisen und den menschlichen Stolz zu brechen, und dies alles mit dem Ziel, Menschen für die Botschaft des Evangeliums zu öffnen und ihnen ewiges Leben
zu schenken. Deswegen erwählt Gott vorrangig solche
Menschen, die nach den Maßstäben der Welt nicht als klug
und bedeutend gelten, ebenso aber auch solche, die in der
Welt keinen Einfluss haben, um an ihnen exemplarisch die
Kraft des Evangeliums aufzuzeigen, und alles mit der Absicht, die Welt zu beschämen, ihren Stolz zu brechen und
zu Christus zu locken. Die stärkste Zuspitzung des erwäh-
lenden Handeln Gottes formuliert Vers 28: Gott erwählt
das, was »nichts« ist vor der Welt, um das, was etwas gilt, in

das Abseits zu stellen. Der Gott der Bibel ist ein schöpferischer Gott, der das, was nicht ist, ruft, dass es sei (Röm 4, 17). Dieses Schöpfertum ist die tiefste Ursache für die Art und Weise seines Erwählungshandelns. Gott will in allem die Ehre behalten, weil sie ihm allein gebührt. Wenn der Mensch kraft seiner Stellung in der Welt oder kraft seiner Klugheit zum ewigen Leben käme, würde Gott die Ehre genommen. Nur der Mensch, der vor Gott nichts vorweisen kann und ohne eigene Vorgaben das ewige Leben empfängt, ist in der Lage, Gott allein die Ehre zu geben. So muss Gott alles menschliche Beharren und Berufen auf eigenes Vermögen und Können in Frage stellen, um Menschen für das Evangelium zu öffnen und sie mit dem ewigen Leben zu beschenken.

V. 30-31: Die von Gott Berufenen und Erwählten sind und bleiben zwar in den Augen der Welt »dumm«, und sie werden wegen ihres Glaubens in der Welt nie Anerkennung und Einfluss gewinnen können, aber in der Gemeinschaft mit Christus, die Gott ihnen schenkt, sind sie unendlich reich. Sie leben nun mit dem Sohn Gottes zusammen, der ihnen ein neues Leben schenkt. In Christus haben sie Zugang zur Weisheit Gottes. Weisheit *(sophia)* als erster Begriff der Aufzählung ist hier wahrscheinlich wie oft bei Reihen und Aufzählungen als Oberbegriff zu verstehen. Die Weisheit Gottes, die uns in Christus geschenkt ist, erweist sich als Gerechtigkeit, Heiligung und Erlösung. Was bedeutet dies? In Christus empfangen wir Gerechtigkeit, d. h. Christus nimmt die Schuld aus unserem Leben, gibt uns Anteil an seinem Charakter und erneuert unser ganzes Wesen. In Christus sind wir von Gott zur Heiligung berufen, d. h. zu einem auf Gottes Ehre ausgerichteten Leben und Glauben, und in Christus empfangen wir auch die Kraft dazu. Und drittens: In Christus haben wir auch die Erlösung aus dem der Sünde und Vergänglichkeit preisgegebenen Leib und Anteil an der unvergänglichen Herrlichkeit Gottes geerbt (vgl. Röm 8, 17). Wir sind überreich beschenkt, und wir können angesichts dieser dreifachen Gnade nur die Ehre Gottes rühmen.

Der Verkündiger der Kreuzesbotschaft (2,1-5)

Wenn Gott, wie Paulus in 1, 26 ff. geschrieben hat, wenige von denen, die ihr Leben auf menschliche Klugheit, auf Macht und Ansehen gegründet haben, zum Glauben berufen hat, um alle diejenigen, die so leben, zu beschämen, und auf der anderen Seite vorrangig diejenigen erwählte, die nach den Maßstäben der Welt dumm, schwach, ohne Ansehen und verachtet sind, dann ist diese Handlungsweise Gottes eine große geistliche Herausforderung an den Verkündiger des Evangeliums. Er muss nämlich selbst alles fleischliche Streben nach bestechender Gelehrsamkeit sowie nach Macht und Ansehen überwinden, wenn er ein tauglicher Zeuge des Evangeliums werden will. Paulus bekennt in diesem Abschnitt, dass er diesen Weg gegangen ist. Er beschreibt seine Predigt in zweifacher Weise.

V. 1 - 3: Er hat darauf verzichtet, ein eigenes, auf persönlichen klugen Gedanken aufgebautes Lehrgebäude zu vermitteln, als er das Evangelium in Korinth verkündigte (vgl. 1, 17). Die Umschreibung des Evangeliums mit »Geheim-

nis Gottes« ist hier Vorbereitung auf den nächsten Gedankengang in 2, 6 - 16. Vielmehr hat er sich entschlossen, ausschließlich die Botschaft vom gekreuzigten Jesus Christus
zu predigen. Dies ist ganz grundsätzlich gemeint. Es gilt
nicht nur für seinen Predigtdienst in Korinth. Nur die Verkündigung der Kreuzesbotschaft schafft die Voraussetzung
dafür, dass Menschen zum Glauben an Jesus Christus
kommen und damit vom Verdammungsurteil Gottes errret-
tet werden (Röm 1, 16). Nur diese Botschaft ist in der Lage,
dem Menschen die Liebe Gottes zu offenbaren und ihm
sein Heil in Christus für Zeit und Ewigkeit zu schenken.

Aus der geistlichen Verpflichtung, als Prediger des
Evangeliums vor Gott »nichts« zu sein (vgl. 1, 28), also auf
alle menschliche Klugheit, auf alles Anerkennungsstreben,
auf alles Machtgebaren zu verzichten, ergibt sich das Verständnis von Vers 3 und 4. Was meint Paulus, wenn er von
seiner Schwachheit spricht, von »Furcht und viel Zittern«?
Äußere Schwierigkeiten können es in Korinth schwerlich
gewesen sein: »In Korinth war es nicht die Gefahr, die Paulus erschreckte; er war dort sicherer als an anderen Orten;
und er bebte auch nicht deshalb, weil er bei seinem Wirken
mit unüberwindlichen Schwierigkeiten rang. Diese waren
in Korinth nicht größer als an anderen Orten. Seine Furcht
verschwand darum auch nicht, als der Erfolg kam« (A.
Schlatter, *Paulus der Bote Jesu*, 4. Aufl. Stuttgart 1969,
S. 101). Auch Enttäuschungen — etwa wegen seines Dienstes in Athen — können nicht die Ursache für sein Zittern
sein. »Diese Beschreibung des Paulus gefällt deshalb vielen,
weil sie ihn so darstellt, wie wir selber sind; sie tut ihm aber
sicher unrecht« (A. Schlatter, *Erläuterungen zum Neuen
Testament*, z. St.). Vielmehr beschreibt die Formel »Furcht

und Zittern« die Haltung des Apostels vor Gott, wie dies auch sonst in der Bibel der Fall ist (z. B. Eph 6, 5; Phil 2, 12; Hebr 12, 21). Paulus drückt also mit Vers 3 aus, wie er vor Gott steht, nicht nur in Korinth, sondern immer. Er weiß sich als Apostel vor Gott viel zu gering, um den großen Auftrag Jesu ausführen zu können (1. Kor 15, 8 f.). Aber er steht in der großen Verpflichtung, die ihm der Herr übertragen hat. Das macht ihn schwach, und diese Schwachheit äußert sich in »Furcht und Zittern«. Und diese Schwachheit verbirgt er während seines Dienstes nicht, ja er gibt ihr Ausdruck, denn Gott tut sein Werk durch schwache Menschen. So wie Gott das in den Augen der Welt Schwache sucht, so will er auch durch schwache Menschen das Evangelium verkündigen lassen. Paulus kann dem Evangelium nur dann richtig dienen, »wenn allen deutlich wird, dass er seine Kraft nicht aus sich selber nimmt« (so Schlatter, *Erläuterungen*, z. St.).

V. 4: Dieser Vers ist unmittelbar von Vers 3 abhängig. Die Furcht, die Wirkung der Kreuzesbotschaft zu schmälern oder ganz zu nehmen, prägte auch die Absicht und Zielsetzung, die Paulus mit seiner Predigt verband. Er wollte niemand mit klugen Worten überreden, Christ zu werden. Seine Verkündigung geschah »nicht durch Überredung mit Worten« (*ouk en peithoi sophias logois;* diese Lesart ist wegen des Parallelismus zu *en apodeixei pneumatos kai dynameos* vorzuziehen), denn er möchte niemand mit menschlich gut gemeinten oder klug durchdachten Worten für Christus gewinnen. Vielmehr versteht er seine Verkündigung als Selbstdarstellung des Geistes Gottes und der dem Geist entspringenden Kraft. Paulus ist davon überzeugt,

dass seine Predigt nicht Menschenwerk, sondern Gottes
Wort ist (vgl. 1.Thess 2, 13). Er weiß dies, weil er sich gewiss ist, den »Sinn«, d. h. die Gesinnung Christi zu haben
(2, 16). Die »Erweisung des Geistes und der Kraft« besteht
darin, dass Menschen ihre Sünde erkennen und in Christus
ihr Heil suchen.

V. 5: Dies ist als Beschreibung der geistlichen Motivation
seines ganzen Verkündigungsauftrages zu verstehen. Paulus
hat sich in seiner missionarischen Tätigkeit allein auf die
Kreuzesbotschaft konzentriert und alle aus der eigenen
Klugheit entspringenden Gedanken abgelegt. Und er vertraut darauf, dass sich in seiner Predigt der Geist Gottes erweist, weswegen er kein Vertrauen in die Überzeugungs-
kraft menschlicher kluger Gedanken setzt. Dies sind die
beiden Kennzeichen der paulinischen Verkündigung. Sie
sind für Paulus unverzichtbar, damit der Glaube der Korinther ein festes Fundament erhält. Und dies kann nur die
vom Geist Gottes bewirkte Bekehrung zu Jesus Christus
sein und nicht ein von menschlicher Überredung abhängi-
ger, rein verstandesmäßiger, emotionaler oder auf bloßem
menschlichen Willensentschluss gegründeter Glaube.

Die Erkenntnis der in der Kreuzesbotschaft verborgenen Weisheit Gottes (2,6-16)

Nach dem in der Ich-Form gehaltenen vorausgegangenen
persönlichen Abschnitt folgt nun die Wir-Form. Paulus
schließt sich mit allen an Jesus Christus Gläubiggewordenen zusammen. Was er jetzt sagt, gilt für alle Christen.

Der ganze folgende Abschnitt ist der uns in Christus geschenkten Weisheit Gottes und vor allem ihrer Erkenntnis gewidmet. In 1, 24 und 1, 30 hatte Paulus schon von dieser in Christus uns offenbarten Weisheit Gottes gesprochen. Diese Aussagen greift er jetzt wieder auf.

V. 6: Zunächst bemüht er sich, den Korinthern klarzumachen, dass sie dazu berufen sind, diese Weisheit Gottes zu verstehen. Die *teleioi* entdecken in der Kreuzesbotschaft die Weisheit Gottes. *Teleioi* sind – wörtlich übersetzt – diejenigen, die zielgerichtet zu leben gelernt haben. Was heißt das? Das Ziel christlicher Existenz und demzufolge auch seiner Arbeit in Korinth ist es, dass Menschen von Glaube und Liebe geprägt werden (1. Kor 13; Kol 3, 14; 1. Tim 1, 5). Die Korinther muss Paulus dagegen noch als *nepioi*, als geistlich Unmündige behandeln (vgl. 3, 1). Sie müssen erst noch ermahnt werden, zielgerichtet zu leben und mündige Christen zu werden. Erst dann werden sie in der Kreuzesbotschaft die Weisheit Gottes erfassen können.

Aber diese Weisheit hat eine ganz andere Dimension als das, was Menschen sich ausdenken und speziell die »*archontes* dieses Äons« erfassen. Wer sind aber diese »Herrscher«? In den Evangelien und in der Apostelgeschichte wird der Begriff von den jüdischen Behörden gebraucht, in Röm 13, 3 von den irdischen Machthabern allgemein. Im Singular wird damit Satan bezeichnet (Joh 12, 31; 14, 30; 16, 11). Im Blick auf die Aussage in Vers 8, dass die »Archonten« Jesus Christus gekreuzigt haben, ist hier wohl an die jüdische Führung zu denken. Paulus sieht sie in ihrer Blindheit gleichsam stellvertretend für alle, die in dieser Weltzeit Macht und Ansehen haben. Die Herrscher dieser

Welt kommen und gehen. Ihre menschliche Klugheit, ihre
Macht und ihr Ansehen zerfällt. (Zu vergleichen ist hier
Apg 4, 23-31, wo die Gemeinde im Licht von Psalm 2 den
Widerstand der jüdischen Führung gegen die Verkündi-
gung des Evangeliums als Aufbegehren gegen Gott deutet.)

V. 7: Die Gottesweisheit des Christusgeschehens liegt in
einem »Geheimnis« verborgen. *Mysterion* ist das von Gott
Verschlossene, was menschlichem Nachsinnen nicht er-
reichbar ist. Gott hält also seine Weisheit, die Menschheit
durch Christi Sühnetod mit sich zu versöhnen und allen an
Christus Glaubenden das ewige Leben zu geben, verborgen.
Kein Mensch kommt aus eigenem Nachdenken dahin, den
Kreuzestod Jesu als Inbegriff göttlicher Weisheit zu verstehen. Nur der Geist Gottes vermag einem Menschen klarzumachen, dass hier die höchste Weisheit Gottes waltet.
Das Kreuzesgeschehen ist von Gott vor aller Zeit vorherbe-
stimmt »zu unserer Herrlichkeit«, d. h. es ist die Grundlage
und Voraussetzung dafür, dass Menschen mit Gott ver-
söhnt, seine Kinder und Erben werden und damit Anteil an
der Unvergänglichkeit (= Herrlichkeit) empfangen können. Diese »Verherrlichung« ist das Ziel der Wege Gottes
mit der Menschheit. Gott will den Menschen zu seinem
Ebenbild erneuern und ihm durch Christus Leben und
volle Genüge geben in Zeit und Ewigkeit (vgl. Joh 10, 10).

V. 8: Christus ist der »Herr der Herrlichkeit«, weil er aus
der Herrlichkeit Gottes kam, nach seinem Tod und seiner
Auferstehung von Gott wieder verherrlicht wurde (Joh
17, 5) und allen, die an ihn glauben, Anteil an seiner Herrlichkeit gibt (Joh 14, 2 ff.).

V. 9: Kein Mensch hat erahnt, erhofft oder gewusst, was Gott mit der gefallenen Menschheit vorhat. Selbst die alttestamentlichen Propheten, die das Kommen des Messias vorhersagen sollten, wussten nicht, wie Gott durch ihn die Menschheit mit sich versöhnen würde. Gott selber hielt seinen Plan verborgen, bis der Heilige Geist zu Pfingsten ausgegossen wurde und begann, Menschen die Weisheit Gottes zu offenbaren. »Was Gott bereitet hat...«: das ist die Herrlichkeit. »Denen, die ihn lieben«: »Und diese Menschen, die ihn lieben, schafft Gott gerade erst durch das Kreuz, durch seine ›Schwachheit und Torheit‹« (W. de Boor, *Der erste Brief des Paulus an die Korinther*, S. 60).

V. 10 - 12: Gott hat uns — nämlich der Gemeinde Jesu — seine im Geheimnis verschlossene Weisheit offenbart, und zwar durch seinen Heiligen Geist. Das Pfingstereignis ist also ein epochales Geschehen. Menschen beginnen, durch das Wirksamwerden des Heiligen Geistes die Weisheit Gottes zu verstehen. Der Geist Gottes kennt Gottes tiefste Gedanken. Niemand sonst, nur der Geist kennt sie, und er teilt sie uns mit. Das ist ein alle Vorstellungen sprengendes Geschehen, dass Gottes innerstes Wesen, seine unermessliche Liebe, seine unendliche Weisheit durch den Heiligen Geist uns erschlossen werden und wir dadurch ermessen können, was uns alles von Gott geschenkt ist. Durch diese Arbeit des Geistes am Menschen empfängt dieser eine einmalige Würde. Er wird in der Tat zum »Kind Gottes«, dem der Vater sein Wesen, seine Liebe und die Beweggründe seines Handelns mitteilt.

V. 13: Was Gott aus seiner Weisheit den Auserwählten geschenkt hat und noch bereithält, das kann man eben nicht mit Worten schildern, die aus menschlicher Klugheit, menschlichem Nachdenken entspringen. Das kann man nur mit Worten weitersagen, die vom Heiligen Geist kommen. Das Evangelium, also das Christus- und Kreuzesgeschehen lässt sich nur verkündigen mit Worten, die der Geist selber lehrt. Paulus rechnet also mit einer unmittelbaren »Lehrtätigkeit« des Heiligen Geistes in der Gemeinde Jesu. Predigt des Evangeliums muss demnach vom Geist Gottes bewirktes Geschehen sein. So ist auch Vers 13b zu verstehen: »Wir verbinden also geistliche (sc. Inhalte) mit geistlichen (sc. Worten).« Gemeint ist: Der Prediger empfängt vom Geist die Einsicht in die geistlichen Wirkungen Gottes *(pneumatika)*, und er drückt diese Einsicht mit geistlichen Worten, d. h. mit Worten, die ihn der Geist lehrt, aus. Er wird dabei nicht etwa willenlos, sondern im Gegenteil, seine ganze Persönlichkeit wird vom Heiligen Geist auf Christus ausgerichtet und befähigt, ihn zu verkündigen.

V. 14: Der natürliche (»seelische«) Mensch nimmt das, was der Geist Gottes offenbart, nicht auf. Sein Geist ist von seinem fleischlichen, selbstbezogenen Ich bestimmt und deshalb taub und blind für Gottes Weisheit. Die göttliche Weisheit erscheint ihm als Dummheit. Dem Kreuzesgeschehen kann er nichts abgewinnen. Er vermag die Gottesweisheit nicht zu erkennen, denn sie muss geistlich beurteilt werden. Wie groß ist das Wunder, wenn ein natürlicher Mensch dennoch beginnt, Gottes Weisheit im Kreuzesgeschehen zu verstehen!

V. 15 : Der geistliche Mensch — das ist jeder, der an Jesus Christus gläubig geworden ist — vermag alles, was Gott ihm schenkt, richtig zu erkennen und zu beurteilen. Der Geist Gottes verhilft ihm dazu. »Vielmehr ist Paulus der Meinung, dass es durch den Geist im Menschen dazu komme, dass er, der Mensch, selbst Gott und seine Weisheit erkennt, und zwar so erkennt, dass er diese Erkenntnis behalten, bedenken und sich darüber Rechenschaft geben kann, dass er von dieser Erkenntnis aus weiterdenken, beurteilen, entscheiden, Fehler korrigieren, schon Gedachtes in Wiedererwägung ziehen kann« (K. Stalder, *Das Werk des Geistes in der Heiligung bei Paulus*, Zürich 1962, S. 78). Vers 15b: Er selbst aber, der geistliche Mensch, kann von niemandem, der nicht auch geistlich ist, verstanden und beurteilt werden. Es fehlen dem natürlichen Menschen die entsprechenden Kriterien und Fähigkeiten.

V. 16 : Paulus gibt als Beleg für seine Aussage ein Schriftwort (Jes 40, 13): Den Sinn des Herrn erkennt kein Mensch. Genauso wenig erkennt ein natürlicher Mensch einen geistlichen Menschen. Wir — und das sind alle an Jesus Christus Gläubiggewordenen — haben Christi Sinn *(nous)*. Damit ist die durch das Wirken des Heiligen Geistes auf Gott und den Nächsten ausgerichtete neue, geistliche Gesinnung gemeint, die der Christ empfängt. Sie unterscheidet ihn vom natürlichen Menschen, denn eben diese Gesinnung kann dieser nicht nachvollziehen, verstehen und beurteilen. Das macht den Christen einsam. Seine engsten Verwandten und Bekannten können seine Beweggründe nicht verstehen, es sei denn, sie haben auch den Geist Gottes empfangen.

Fleischliches Verhalten behindert die
Wirksamkeit des Geistes (3,1-4)

Ähnlich wie im Abschnitt 2, 1 - 5 zieht Paulus auch in 3, 1 - 4
die persönliche Konsequenz aus den vorangehenden
grundsätzlichen Aussagen. So wie 2, 1 - 5 auf 1, 18 - 31 Bezug nimmt, so dieser Abschnitt auf 2, 6 - 16. Die Anknüp-
fung in 3, 1 ist demzufolge mit »Auch ich« herzustellen.

Paulus entwickelt in diesen Versen die Begründung
dafür, dass die Korinther die von ihm verkündigte Kreuzesbotschaft noch nicht als Inbegriff göttlicher Weisheit verstanden haben. In 2, 6 - 16, besonders in Vers 14 und 15,
hatte er unterstrichen, dass geistliche Dinge nur von geistlichen Menschen recht aufgenommen und verstanden werden können. Ein »geistlicher« Mensch ist nach dem Zusammenhang von 1. Kor 1 - 4 ein Mensch, dem die Gnade
Gottes in Jesus Christus geschenkt ist (1, 4 ff.), der den
Geist aus Gott empfangen hat (2, 12), in dem der Geist
Gottes wohnt (3, 16) und der Christus gehört (3, 23). Alle
diese Aussagen macht Paulus über die Korinther, so dass
zweifelsfrei feststeht, dass er auch sie für »geistliche« Menschen hält.

V. 1: Aber trotz diesem Status, in dem sich die Korinther
durch den Glauben wissen dürfen, leben sie nicht **in** ihm.
Und an diesen Widerspruch knüpft Paulus gedanklich an:
So wie der Geist Gottes von einem natürlichen Menschen
gar nicht wahrgenommen wird (wenn nicht Gott ein Wunder an ihm tut), so musste auch er, Paulus, während seines
langen, 1 $\frac{1}{2}$-jährigen Aufenthaltes in Korinth feststellen,
dass die Korinther die in der Kreuzesbotschaft zutage tre-

tende Weisheit Gottes noch nicht völlig verstanden. Paulus sah sich gezwungen, während seiner ganzen Wirksamkeit unter den Korinthern immer wieder neu zu erklären, dass ihnen in Christus wirklich die ganze Weisheit Gottes gegeben ist. Während die Korinther sich auf ihre Klugheit viel einbildeten (vgl. 1. Kor 3, 18) und eben dies sie daran hinderte, die neue Wirklichkeit der Gemeinschaft mit Christus ganz zu verstehen und sich von ihr verändern zu lassen, musste der Apostel seinerseits sie wie geistliche Säuglinge behandeln. Sie waren zwar »geistlich«, aber sie verhielten sich wie natürliche, vom alten, fleischlichen Wesen bestimmte Menschen *(sarkinoi).* Vers 1 ist also eine die Korinther sehr desillusionierende Feststellung. Paulus konnte während seines ganzen Wirkens bei ihnen kein deutliches geistliches Wachstum feststellen. Sie blieben Anfänger. Sie vermochten es nicht, Christus so zu erkennen, so in sich aufzunehmen, dass er ihr Verhalten verändern konnte. Sie drangen nicht durch zu einem geistlichen Leben, das in Christus allein Genüge hat.

V. 2: »Milch« ist ein Bildwort für die mühevolle geistliche Pädagogik, zu der Paulus in Korinth gezwungen war. Hebr 6, 1 f. gibt einen Eindruck von solch einem »Anfangsunterricht« im christlichen Glauben. Er bestand vor allem in der Belehrung über die Abkehr von der Sünde, über das christliche Gottesbild, die Bedeutung der Taufe, der Beichte und Absolution (»Handauflegung«) sowie über Auferstehung und ewiges Gericht. Erst wenn diese Glaubensgrundlagen begriffen sind und praktisch werden, kann es zu geistlichem Wachstum kommen. Dann ist der Christ in der Lage, in das »volle Maß der Fülle Christi« (Eph 4, 13; vgl. 3, 14 - 19) hineinzuwachsen und weitergehende Belehrungen über die umfassende Bedeutung der Person und des Werkes Christi zu verstehen. Der Hebräerbrief gibt mit seinen Ausführungen über das hohepriesterliche Amt, das Königsamt, den Mittlerdienst und das Opfer Christi solche weiterführenden Lehrinhalte weiter. Paulus nennt sie »feste Speise«. Er wollte sie in Korinth gern vermitteln, aber es kam nicht dazu. Die Gemeinde blieb als Ganzes geistlich stecken. Sie hätte diese weitergehenden geistlichen Wirklichkeiten nicht verstehen und fassen können. Geistliches Erkennen ist also unmittelbar vom gelebten Glauben abhängig. Nur wer in seinem Leben die »toten Werke« (Hebr 6, 1), also das dem Egoismus entspringende Wesen immer wieder ablegt, kann in der Erkenntnis Christi wachsen. Das geistliche *Tun* ist ausschlaggebend. »Wenn jemand Gottes Willen tun will, der wird erkennen, ob meine Lehre göttlich ist« (Joh 7, 17).

V. 3 - 4: Aus den Nachrichten, die Paulus aus Korinth erhielt, musste er entnehmen, dass die Gemeinde — etwa fünf Jahre nach ihrer Gründung — immer noch kein echtes geistliches Wachstum erlebt. Die internen Richtungskämpfe, Neid, Streit und Lieblosigkeit sind für ihn ein Hinweis darauf, dass die Korinther aus der Anfangsbelehrung keine Schlussfolgerungen gezogen haben. Sie geben — obwohl sie »geistliche« Menschen sind — ihrem alten Wesen noch viel zu viel Raum, anstatt ihre Gesinnung und ihre Urteile an Jesus Christus auszurichten (vgl. 1, 10). Sie erkennen die Größe Christi noch nicht. Er ist ihnen noch nicht Inbegriff ihres Lebens und Denkens geworden. Obwohl sie befreit und berufen sind zu einem Leben, das ganz und gar die Ehre Gottes und das Beste des Nächsten sucht, verhalten sie sich ganz »nach Menschenweise«, d. h. so wie es in dieser Welt zwischen den Menschen üblich ist. Deswegen nennt sie Paulus »fleischlich Gesinnte« (*sarkikoi*). Sie sind zwar »geistliche« Menschen, aber sie geben nicht dem Geist, sondern dem Fleisch, d. h. ihrem alten egoistischen, welthaften Wesen Raum.

Nach der paulinischen Anthropologie ist der Christ aufgerufen, *kata pneuma*, »dem Geist gemäß«, und nicht mehr *kata sarka*, »dem alten Wesen gemäß« zu leben. Weil der Geist Gottes in ihm wohnt, ist er hineingenommen in die Wirklichkeit des Geistes Gottes, er existiert *en pneumati*, »in der Wirklichkeit des Heiligen Geistes«. Aber er muss dem Geist Raum geben, er muß seine Gesinnung nach dem Geist ausrichten und in der Kraft des Geistes die Begierden der *sarx* (seines alten Wesens) »töten«, d. h. nicht zum Zuge kommen lassen (vgl. Röm 6; 8, 1-13; Gal 5, 16 f.; 1. Petr 2, 11 f.). Dieser Glaubensgehorsam fehlte offensichtlich in Korinth. Obwohl diese Gemeinde mit dem Geist Gottes und seinen Gaben so reich beschenkt war (1. Kor 1, 4-8), vermochte sie es nicht, dem Geist in ihrem alltäglichen Leben den gebührenden Raum zu geben.

Verschiedene Leitungsdienste – die gleiche Verantwortung (3,5-17)

Die geistliche Unreife der korinthischen Gemeinde zeigte sich vor allem anderen an ihrer Haltung gegenüber den Leitern. Die Korinther hatten nicht den geistlichen Durchblick, der für ein gesundes Verhältnis zwischen Gemeinde und Leiter nötig ist. Sie sahen in und hinter der Leitungsarbeit nicht die Hand Gottes. Sie blieben am Menschen hängen, und so entstanden die schon in 1, 10 ff. genannten Konflikte im Spannungsfeld zwischen Menschenverehrung und Menschenverachtung. Deswegen muss sich Paulus bemühen, die Gemeinde zu einer richtigen Einschätzung ihrer Leiter zu führen.

V. 5 - 7: Gemeindeleiter sind Diener *(diakonoi)*, und zwar Diener Gottes (vgl. zum Wortgebrauch Röm 13, 4). Diese Kennzeichnung schützt die Leiter sowohl vor Menschenverehrung als auch vor Menschenverachtung. Sie stehen im Dienst Gottes. Aus sich heraus sind sie nichts; deswegen ist es unsinnig, sie zu vergöttern. Aber weil Christus die Leitungsdienste eingesetzt hat (Eph 4, 11), dürfen auf der andren Seite die Leiter auch nicht verachtet werden. Es ist Gott selbst, der durch die Leiter seiner Gemeinde Menschen zum Glauben ruft, im Glauben befestigt und im Glauben wachsen lässt. Die Tätigkeiten der Leiter sind unterschiedlich, aber sie sind alle gleich wichtig. Menschen zum Glauben zu rufen, ist genauso wichtig, wie sie zur vollen Erkenntnis Christi zu führen (vgl. Eph 4, 12 ff.).

V. 8: Es ist geistlich unreif, den Wert der Leitungsdienste unterschiedlich zu bemessen. Gott bewertet die Leiter selbst, und er gibt ihnen den Lohn, der ihnen zusteht. Der Lohn Gottes bemisst sich nach Arbeitsmühe und -last *(kopos)*, die der Einzelne auf sich nehmen muss. Gott fragt und misst also die Gemeindeleiter nach ihrem Einsatzwillen und nach ihrer Opferbereitschaft.

V. 9 - 10: Nun nimmt Paulus das Arbeitsfeld der Leiter in den Blick. Dies ist die »Gemeinde Gottes«. Die Leiter sind von Gott gewürdigt, seine Mitarbeiter zu sein. Die Gemeinde dagegen ist gewürdigt, »Gottes Ackerfeld« und »Gottes Bau« zu sein. In allen drei Begriffen äußert sich das persönliche, intime Verhältnis, das Gott zu seiner Gemeinde aufnimmt. Er ist der Vater, und jeder, der durch den Geist Gottes an Jesus Christus glaubt, ist Kind und Erbe (Röm 8, 14 - 17). Die Kennzeichnung der Gemeinde als Leib Christi in 1. Kor 12 beschreibt in gleicher Weise dieses Geheimnis der innigen, familiären Beziehung zwischen Gott und Mensch in der Gemeinde Jesu. Mit diesen Begriffen wird auch noch ein zweiter Aspekt betont: Die Leiter und die Gemeinde sind Gottes Eigentum. Sie stehen unter Gottes persönlichem Schutz. Wer sich an ihnen in irgendeiner Weise vergreift, stellt sich damit gegen Gott selbst. Und schließlich wird noch ein Drittes deutlich. Leiter und Gemeinde stehen in einer hohen Verantwortung. Die Leiter haben Gottes eigene Gemeinde zu bauen. Das muss ihnen immer vor Augen stehen. Und die Gemeinde muss sich ebenfalls dieser Tatsache immer bewusst sein, Gottes eigenes Ackerfeld, Gottes eigener Bau und Gottes eigener Tempel zu sein.

An dem unvergleichlichen Wert der Gemeinde und der ihr geltenden Arbeit muss sich der Leiter messen lassen. Von ihm wird das Beste gefordert. Paulus ist sich gewiss, dass er sein Bestes gegeben hat und gibt, vgl. 1. Kor 15, 10: »Seine Gnade an mir ist nicht vergeblich gewesen, sondern ich habe viel mehr gearbeitet als sie alle, nicht aber ich, sondern Gottes Gnade, die mit mir ist.« Die Ermahnung in Vers 10b »ein jeder sehe zu, wie er darauf baut« zielt ein-

deutig auf das »Wie« der Arbeit. Paulus fordert die Gemeindeleiter zum völligen Einsatz und völliger Hingabe
auf, damit sie von Gott einen großen Lohn empfangen (der
ganze Abschnitt V. 9-15 ist eine Ausführung zum Stichwort »Lohn« von V. 8).

V. 11 ff.: Nun folgen zwei Aussagen über die Leitungsarbeit in der Gemeinde. Zunächst stellt Paulus unmissver-
ständlich fest, dass Gemeindebau nur auf dem Fundament
möglich ist, das auch er gelegt hat, nämlich Jesus Christus.
Gemeindebau kann und darf nur heißen, gläubig gewordene Menschen zur vollen Erkenntnis Jesu Christi zu führen (Eph 4, 12 ff.). Wer etwas anderes will, baut nicht auf
diesem Fundament. Zweitens stellt er fest, dass alles, was
ein Gemeindeleiter tut (oder nicht tut), von Gott sehr sorgfältig angesehen und gewogen wird. Beurteilt wird die Arbeit aber letztlich erst am »Tag«. Damit ist der Tag der Wiederkunft Jesu gemeint, der gleichzeitig Gerichtstag für die
Welt ist. In vierfacher Weise — also in letzter Dringlichkeit —
sagt Paulus, dass dann auch die unbrauchbaren Werke der
Mitarbeiter Gottes offenbar werden. »Das Werk eines jeden
wird sichtbar werden«; »der Tag wird es klar machen«;
»durch Feuer wird es offenbar werden«; »das Feuer wird es
erweisen«.
      Die Materialangaben sind offensichtlich — weil es
eben um das »Wie« der Arbeit geht — Ausdruck der geistlichen Qualität der jeweiligen Arbeit. Wer seine Arbeit in
Treue zum Auftrag tut, den Jesus Christus ihm gegeben
hat, also Menschen in ihrer Glaubensgemeinschaft mit dem
Herrn fördert, der »baut« mit unvergänglichen Materialien
und wird dafür göttlichen Lohn empfangen. Wer aber dem

Auftrag ungehorsam ist und nicht dafür arbeitet, dass die
Gemeinde zu Christus hin wächst, der »baut« mit den vergänglichen Materialien »Holz«, »Heu« und »Stroh«. Seine
Arbeit wird vergehen und keinen göttlichen Lohn nach
sich ziehen. Er gleicht dem Knecht, der sein Pfund vergräbt
(Lk 19,11-27). Doch auch der ungehorsame Arbeiter
wird, sofern er selber auf dem Fundament Jesus Christus
geblieben ist, noch gerettet werden, aber wie ein Brand-
scheit aus dem Feuer.

V. 16-17: Diese beiden Verse richten sich gegen falsche
Arbeiter und Verführer der Gemeinde. Während sich die
Verse 9 bis 15 an solche »Mitarbeiter« Gottes richteten, die
— wie ihre Arbeit auch immer von Gott bewertet wird —
selber auf dem Fundament des Gekreuzigten und Auferstandenen stehen, handelt es sich hier um Leute, welche
dieses Fundament nicht haben. Ihre Arbeit zieht die Menschen der Gemeinde von Christus weg. Sie vergreifen sich
damit am »Tempel Gottes«. Paulus kann den Christen
»Tempel des Heiligen Geistes« nennen (1. Kor 6,19), weil
der Heilige Geist in ihm wohnt. Dementsprechend bezeichnet er hier die korinthische Gemeinde als »Tempel«,
weil der Heilige Geist in ihr wohnt.

Schlussermahnung zur ›Weisheit Gottes‹ (3,18-23)

V. 18-20: Noch einmal warnt Paulus die Korinther vor
einem ungebrochenen Vertrauen auf die menschliche Gelehrsamkeit. Wer seinem Intellekt vertraut, gelangt nicht zu

vertiefter Christuserkenntnis. Er betrügt sich selbst. Der
wirklich Kluge sucht konsequent in der Kreuzesbotschaft
die Weisheit Gottes, auch wenn er damit in den Augen der
Welt ein Narr, ein Dummkopf wird. Gott verbirgt sich vor
aller menschlichen Klugheit, er entzieht sich ihr und lässt
sich von ihr nicht erkennen. Wer Gott mit eigenem Nachdenken »erfassen« will, wird immer Schiffbruch erleiden.
Dies ist dann immer auch ein Gerichtsgeschehen. Gott
macht den eigenmächtigen menschlichen Verstand, der so
klug wie Gott zu sein sich vermisst (1. Mose 3, 5), zu Spott
und Schande (Wiederholung von 1, 19-25).

V. 21-23: Wer aber im Christusgeschehen die Weisheit
Gottes erkennt, dem geht eine neue Welt auf. Er weiß sich
als ein Beschenkter. Er erkennt die Gnade Gottes. Er sieht,
wie Gott ihm zu jeder Zeit das Beste gibt. Er sieht hinter
den Gemeindeleitern die fürsorgliche Hand Gottes. Er
streift Menschenverehrung und Menschenverachtung ab,
er vermeidet das aburteilende Vergleichen. Er freut sich an
den unterschiedlichen Menschen in der Leitungsverantwortung mit ihren unterschiedlichen Gaben und Aufgaben.
Aber die Christuswirklichkeit erschließt ihm noch viel ge-
waltigere Dimensionen. Er beginnt zu verstehen, dass alles
in der sichtbaren und unsichtbaren Welt ihm dienen muss,
sein Leben und sein Tod, alles, was ihn umgibt. Ja die ganze
Zukunft muss ihm dienen. Er ist ein geistlicher König.
Denn er gehört Christus, und Christus gibt ihm vollen Anteil an seinem Königtum. Und Christus ist der Sohn des
lebendigen Gottes. Er ist Gott selbst. Was er gibt, ist unvergänglich. Was er dem Gläubigen zueignet, vermag niemand
wegzunehmen.

Diese drei Schlussverse (V. 21-23) geben ein Beispiel von der »Weisheit Gottes«. Weil Paulus diese Weisheit versteht, kann er sie weitergeben. Aber sie ist nur dem Glauben zugänglich. Wer sie aber im Glauben ergreift, wird unendlich reich.

Das Selbstverständnis des Apostels (4,1-21)

V. 1-5: Der hier verwendete Begriff *hyperetes* (Gehilfe) beschreibt die Dienerschaft des Apostels im Verhältnis zu Christus, während *diakonos* in Kap. 3, 5 seine Dienerschaft gegenüber der Gemeinde meint. Was er in seinem Dienst zu tun und zu lassen hat, darin ist er ausschließlich seinem Herrn verantwortlich. Der Herr hat ihn eingesetzt als »Haushalter über die Geheimnisse Gottes«. Hier greift Paulus seine Ausführungen in Kap. 2, 7-16 wieder auf. Mit Geheimnissen Gottes meint er die Heilsabsicht und den Heilsplan Gottes, die von den Propheten geweissagt und in Jesus Christus ausgeführt sind. Die Geheimnisse Gottes sind verborgen, sie müssen erst offenbart werden. Paulus hat diese Offenbarung empfangen, und sein apostolischer Dienst besteht darin, sie treu zu verwalten. Wie ein Hausverwalter die Haus- bzw. Landwirtschaft nach den Anordnungen und zum Nutzen des Eigentümers in eigener Verantwortung selbständig führen muss, so steht der Apostel in der Verpflichtung vor seinem Herrn, das Evangelium der heidnischen Welt zu bezeugen. Er weiß, dass Christus ihn nach seiner Treue zu diesem Auftrag beurteilen wird.

Dieses Wissen verleiht dem Apostel eine innere Unabhängigkeit vom Urteil der Gemeinde. In der Ausrichtung seines Dienstes steht er unmittelbar vor dem Herrn. Ihm allein überlässt er die Beurteilung. Auch er selber gibt keine Erklärungen über die Qualität seiner Arbeit ab, nur das eine sagt er, dass ihm gewissensmäßig »nichts bewusst« sei. Auch sonst beruft sich Paulus auf sein Gewissen (z.B. 2. Tim 1, 3; Apg 23, 1; 24, 16). Das reine Gewissen ist ihm wichtig (vgl. 1. Tim. 1, 5).

Wie schon in 3, 12-15 ausgeführt, wird Christus bei seiner Wiederkunft die Arbeit der Gemeindeleiter beurteilen. Der Maßstab Christi ist die Treue des Arbeiters und die aufgebrachte Mühe. Der Tag der Wiederkunft wird aber auch Klarheit über alle bringen, die zur Gemeinde gehören. Jeder bekommt dann seinen Lohn für seine Taten (2. Kor 5, 10). Worte und Taten, die nicht aus dem Glauben und aus der Liebe entsprangen, werden dann gewogen und verurteilt. Das »Herz«, der Persönlichkeitskern des Menschen, wird offenbar werden, und damit auch, ob und wann sich das Herz dem Geist Gottes geöffnet und gehorcht hat und wann nicht.

V. 6 - 13: Der ganze Abschnitt hat seelsorgerlich-ermahnenden Charakter. Die Gemeinde in Korinth stand in der Gefahr, ihr Denken und Urteilen nicht von Christus bestimmen zu lassen (Kap. 1, 10). So kam es zu sehr schlimmen Fehlentwicklungen im Blick auf ihre Gemeinschaft, ihr geistliches Leben, ihre Erkenntnis und ihr Verhalten. Paulus begründet in Vers 6 seine Ausführungen in 3, 5 - 4, 5. Die Gemeinde soll an ihm und an Apollos lernen, was es heißt, »nicht über das hinaus, was die Schrift sagt« zu leben. Dies war offensichtlich ein Schlagwort der Korinther, mit dem sie ihr eigenes Glaubensverständnis begründeten.

Paulus stellt klar: Nur wer in der Abhängigkeit von Christus lebt, seiner Berufung treu ist und seine Lebensführung von Glaube und Liebe bestimmen lässt, bleibt in Wahrheit bei der Schrift. Die Korinther sind einem gefährlichen geistlichen Hochmut verfallen. Sie bilden sich auf ihre geistlichen Erkenntnisse und Gaben etwas ein (»satt«, »reich«), sie meinen, dass sie keiner apostolischen Leitung mehr bedürfen (»ihr herrscht ohne uns?«). Darin gleichen sie der Gemeinde in Laodizea (Offb 3, 14 - 22). Damit sind die Korinther aus der unmittelbaren Abhängigkeit von Christus herausgetreten. Sie sehen ihren Glauben als ihren eigenen Besitzstand an, ohne zu merken, dass Glaube und Liebe nur in der dauernden Abhängigkeit von Christus und seiner Vergebung lebendig bleiben können.

Im zweiten Teil dieses Abschnitts wählt Paulus besondere rhetorische Stilmittel, den Gegensatz und die Steigerung, um die Selbstsicherheit der Korinther zu erschüttern. Er stellt den apostolischen Dienst erstens als einen Dienst dar, der gegensätzlich zu dem steht, was die Korinther sich unter dem Leben mit Christus vorstellen. Und zweitens als einen Dienst, der in höchste Nöte und damit immer wieder in die absolute Abhängigkeit vom Herrn führt. Es sind nüchterne Fakten, die er hier aufzählt, Fakten, die er sämtlich biographisch belegen kann. Damit wird klar, dass die Existenz des Christen in dieser Welt die ewigliche Herrlichkeit nicht vorwegnimmt, sondern ganz im Gegenteil immer mit der Feindschaft der Welt rechnen muss. Aber inmitten aller Not erweist sich die Abhängigkeit von Christus als Quelle der Kraft, Geduld und Liebe, so dass der Christ auch seinen Feinden in der Liebe Gottes begegnen kann. Diese Dimension des Christseins haben die Korinther noch

nicht erfasst, weil sie sich der prägenden Kraft des Auferstandenen entziehen.

V. 14 - 21: Paulus will die Gemeinde nicht abkanzeln. Er
ringt um sie, er will sie geistlich ermahnen, um sie wieder
in eine gelebte Christusgemeinschaft zurückzuführen. Er
weiß sich vor Christus für diese Gemeinde verantwortlich,
denn er ist ihr geistlicher Vater. Er hat sie geistlich gezeugt
(vgl. 1. Tim 1, 2). Paulus sieht seine väterliche Verantwortung für die Gemeinde darin, dass er sie genauso prägen
will, wie er selber sich von Christus prägen lässt. Die Gemeinde soll sich an ihm ausrichten, denn er richtet sich an
Christus aus (Kap. 11, 1).

Paulus weiß, dass Christus ihn umgestaltet hat und
weiterhin umgestaltet, und diesen geistlichen Prozess sieht
er als beispielhaft für die ganze Gemeinde an. Nicht er, sondern Christus in ihm ist das eigentliche Vorbild. Timotheus,
der dem Beispiel des Apostels folgt, ist für die Gemeinde
in diesem Sinn ein lebendiger Anschauungsunterricht.
Nichts prägt Christen so gut wie vom Glauben geformte
Menschen.

Einige Wortführer in Korinth haben Paulus offensichtlich verdächtigt, er würde wegen der Kritik an seiner
Person sich nicht getrauen, die Gemeinde bald zu besu-
chen. Paulus entgegnet, dass er bald zu kommen sich vorgenommen hat. Er vertraut darauf, dass sich dann die Kraft
des Heiligen Geistes durchsetzen wird, und dies bedeutet,
dass es in der Gemeinde zur Einsicht, zur Umkehr und zur
geistlichen Erneuerung kommen wird. Die großen Worte,
die empfangene Erkenntnis, die besonderen Gaben zählen
vor Gott nichts, wenn nicht der Heilige Geist zum Zuge

kommt, wenn er nicht den Christen zur Demut und Liebe führt. Das Reich Gottes äußert sich darin, dass der Heilige Geist in einem Christen sein Werk tut und Glaube, Liebe und Hoffnung wachsen lässt.

Apostolische Gemeindezucht (5,1-13)

V. 1-8: Hier beginnt der zweite Hauptteil des Briefs, in dem Paulus zu verschiedenen Fragen der Geschlechtlichkeit Stellung bezieht. Er setzt ein mit der Feststellung, dass die Gemeinde in Korinth im Gerede stehe, Unzucht zu tolerieren. In zwei Abschnitten geht er auf dieses Problem ein, im 5. Kapitel und in Kap. 6, 12-20. Im ersten (5, 1-5) greift er den Fall eines Gemeindegliedes auf, das mit seiner Stiefmutter ehelich zusammenlebt. Eine formelle Ehe kann es nicht gewesen sein, da dies nach römischem Recht nicht erlaubt war. Es muss sich um den Fall eines illegalen Zusammenlebens eines Mannes mit der Frau seines Vaters (nach dessen Tod bzw. nach der Scheidung) gehandelt haben, wobei diese aber nicht die leibliche Mutter gewesen sein kann, weil diese krasse Form von Inzest auch im Heidentum nicht toleriert worden wäre. Nach 3. Mose 18,8 war ehelicher Umgang mit der Stiefmutter für einen Juden verboten, und nach dem Aposteldekret waren sämtliche in 3. Mose 18 verbotenen Formen von Verwandtschaftsehen auch für alle heidenchristlichen Gemeinden tabu (Apg 15, 20.29). Dass die Gemeinde trotzdem ein solches Zusammenleben toleriert, ist für Paulus ein deutlicher Beweis ihrer geistlichen Unreife. Anstatt darüber Buße zu tun, dass ein Christ aus ihrer Mitte überhaupt in solch einen Unge-

horsam gegenüber der apostolischen Lehre verfällt, gefällt
sich die Gemeinde in ihrem geistlichen Hochmut.

Paulus greift sofort ein. Wenn die Gemeinde zur
nächsten Versammlung zusammenkommt, soll sie den
Übeltäter »dem Satan übergeben«. Wie in 1. Tim 1, 20 gebraucht Paulus diese Formel für den Akt des Gemeinde-
ausschlusses. Die Formulierung »zum Verderben des Fleisches« legt die Vermutung nahe, dass dabei Gott angerufen
wurde, Satan zu erlauben, den Betreffenden am Leib zu
züchtigen. Im Hintergrund könnte das Buch Hiob stehen,
wo Satan von Gott die Erlaubnis bekommt, Hiob leiblich
zu schädigen (Hi 2, 6 f.). Der Akt des Gemeindeaus-
schlusses und der Übergabe an die leiblichen Schläge Satans
stellt keine Vorwegnahme des göttlichen Gerichts dar. Im
Gegenteil, Paulus verbindet mit dieser Maßnahme die
Hoffnung, dass dieser Mann durch die leiblichen Schläge
zur Besinnung und Umkehr kommt, damit er am Tag der
Wiederkunft Jesu vom Zorn Gottes gerettet wird.

Paulus hat an diesem Beispiel erwiesen, dass der geistliche Hochmut der Korinther jeder Grundlage entbehrt.
Ihre Selbsteinschätzung, ihr »Rühmen« ist nicht gut, wobei
der Ausdruck »nicht gut« einen deutlichen Euphemismus,
eine rhetorische Schönfärberei darstellt. Die Gemeinde
müsste wissen, dass tolerierte Sünde wie ein Krebsge-
schwür um sich frisst. Sie ist durch das Opferlamm Christi
von aller Schuld gereinigt und darf neue Sünde nicht mehr
unter sich dulden. Gemeindezucht bedeutet, dass eine Gemeinde mit dem Opfertod Christi Ernst macht. Wer gereinigt ist, darf sich nicht mehr willentlich und wissentlich mit
neuer Sünde beschmutzen. Gemeindeglieder, die trotz
Ermahnung (vgl. Mt 18, 15 - 18) an Sünde willentlich und

wissentlich festhalten, müssen aus der Gemeinde entfernt werden. Sie stecken sonst andere an, so wie ein wenig Sauerteig den ganzen Teig durchsäuert. Christus aber will eine gereinigte und geheiligte Gemeinde, ohne Flecken und Runzeln (Eph 5, 25-27).

V. 9 - 13: Schon in einem vor dem 1. Korintherbrief an die korinthische Gemeinde geschriebenen Brief hatte Paulus Maßnahmen der Gemeindezucht gegenüber den Unzüchtigen gefordert. *Porneia* (Unzucht) ist als Oberbegriff für verschiedene sexuelle Sünden zu verstehen. Es sind im Wesentlichen:

1.) Sexueller Umgang und Eheschließung innerhalb der in 3. Mose 18, 6-18 verbotenen Verwandtschaftsgrade (wie zum Beispiel 1. Kor 5, 1-5).

2.) Sexueller Umgang mit Dirnen (1. Kor 6, 16).

3.) Sexueller Umgang mit einem in anderer Ehe verheirateten Menschen (»Ehebruch«, 1. Kor 6, 9; 3. Mose 18, 20).

4.) Sexueller Umgang mit Gleichgeschlechtlichen (im Sinn passiver Hingabe »Weichling«, »Lustknabe« oder des aktiven Vollzugs »Knabenschänder«, 1. Kor 6, 9; 3. Mose 18, 22).

5.) Sexueller Umgang mit Tieren (3. Mose 18, 23).

Wenn in den Paulusbriefen von »Unzucht« bzw. »Unzüchtigen« die Rede ist, ohne dass die verschiedenen Formen der Unzucht benannt werden, ist grundsätzlich vom ganzen Bedeutungsspektrum auszugehen. In 1. Kor 5,1a.9.11; 6,9.12-15 ist unter Unzucht ebenfalls der umfassende Sinngehalt anzunehmen (in 1. Kor 6,9 als das einleitende Hauptstichwort, welches dann mit den folgenden Begriffen verdeutlicht wird). Zu *porneia* siehe auch den Exkurs im Abschnitt »Unser Leib — ein Tempel des Heiligen Geistes«.

In 5,10 stellt Paulus klar, dass er in seinem früheren Brief Gemeindezuchtmaßnahmen und nicht eine Kontaktsperre mit Nichtchristen meinte. Wer als Christ trotz Ermahnung an offener Sünde festhält — Paulus nennt neben der Unzucht noch Götzendienst (wahrscheinlich ein anderes Wort für Habgier), ferner Lästerung, Diebstahl und Trunksucht — muss aus der Gemeinde ausgeschlossen werden. Die Aufforderung in Vers 11, mit einem solchen Gemeindeglied »nicht zu essen«, bezieht sich wahrscheinlich auf das Abendmahl und ist dann nur ein anderer Ausdruck für den Gemeindeausschluss. Eine Gemeinde ist verpflichtet, zu prüfen und zu beurteilen, was in ihrem Bereich vorgeht, und sie muss daraus die richtigen Folgerungen ziehen. Paulus unterscheidet hier klar zwischen denen, die zur Gemeinde gehören (»drinnen«), und denen, die nicht zu ihr gehören (»draußen«). Zur Gemeinde Jesu gehört, wer im Glauben an Christus durch ihn geheiligt ist und den Namen Christi anruft (1. Kor 1,2).

Innergemeindliche Konflikte gehören nicht vor weltliche Richter (6,1-8)

Dieser Abschnitt ist inhaltlich gesehen ein Einschub. Der Gesamtzusammenhang von Kapitel 5 bis 11, 1 behandelt zwei große Themenkomplexe: Unzucht, Vermeidung von Unzucht, Ehe und Ehelosigkeit (5, 1-7, 40) und das Problem der Teilnahme an Götzenopfermahlzeiten (8, 1-10, 33). Der Einschub 6, 1-8 ist offensichtlich ausgelöst durch 5, 12: Die Gemeinde hat die geistliche Pflicht, sich um die innergemeindlichen Zustände und Entwicklungen zu kümmern.

V. 1-2: Wie im Fall des Unzüchtigen in 5, 1 ff. geht Paulus auch hier von einem konkreten Einzelfall aus. »Wie kann sich jemand von euch unterstehen!« Es ist für Paulus undenkbar, dass Christen gegenseitige Streitigkeiten vor weltlichen Richtern austragen (»Ungerechte« bzw. »Böse«, *adikoi*, ist ein zusammenfassender Ausdruck für die Heiden). Als Begründung weist er nun nicht etwa auf die mangelnde Qualifikation ungläubiger Richter hin, sondern auf die eschatologische Berufung der Gemeinde Jesu, zusammen mit dem wiederkommenden Christus im »Gericht über die Toten« (Offenb. 20, 11-15) die »Welt«, d. h. die Menschheit zu richten. Paulus kann sich dazu nähere Ausführungen sparen, denn die apostolische Lehre von der Wiederkunft Christi war den Korinthern bekannt. Durch die Entrückung der Gemeinde Jesu ist sie mit ihrem Herrn unlösbar verbunden (1. Thess 4, 17b). »Die Gemeinde nimmt darum notwendig an allem teil, was ihr Haupt in seinem alles vollendenden Wirken tun wird ...« (W. de Boor,

Der erste Brief des Paulus an die Korinther, S. 107). Angesichts dieser alle Vorstellungen sprengenden Berufung und Würdigung der Gemeinde sollte es ihr ein Kleines sein, ihre Rechtsangelegenheiten selbst zu klären.

V. 3 - 4: Der Apostel bringt aber noch eine Steigerung (eine typisch paulinische rhetorische Figur). Die Gemeinde Jesu wird sogar die Engel richten und regieren. Vermutlich hat Paulus hier an die gefallenen Engel gedacht, die nach 2. Petr 2, 4 ebenso wie ihr Anführer Satan gerichtet werden. Um wie viel mehr sollte die Gemeinde dann in der Lage sein, über ihre täglichen Angelegenheiten zu befinden, sie zu ordnen und zu entscheiden. Paulus hebt einerseits mit dieser Argumentation die Absurdität der Praxis in Korinth deutlich hervor, andererseits vermittelt er eine starke seelsorgerliche Hilfe, künftig den Weg zu weltlichen Richtern zu vermeiden.

V. 5 - 7: Dies ist in der Tat für die Korinther beschämend. Sie, die sich für so klug und weise hielten (vgl. 4, 6-13), haben anscheinend nicht einen einzigen »Weisen«, der in Streitigkeiten schlichtend eingreifen könnte. Aber das Ziel dieser ganzen Paränese liegt nicht darin, dass Paulus der Gemeinde christliche Schiedsrichter empfehlen möchte. Er geht in seiner Ermahnung viel weiter. Schon die Tatsache, dass es in der Gemeinde überhaupt Rechtsstreitigkeiten gibt, ist eine »Niederlage« (*hettema* ist ein juristischer Fachausdruck) für sie. Wer als Christ um sein persönliches Recht kämpft, hat die Bergpredigt noch nicht begriffen. Nach Mt 5, 40 sollen Christen, wenn ihnen persönlich Unrecht geschieht, nicht um ihr Recht kämpfen, sondern so

reagieren, dass der andere merkt, dass sie nicht um ihr
Recht und ihre Ehre besorgt sind. Christen wissen, dass
Gott für ihr Recht und ihre Ehre, ja für ihr ganzes Leben
sorgt und einsteht. Sie müssen sich die Bedingungen ihres
Lebens nicht erkämpfen und erstreiten, sie wissen sich als
Geführte und Beschenkte. Diese Dimension christlicher
Existenz versucht Paulus in Vers 7 zu vermitteln. Es sind
Fragen, die unmittelbar aus der Bergpredigt stammen
könnten. »Warum lasst ihr euch nicht Unrecht antun?
Warum lasst ihr euch nicht übervorteilen?« Paulus scheint
hier – unter Anlehnung an 3. Mose 19, 13 – auf unredliche
finanzielle Machenschaften anzuspielen, die er offensicht-
lich aus der Gemeinde hörte.

V. 8: Paulus fasst noch einmal wirkungsvoll die ethische
Verwahrlosung und Lieblosigkeit in Korinth zusammen.
»Stattdessen tut ihr selber Unrecht und übervorteilt euch
gegenseitig – und das in der Gemeinde!« Die Gemeinde in
Korinth hat Grund, Buße zu tun und ihr ganzes geistliches
Leben erneuern zu lassen, damit die Liebe Gottes in ihr
Raum gewinnt.

Unser Leib – ein Tempel des Heiligen Geistes
(6,9–20)

Nach dem Einschub von 6, 1-8 wendet sich Paulus wieder
dem Hauptthema des zweiten Hauptteils zu, den Fragen
der Geschlechtlichkeit. Schon in 5, 1-5 war von einem Un-
zuchtsfall in der Gemeinde die Rede gewesen, gegen den
Paulus scharf vorgeht. Der Betreffende wird aus der Ge-

meinde ausgeschlossen (»dem Satan übergeben«) und leiblichen Plagen ausgesetzt, damit er zur Umkehr kommt. Paulus will also unter gar keinen Umständen eine unzüchtige Lebensweise in der Gemeinde dulden. Kap. 5, 11: »Ihr sollt nichts zu schaffen haben mit jemand, der sich Bruder nennt und ein Unzüchtiger ist oder ein Geiziger, Götzendiener bzw. Habgieriger, Lästerer, Alkoholsüchtiger oder Räuber.« Mit einem solchen Menschen soll ein Gemeindeglied nicht gemeinsam essen. Gemeint ist hier wahrscheinlich, wie schon ausgeführt, die Abendmahlsfeier. Und Vers 12: »Verstoßt den Bösen aus eurer Mitte!«

Hier haben wir also ein deutliches Beispiel von Gemeindezucht, wie es heute zumindest in volkskirchlichen Gemeinden kaum noch anzutreffen ist. Es kann wohl als eine Ausnahme angesehen werden, wenn — wie in einer mir bekannten Großstadtgemeinde — unverheiratet Zusammenlebende vom Abendmahl ausgeschlossen werden. Die Glaubwürdigkeit des gelebten Christseins wird jedenfalls durch den weitgehenden Verzicht auf Gemeindezucht sehr gefährdet.

V. 9 - 11: Der Apostel verkündigt in diesem kurzen Abschnitt Gottes Zorngericht über alle Menschen, die ein gottloses Leben führen. Wer in Unzucht lebt, wer Götzendienst treibt (vermutlich ist auch hier die Habgier gemeint), wer in eine bestehende Ehe einbricht, wer passiv oder aktiv homosexuellen Verkehr übt, nur für sein Geld lebt, sich dem Alkohol ergibt, oder wer Gott lästert, wer andere Menschen beraubt, der wird im Gericht Gottes Zorn empfangen und keinen Anteil an der Herrlichkeit Gottes erlangen. In Röm 2, 2 heißt es: »Wir wissen, dass Gottes Urteil

recht ist über die, die solches tun.« Und in Röm 1, 18:
»Gottes Zorn wird offenbar werden über aller mensch-
lichen Gottlosigkeit und Bosheit.« Sowie in Offb 21, 8:
»Die Gottlosen und Bösen werden in den Pfuhl geworfen,
der mit Feuer und Schwefel brennt, das ist der zweite
Tod.«

Wie in Röm 1, 24 ff. werden auch in diesem Lasterka-
talog die Unzuchtsünden an erster Stelle genannt. Diese
Sünden werden so gewichtig genommen, weil sie die ver-
breitetsten sind, weil Satan an dieser Stelle die meisten Menschen packt und sie in Abhängigkeit und Sünde führt.

Wichtig und in besonderer Weise aktuell ist die Aussage 1. Kor 6, 11: »Ihr seid reingewaschen, ihr seid geheiligt,
ihr seid gerecht geworden durch den Namen des Herrn
Jesus Christus und durch den Geist unseres Gottes.« Viele
Gemeindeglieder in Korinth konnten bezeugen, dass Gott
aus Sünde und Gebundenheit befreit, gerade auch in sexueller Hinsicht, und einen neuen Lebenswandel schenkt.

Exkurs: Unzucht *(porneia)*

Im Alten Testament bedeutet der Begriff zunächst das be-
zahlte körperliche Sich-Preisgeben einer Hure (Hes 16, 33;
Sprüche 6, 26). Huren gab es in Israel sowohl zur Zeit des
Alten Testaments (1. Kön 3, 16; 22, 38) als auch des Neuen
Testaments (vgl. Mt 21, 31 f.). Die Prostitution galt allgemein als Schande (3. Mose 19, 29). Gesetz und Propheten
wenden sich scharf gegen die aus der orientalischen Um-
welt übernommene Tempelprostitution (5. Mose 23, 18; Jer
3, 1-9; 5, 7 ff.; Hes 16, 23 ff.).

Von dieser Grundbedeutung her wird im Alten Testament jeder Intimverkehr eines unverheirateten Mädchens bzw. einer unverheirateten Frau als Unzucht bezeichnet. Sie wird gleichsam als Hure gewertet, vgl. 1. Mose 38, 24 f.: »Nach drei Monaten wurde Juda angesagt: Deine Schwiegertochter Tamar hat Hurerei getrieben; und sie ist schwanger geworden. Juda sprach: Führt sie heraus, daß sie verbrannt werde.«

Stellte sich nach der Hochzeit heraus, dass die Frau bereits vorehelichen Verkehr gehabt hatte, konnte sie gesteinigt werden (5. Mose 22, 20). Wurde der Tochter eines Priesters Unzucht nachgewiesen, konnte sie verbrannt werden (3. Mose 21, 9). Aber auch der junge Mann wird vor vorehelichem Verkehr gewarnt. In Sprüche 2, 16 ff. und 7, 10 ff. wird ihm als letzte Folge der Tod angedroht. Wer ein noch nicht verlobtes Mädchen verführt, muss den Brautpreis für sie zahlen und sie zur Frau nehmen (2. Mose 22, 15). Diese Bestimmung kann man auch als Warnung vor vorehelichem Verkehr verstehen. Die Unzucht des Volkes Israel mit den Moabiterfrauen (4. Mose 25, 1) brachte eine Katastrophe für das ganze Volk mit sich (4. Mose 25, 9; vgl. 1. Kor 10, 8: »An einem einzigen Tag kamen dreiundzwanzigtausend um«).

Neben Hurerei im eigentlichen Sinn (Verkehr mit Huren, vorehelicher sowie außerehelicher Verkehr) werden im A.T. auch blutschänderische Ehen (3. Mose 18, 6-18), Homosexualität und Sodomie (3. Mose 18, 22 ff.) mit Unzucht benannt.

Im Neuen Testament wird vorehelicher Verkehr nicht eigens als Unzucht erwähnt, weil die alttestamentlichen Ordnungen in Geltung standen. Vermutlich ist auch Steinigung von Unzüchtigen vorgekommen, wie aus Joh 8, 1-11 indirekt erschlossen werden kann. Nach Apg 15, 20 ff. wurde jede Form von Unzucht in den Missionsgemeinden nicht nur nicht geduldet, sondern mit Gemeindeausschluss geahndet.

Unsere weitgehend entchristlichte Gesellschaft hat im Blick auf die Geschlechtlichkeit die apostolischen Maßstäbe für Unzucht schon längst verlassen. Das herrschende Leitbild der autonomen Persönlichkeitsentfaltung hat nicht nur den Gang zur Hure normalisiert, sondern auch den vorehelichen Intimverkehr, den Ehebruch und die homosexuelle Praxis gesellschaftsfähig gemacht. Die Gemeinde Jesu ist in einer solchen Lage ähnlich wie z. Zt. des Urchristentums zu einem klaren Bruch mit jeglicher Form der Unzucht und zu einem eindeutigen Zeugnis aufgerufen, dass die Sexualität nach dem Willen Gottes ausschließlich in der Ehe von Mann und Frau gestaltet werden soll.

(Exkurs Ende)

V. 12-18: Paulus beginnt den Abschnitt 6, 12-20 mit einem Zitat, das bei den Korinthern offensichtlich bekannt war: »Alles ist mir erlaubt.« Paulus predigte das Evangelium, das den Menschen unter die Leitung des Geistes stellt und freimacht von einem Leben unerfüllbarer gesetzlicher Forderungen, wenn er sich im Glauben Christus anvertraut. Vergleiche z. B. Röm 7, 6: »Wir sind vom Gesetz freigeworden und ihm abgestorben, das uns gefangen hielt, so dass wir jetzt dienen im neuen Wesen des Geistes und nicht mehr im alten Wesen des Buchstabens.« Das ist Evangelium, frohmachende Botschaft. In Röm 10, 4 drückt er es

mit anderen Worten aus: »Christus ist die Erfüllung des Gesetzes.« Oder in Röm 13,10: »Die Liebe ist die Erfüllung
des Gesetzes.« Aber in Korinth war die Freiheit vom Gesetz, die in Wahrheit eine Bindung an die Liebe Gottes bedeutet, missverstanden worden. Die Erkenntnis »Der Christ
steht nicht mehr unter der Forderung des Gesetzes, es ist
ihm jetzt alles erlaubt« war den Korinthern zur Losung
oder Lebensregel geworden. Das erwähnte Zitat kommt
auch in Kap. 10,23 im Zusammenhang des Genusses von
Opferfleisch vor. Paulus weist dieses korinthische Lebens-
motto mit einem vierfachen »Aber« zurück: »… aber es ist
nicht alles förderlich; … aber es soll mich nichts gefangen
nehmen; … aber es dient nicht alles zum Guten, … aber
nicht alles baut auf«. Die echte Freiheit eines Christenmen-
schen weiß sehr wohl, was das Reich Gottes fördert, was in
neue Abhängigkeiten führt und was in Gottes Augen gut
und böse ist.

Der antike Grieche war ein Mensch, der in einem
Dualismus von Geist und Leib lebte. Der Leib, das Leibliche wurde als Fessel empfunden. Schon Pythagoras vertrat
eine Seelenwanderungs- und Karmalehre, nach der der
Mensch einen immer wiederkehrenden Kreislauf von
3000 Jahren durch verschiedene Lebewesen vollziehen
muss, wenn er sich nicht durch besondere Askese aus diesem Karma befreit. Das Göttliche wurde geistig vorgestellt,
nicht leiblich. Nach Aristoteles war Gott *nous* (reines Denken). Das Leibliche wurde abgewertet und als notwendiges
Übel bezeichnet. Der wohlhabende Grieche leistete sich
drei Frauen, die Ehefrau, die Hetäre und die Magd.

Paulus beginnt seine Auseinandersetzung mit dieser
Auffassung mit dem Hinweis, dass die Speisen dem

»Bauch« dienen und beides der Vergänglichkeit preisgegeben ist. Essen und Trinken sind Vorgänge, die an diesen
Äon gebunden sind. Sie werden vergehen. Aber, so fährt er
fort, etwas ganz anderes ist unser Leib. Der Leib wird nicht
vergehen. Der Leib wird verwandelt. Hier müssen die Korinther umdenken. Der Leib wird nicht der Vernichtung
preisgegeben. Der Leib gehört dem Herrn. Der Herr wird
den Leib verwandeln (1. Kor 15, 35-49). Genauso wie Gott
den Herrn auferweckt hat und ihn eine neue Leiblichkeit
gegeben hat, so wird es auch mit uns geschehen. Denn wir
gehören zu Christus, wenn wir an ihn gläubig geworden
und durch den Heiligen Geist mit ihm verbunden worden
sind. Wir sind »getauft« zu einem Leib, und d. h. wir sind
mit Christus verbunden in einem großen geistlichen Organismus (1. Kor 12, 13). »Lässet auch ein Haupt sein Glied,
welches es nicht nach sich zieht?« (Otto von Schwerin).
Christen sind Glieder am Leib Christi.

V. 19-20: In jedem gläubigen Christen wohnt der Heilige
Geist, und damit ist er ein Tempel des Heiligen Geistes geworden. Christus hat uns ganz und gar erkauft. Wir gehören zu ihm. Wir gehören nicht mehr uns selber. Deswegen
sollen wir Christus verherrlichen, und zwar mit all dem,
was wir sind und haben, mit unseren ganzen leiblichen
Möglichkeiten. Das ist evangelische Ermahnung. Am Anfang steht der Indikativ, der die Grundlage für den folgenden Imperativ darstellt.

Weil Christen Glieder am geistlichen Leib Christi
sind, dürfen sie sich mit ihrem Leib nicht mit einer Hure
verbinden. Denn die leibliche Vereinigung ist vor Gott eine
ganzheitliche Vereinigung: die beiden Menschen werden

»ein Fleisch«, d. h. eine Gemeinschaft, eine Einheit. Wenn
Christen zur Hure gehen, dann sündigen sie gegen den eigenen Leib, und d. h. gegen den Heiligen Geist, der im Leib
wohnt. Und was hier über die Vereinigung mit der Hure gesagt ist, das gilt selbstverständlich von jedem außereheli-
chen intimen Umgang. Immer handelt es sich um eine
Sünde gegen den Heiligen Geist, der im Leib des Christen
wohnt. Stattdessen sollen Christen mit ihrem Leib Gott
preisen, ehren und verherrlichen. Der Geist soll den Leib
regieren und zu einem Lebenswandel führen, der Gott
wohlgefällt.

Intimverkehr und Enthaltsamkeit in der Ehe
(7,1-7)

Im 7. Kapitel gibt Paulus apostolische Ratschläge zum Fra-
genkomplex Ehe und Ehelosigkeit, und, damit verbunden,
zum Sinn und Wert geschlechtlicher Enthaltsamkeit. Die
Ausführungen sind ein Musterbeispiel feinfühliger Seelsorge in den intimsten Fragen des Menschseins. Sie gipfeln
in einer grandiosen geistlichen Relativierung aller äußeren
Bedingungen und Umstände unseres Lebens. »Das Wesen
dieser Welt vergeht« (V. 31). Der Christ lebt in einem heiligen Abstand zu seinem eigenen äußeren Leben und ist gerade dadurch in der Lage, es auf der Grundlage des Glaubens und der Liebe verantwortlich zu gestalten.

V. 1: Dieser Vers ist problematisch. Ist der Satz »Es ist gut
für den Mann, die Frau nicht zu berühren« eine Antwort
des Apostels oder ein Zitat aus einem Brief der Korinther?

Zwei Gründe sprechen für die Zitatthese. Erstens der Zusammenhang: In 6, 12-20 geht es um den unzüchtigen Intimverkehr mit der Hure. Daran schließt sich gut ein Abschnitt über Fragen des ehelichen Verkehrs an. Der Abschnitt muss dann aber schon in 7, 1 beginnen. Und wenn 7, 1 auf den ehelichen Verkehr zu beziehen ist, dann kann er nur ein Zitat sein. Denn Paulus würde niemals in grundsätzlicher Weise behaupten wollen, dass Enthaltsamkeit in der Ehe gut wäre. Der zweite Grund ist die Satzeinteilung: »Was aber das betrifft, was ihr geschrieben habt.« Hier erwartet man eine genauere Beschreibung. Wenn 7, 1 ein Zitat und auf die Ehe bezogen gemeint ist, dann gab es also in Korinth Christen, die eine solche These aufgestellt haben: Es ist für den Mann gut und nützlich, wenn er sich mit seiner Frau zusammen des Intimverkehrs enthält. Offensichtlich galt diesen Leuten das Intimleben in der Ehe als unvereinbar mit dem geistlichen Stand des Christen. Innerhalb der griechischen Kultur ist eine solche Haltung durchaus denkbar. Vermutlich waren es dieselben Leute, die den Gang zur Hure praktizierten, etwa nach der Devise: »Für die leiblichen Dinge ist die Hure gerade gut genug, aber die eigene Frau beschmutze ich nicht mit Sexualität; wir sind doch geistliche Menschen.« In abgemilderter Form hat sich diese abwertende Haltung gegenüber der ehelichen Sexualität da und dort bis heute in der christlichen Gemeinde gehalten. Man spricht von ehelicher Pflicht, von notwendigem Übel, von leiblichen Bedürfnissen. Und man tabuisiert die Sexualität im ehelichen Gespräch. Das ist aber weder empfehlenswert noch biblisch begründbar.

V. 2: Paulus weist diese Haltung zurück. Im Blick auf die
Gefahr der Unzucht soll jeder Mann mit seiner Frau ein Intimleben haben und jede Frau mit ihrem Mann. Was heißt
nun aber »wegen der Unzucht«? Weil eine falsche Enthaltsamkeit anfällig für unzüchtige Gedanken und Handlungen macht, so wie es ganz offenkundig in Korinth der Fall
war, indem Männer, die zu Hause den Intimverkehr mie-
den, dann die Hure aufsuchten.

V. 3 - 4: Hier entwickelt Paulus aus tiefer Einsicht in das
Wesen der Sexualität tragfähige Richtlinien für ein erfülltes
Intimleben in der Ehe. Der Mann steht in der geistlichen
Verpflichtung, seiner Liebe zu seiner Frau auch körperlich
Ausdruck zu verleihen. Gott hat den Menschen mit einem
Leib erschaffen, und er hat ihm leibliche Ausdrucksformen
der Liebe gegeben. Demzufolge gehört es zur Verpflichtung der Liebe, diese Ausdrucksformen in der Ehe zu praktizieren. Gott hat beide Geschlechter daraufhin erschaffen.
Ebenso steht auch die Frau mit ihrer Sexualität ihrem Mann
gegenüber in der Verpflichtung der Liebe.
    Es ist hier wichtig, den Ausdruck »Pflicht« nicht na-
turalistisch misszuverstehen, als ob die Ehegatten verpflichtet wären, dem jeweils anderen die leibliche Triebbefriedi-
gung zu ermöglichen. Das hieße, den Leib über den Geist
zu stellen. Der Mensch ist, wenn er den Heiligen Geist hat,
in einem tiefen Sinn nicht mehr von seinem Leib abhängig,
sondern er ist nun in der Lage, sich den Leib gefügig zu machen. Wenn wir 1. Kor 7, 3 naturalistisch verstehen wollten,
dann wären wir wieder bei der fatalen Ehedefinition des
Philosophen Immanuel Kant angekommen: »Eine Einrich-
tung zum wechselseitigen Besitz der Geschlechtseigen-

schaften« (Metaphysik der Sitten, § 24). Stattdessen müssen wir die Pflicht als geistliche Verantwortung verstehen, welche Gott der Liebe aufträgt. Die Liebe will das Beste des anderen, und so will sie ihm auch leiblich das Beste geben, nämlich die Erfahrung, ganz und gar bejaht, geliebt und angenommen zu sein.

Im ehelichen Miteinander bedeutet dies eine große Herausforderung. Der eine muss lernen, an den anderen zu denken und nicht seine eigene Lust, sondern Glück, Frieden und Geborgenheit des anderen zu suchen. Dazu gibt Paulus noch eine grundsätzliche Orientierung. Dem Mann gehört seine Sexualität nicht selbst, sondern sie gehört seiner Frau. Der Frau gehört ihre Sexualität ebenfalls nicht selbst, sondern ihrem Mann. Paulus zeigt uns hier den Weg, Sexualität als die intimste Form ehelicher Kommunikation zu verstehen. Der Mann tritt die Verfügung über seine Geschlechtlichkeit an seine Frau ab, die Frau die Verfügung über ihre Sexualität an ihren Mann. Jeder von beiden beginnt, die eigene Sexualität als für den anderen gegeben zu verstehen und zu praktizieren.

In der ehelichen Praxis werden damit beide in Lernprozesse hineingestellt. Der Mann muss lernen, seine offensivere Sexualität zu zügeln und so einzusetzen, dass er damit seine Frau »befriedigt«, und dies heißt, richtig verstanden, dass er ihr Frieden schenkt. Die Frau muss lernen, ihre oft gefühlsmäßig gestimmte Haltung unter die Regie des Geistes zu stellen und unabhängig von ihrer momentanen Stimmung für die intime Begegnung mit ihrem Mann bereit zu sein, um ihn zu beglücken.

V. 5 - 6: Eine Enthaltsamkeit in der Ehe will Paulus nur für
eine kurze Zeit erlauben, wenn ein Ehegatte oder beide eine
Gebetszeit wünschen, und auch dann nur, wenn beide damit einverstanden sind. Und er fügt in Vers 6 hinzu: Auch
dies ist nicht etwa ein Gebot, dass ihr jetzt enthaltsame Zeiten einführen sollt, sondern das ist ein Zugeständnis für diejenigen, die dies wünschen. Aber der Tenor des ganzen Abschnitts liegt eindeutig auf der Ermahnung an die Ehegatten, sich leiblich zu suchen und dem anderen leibliche Be-
glückung zu schenken.

V. 7: Diese Aussage ist in besonderer Weise interessant.
Paulus bekennt sich offen zu seiner Ehelosigkeit. Damit
bestätigt er Mt 19,10 ff. Es gibt im Neuen Testament die
Ehelosigkeit um des Himmelreiches willen. Aus Kapitel 9
wissen wir, dass Paulus durchaus das Recht hätte beanspru-
chen können, eine Ehefrau mit auf seine Reisen zu nehmen. Aber seine Gabe ist es, um seines Auftrags willen auf
die Ehe verzichten zu können. Er wünscht sich, dass alle
diese Gabe erfahren und ganz frei für die Arbeit im Weinberg Gottes sein könnten. Dies sagt er aus Liebe zum
Herrn! Aber er fügt sofort hinzu, dass die Frage der Ehelosigkeit eine Sache Gottes und der Gaben Gottes ist.

Die Enthaltsamkeit der Unverheirateten und Verwitweten (7,8-9)

V. 8 - 9: Wie Vers 7 ist auch Vers 8 f. zu verstehen, nämlich
als Hinweis, wie gut Ehelosigkeit wäre. Aber wer die Gnadengabe (*charisma*) der Ehelosigkeit nicht hat, soll heiraten.

Sonst bereitet er sich und anderen große Nöte. Im Unterschied zum Alten Testament, wo die mit Kindern gesegnete Ehe als der einzig von Gott gewollte und gesegnete Familienstand dargestellt wird und Ledige und Verwitwete als nicht in der Fülle des Lebens stehend gewertet werden, erhebt Jesus in Mt 19, 12 die Ehelosigkeit um des Reiches Gottes willen zu einer vollwertigen und gesegneten Lebensform.

Durch den Heiligen Geist können ledige und verwitwete Menschen diese Gnadengabe empfangen, um ihr Leben ungeteilt den Aufgaben des Reiches Gottes widmen zu können. Wer die Gabe der Ehelosigkeit empfängt, vermag sexuell enthaltsam zu leben. Wer aber geistig, seelisch und leiblich deutlich auf das andere Geschlecht hin orientiert bleibt, sollte nach dem seelsorgerlichen Rat des Apostels heiraten bzw. nach dem Tod des Ehepartners wieder heiraten.

Das Nein zur Ehescheidung (7,10–16)

V. 10: Jesus hat in seinem Streitgespräch mit den Pharisäern die Ehescheidung verboten (Mt 19, 6). Das Gleiche hat er auch in der Jüngerbelehrung in der Bergpredigt gesagt (Mt 5, 32). Dass er auch den Pharisäern gegenüber die Scheidung verbietet, ist ein Hinweis, dass er sein Verbot allgemein verstanden wissen wollte, nicht nur im Blick auf seine Nachfolger. Paulus bezieht sich hier auf »ein Gebot des Herrn«. Damit scheint er diese Aussagen in den Evangelien zu meinen.

Warum dieses rigorose Verbot? Die Ehe ist eine Stiftung Gottes, nicht nur ein menschliches Vertragswerk. Sie ist Einübungsfeld in echte Kommunikation und Vorberei-

tung auf die ewige Gemeinschaft der Erlösten mit Gott. Sie
ist ein Vorgeschmack auf die ewige Geborgenheit, Treue,
Zuwendung und Heimat, die wir bei Gott in der Vollendung erfahren werden. Die Ehe ist vor Gott unlöslich, weil
Christi Treue zu seiner Gemeinde auch unlöslich ist und
die Ehe diese Gemeinschaft Christi mit seiner Gemeinde
abbilden soll (Eph 5, 32). Nur eine Ehe, die aus der Treue
der beiden Ehegatten lebt, vermag die ewige Gemeinschaft
Christi mit seiner Gemeinde abzubilden.

Paulus sagt hier nichts anderes. Für einen Christen
darf eine Scheidung nicht in Betracht kommen, weder für
den Mann noch für die Frau. Wir sollten deswegen in der
Eheseelsorge nicht in der Scheidung einen Ausweg aus
Ehekrisen suchen. Jesus ist »der Weg« (Joh 14, 6), und er
hat demzufolge auch einen Weg in jedem Problem. In besonders gelagerten Notsituationen muss natürlich eine vo-
rübergehende Trennung erwogen werden; aber eine Trennung ist keine Scheidung, sie ist immer auf Versöhnung
angelegt.

V. 11: Hier ist nicht der Fall angesprochen, dass ein Christ
aktiv die Scheidung vollzogen hat. Das steht gar nicht zur
Diskussion, und es würde auch Vers 10 widersprechen.
Hier geht es vielmehr um Menschen, die nach ihrer Scheidung gläubig geworden sind (und noch nicht wieder geheiratet haben), bzw. um passiv Geschiedene, von denen sich
der ungläubige Teil getrennt hat (vgl. V. 15). Sie sollen ehelos bleiben oder sich — soweit es möglich ist — mit ihrem
geschiedenen Ehepartner wieder aussöhnen. Eine Wiederheirat, sozusagen als dritter Weg, ist vom Apostel nicht vor-
gesehen. Bei dem ersten Weg (ehelos bleiben) muss die Ge-

meinde mithelfen, sonst kann dieser Weg sehr bitter werden. In jedem Fall gilt es, das naturalistische Menschenbild
zu überwinden, dass ein eheloser Mensch wegen seiner
Sexualität bzw. wegen des Verzichts auf ihr Ausleben psy-
chische Probleme bekommen würde. Dies ist ein weit ver-
breiteter Irrtum. Sexualkraft lässt sich in geistige Kraft sub-
limieren. Pastor Heinrich Kemner aus Krelingen hat z. B. in
dieser Beziehung öfters auf den katholischen Theologen
und Philosophen Romano Guardini hingewiesen, der ihm
dies als eigene Lebenserfahrung weitergegeben habe.

V. 12 - 13: »Die Übrigen« sind diejenigen Christen, die in
einer schon bestehenden Ehe mit einem Ungläubigen zum
Glauben gekommen sind. Hier ist nicht eine Ehe gemeint,
wo ein Christ einen Nichtchristen geheiratet hat. Dies war
im Bereich der Urchristenheit nicht denkbar (vgl. 1. Kor
7, 39: eine Heirat soll »im Herrn« geschehen). Zwar kann
Paulus für diese »Übrigen« kein Herrenwort zitieren, aber
kraft seiner apostolischen Autorität ordnet er an, dass diese
Christen an ihrer Ehe festhalten sollen. Sie »verunreinigen«
sich nicht an ihrem ungläubigen Ehepartner, und sie müssen nicht befürchten, von seinem Un- oder Aberglauben
angesteckt zu werden.

V. 14: Der ungläubige Teil wird durch den gläubigen Teil
»geheiligt«. Das bedeutet nicht »errettet«. Aber der gläubige Teil darf hoffen und wissen, dass sein Ehepartner unter
dem Einfluss des Heiligen Geistes steht. Der ungläubige
Teil ist deswegen nicht mehr »unrein«, wie auch die Kinder
gläubiger Eltern nicht als »unrein« gelten können. Beide,
die ungläubigen Ehepartner und die Kinder gläubiger El-

tern, stehen durch ihre stiftungs- bzw. blutsmäßige Verbindung mit gläubigen Menschen unter der Verheißung ihrer Fürbitte und der Wirkungen des Heiligen Geistes. Der gläubige Ehepartner darf den ungläubigen als »rein« ansehen und mit ihm geschlechtliche Gemeinschaft haben. Gläubige Eltern dürfen ihre Kinder, bevor diese zum Glauben kommen, als »rein« ansehen und brauchen nicht zu befürchten, dass sie durch ungläubige Kinder geistlichen Schaden nehmen könnten. Für den jeweils gläubigen Teil gilt: Er ist mit Christus verbunden, der stärksten Macht im Himmel und auf Erden. Nichts vermag ihn von der Liebe Gottes zu scheiden (Röm 8, 38 f.).

V. 15a und **b:** Jetzt wird der notvolle Fall angesprochen, dass sich der ungläubige Teil scheiden lassen will. Vorausgesetzt, dass der gläubige Teil alles versucht hat, die Ehe zu retten, gibt Paulus ihm hier die Erlaubnis, in die Scheidung einzuwilligen. In diesem Fall ist der gläubige Teil an die eben ergangene Weisung (V. 12 und 13) nicht sklavisch gebunden. Er muss nicht denken, dass er seines ewigen Lebens verlustig geht, wenn er in die vom ungläubigen Teil betriebene Scheidung einwilligt. Oft wird die Frage gestellt, ob der gläubige Teil, nachdem der ungläubige Partner die Ehescheidung vollzogen hat, frei für die Ehe mit einem anderen Partner ist. Nach Vers 11 sollen Geschiedene ledig bleiben oder sich aussöhnen. Nach Vers 39 sind die Ehepartner solange aneinander gebunden, bis einer stirbt. Eine Wiederheirat zu Lebzeiten des geschiedenen Ehepartners kommt demnach für Paulus nicht in Frage.

V. 15c: »Gott hat uns aber zum Frieden berufen.« Das
»aber« soll den gläubigen Teil an die Versöhnung erinnern,
die Gott ihm geschenkt hat und die er nun ausleben und
weitergeben darf. Paulus will also sagen: Im Blick auf Gottes Versöhnung soll der gläubige Teil versöhnungsbereit sein
und den Frieden in seine Ehe hineintragen. Er soll damit
rechnen, dass der Gott des Friedens den wahren Frieden,
der aus der Vergebung entspringt, auch dem Ehepartner
zuteil werden lässt.

V. 16: In diesem Licht gelesen ist der Vers nicht pessimis-
tisch, sondern optimistisch auszulegen. »Was weißt denn
du, was Gott für unendlich viele Möglichkeiten hat, deinen
Ehepartner noch zum Heil zu führen?« Die optimistische
Auslegung passt besser zum Zusammenhang als die pessi-
mistische, denn der ganze Abschnitt Vers 10 bis 16 zielt auf
das Festhalten an der Ehe ab.

Berufen zur Freiheit — unter allen Umständen! (7,17-24)

Paulus hat in 7, 1 - 16 die Frage der Sexualität bzw. Enthaltsamkeit im Blick auf fünf verschiedene Gruppen angesprochen bzw. entwickelt:

— Die gläubigen Ehepaare sollen sich nicht einander entziehen, außer dass sie es beide für eine kurze Zeit aus
geistlichen Gründen wünschen.

— Geschiedene (vor dem Gläubigwerden Geschiedene
    und passiv Geschiedene, von denen sich der ungläu-
    bige Teil geschieden hat) sollen unverheiratet bleiben
    oder sich aussöhnen.

— Christen, die mit einem ungläubigen Ehepartner ver-
    heiratet sind, sollen an der Ehe festhalten. Der ungläu-
    bige Teil ist »rein«, sie dürfen mit ihm intimen Verkehr
    haben.

— Die Verlobten sollen sich prüfen, ob sie die Gabe der
    Enthaltsamkeit haben. Wenn ja, ist es gut, dass sie ehe-
    los bleiben (dazu folgen in V. 25 ff. weitere Ausfüh-
    rungen).

— Witwer und Witwen sollen sich ebenfalls prüfen, ob
    sie die Gabe der Enthaltsamkeit haben. Wenn ja, ist es
    gut, dass sie Witwer/Witwen bleiben (dazu folgen in
    V. 39 f. noch weitere Ausführungen).

V. 17a: beginnt mit einem Gegensatzpartikel. »Doch
jeder soll so leben, wie es ihm der Herr zugeteilt und Gott
ihn berufen hat.« Der Gegensatz bezieht sich auf die Ver-
schiedenartigkeit der Lebensumstände. So verschieden sie
sein mögen — jeder soll seiner Berufung treu sein. Gemeint
ist die Berufung zum ewigen Leben, zum Leben im Reich
Gottes. Was bedeutet dies? Er soll sein Leben von seiner
Berufung, von Christus her gestalten. Er soll seine Lebensverhältnisse als etwas Vorläufiges bewerten. Er soll lernen,
als Kind Gottes zu leben und die Christusgemeinschaft das
Zentrum seines Lebens sein zu lassen.

V. 17b: Paulus bringt für diesen geistlichen Grundsatz nun zwei Beispiele. »Entsprechend ordne ich in allen Gemeinden an«: Mit dieser Aussage leitet er die beiden Beispiele ein.

V. 18-19: Wenn jemand als beschnittener Jude von Gott zum Reich Gottes berufen wird, dann soll er »die Vorhaut nicht überziehen«. Der Ausdruck ist wohl bildlich gemeint: Er soll bewusst ein beschnittener Jude bleiben. Als Christ muss er seine Herkunft aus dem Judentum nicht verleugnen. Desgleichen soll ein unbeschnittener Heide nicht meinen, er müsse sich noch beschneiden lassen, um ein guter Christ sein zu können. Für ein Leben unter der Herrschaft Gottes bedeutet weder Beschnittensein noch Unbeschnittensein etwas. Hier zählt etwas ganz anderes: nämlich die Weisungen Gottes beachten und im neuen Gehorsam des Glaubens das Gebot der Liebe erfüllen.

V. 20: Das Verständnis dieses Verses hängt von der Übersetzung des Wortes klesis ab. Die verbreitete Wiedergabe mit »Stand« trifft die Aussage schwerlich. Paulus ordnet hier kein Bleiben in den alten Standesverhältnissen an, sondern ein unbedingtes Festhalten an der Berufung durch Gott. Der Jude soll, wenn er Christ geworden ist, seine jüdische Vergangenheit nicht verleugnen, er soll sich vielmehr zu ihr bekennen, ebenso der Heide. Die Herkunft ist nebensächlich geworden, wichtig ist die Berufung in den neuen Gehorsam.

V. 21-22: Das zweite Beispiel entnimmt Paulus aus den damaligen Wirtschaftsverhältnissen. Wenn jemand als

Sklave Christ geworden ist, dann soll er sich über seinen
unfreien Stand nicht beschweren. Sein Sklavesein soll ihm
nicht mehr die primäre Lebenswirklichkeit sein. Er soll sich
daran nicht mehr aufreiben, denn er lebt jetzt von einem anderen Ziel her. Das Ausgeliefert- und Unterdrücktsein
braucht dann nicht mehr die entscheidende Lebenserfahrung zu sein. Die Christusgemeinschaft, in die er durch
seine Berufung getreten ist, gibt ihm eine ganz andere, das
ganze Leben erneuernde Erfahrung. Falls er aber die Möglichkeit haben sollte, frei zu werden, dann soll er sich diese
Chance nicht entgehen lassen. In Christus ist er schon
längst ein »Freigelassener«, d. h. er ist befreit von Sünde,
Tod und Teufel. Das ist das Entscheidende. Und der als
freier Mensch zum Glauben Berufene ist ja eben dadurch
ein Knecht Christi geworden, d. h. auch die Ausrichtung
seines Lebens hat sich total verändert, er lebt jetzt nach den
Geboten des Herrn. Auch bei diesem zweiten Beispiel geht
es um die Neubewertung der äußeren Lebensverhältnisse.
Sie sind nicht mehr die entscheidende Dimension des Lebens. Der Christ hat einen inneren Abstand zu den Umständen seines Lebens gefunden. Er kann — mit diesem Abstand — als Sklave leben (natürlich ohne dass er über diese
Lebensweise glücklich wäre), denn die geistlichen Grundla-
gen und Qualitäten seines Lebens (Glaube, Hoffnung,
Liebe) stehen ihm auch im Sklavenstand zur Verfügung.
Ebenso kann der Christ — mit dem gleichen inneren Abstand — als äußerlich freier Mensch leben, denn er weiß,
dass die äußere Freiheit ihm keinerlei geistliche Lebensqua-
lität vermitteln kann und er in ihr keinen letzten Wert er-
blicken kann.

V. 23: Paulus bleibt noch beim Beispiel des Sklaven. So wie Sklaven auf dem Markt gekauft werden konnten, so sind die Christen von Christus gekauft worden, um fortan sein Eigentum zu sein und unter seinem Schutz zu stehen. Das Leben der Christen hat jetzt das Ziel, diesem Herrn zu dienen, der ihn befreit hat von Sünde, Tod und Teufel. Dieser Dienst setzt das »Bleiben in der Berufung« voraus. Darum geht es jetzt. Christen sind davon frei, ihr Leben nach den Maßstäben der Welt ausrichten zu müssen. Sie dienen einem größeren Herrn. Menschlich ist es, den eigenen Lebensverhältnissen zu dienen. Christen würden aber wieder in diese Art zurückfallen, wenn sie ihre Herkunft verleugnen wollten aus Angst vor ihrer Umgebung, oder wenn sie — sofern sie Sklaven sind — im Streben nach äußerer Freiheit ihr ganzes Lebensziel sähen. Dann wären sie — die in Wahrheit Freie sind — in ihrem Lebensvollzug doch wieder Knechte menschlicher Ängste und Wünsche geworden (»der Menschen Knechte«).

V. 24: Noch einmal betont Paulus sein großes Anliegen, diesmal mit dem persönlichen Zusatz »Brüder«: Jeder soll in der geistlichen Berufung, die Gott ihm persönlich geschenkt hat, bei Gott bleiben. Die Berufung eröffnet dem Christen die Verheißungen Gottes, sie gibt ihm neues Leben, Kraft, Weisheit und Liebe. Sie ist das persönliche Eingreifen Gottes in das Leben des einzelnen Menschen. Sie gibt seinem Leben ein neues Ziel, eine neue Ausrichtung, eine neue Dimension. In diesem Tun Gottes soll der Christ bleiben. »Bei Gott« ist eine Verstärkung dieses Gedankens. Darum geht es, in der Berufungsgewissheit zu bleiben, und im Licht der Berufung das eigene Leben als vorläufig zu

erkennen und somit das Leben nicht mehr nach dem Verhaltensmustern der Menschen zu gestalten. Der Christ ist
von Christus freigekauft, er dient nun Christus allein.

Ehelosigkeit oder Ehe? Ratschläge an Verlobte und Verwitwete (7,25–40)

V. 25: Der unmittelbare Anlass für diesen Abschnitt waren wohl ebenfalls Anfragen aus der korinthischen Gemeinde. Wie sollen sich junge Menschen zur Frage der
Ehelosigkeit um des Reiches Gottes willen stellen? Der
ganze Abschnitt von Vers 25 bis 38 zeigt, dass man sich unter »Jungfrau« eine Verlobte vorstellen muss. Die Verlobung war sowohl in der jüdischen als auch griechischen
Kultur ein familienrechtlicher Akt, der zwischen dem Vater
oder Bruder des Mädchens und dem Bräutigam geschah.
Das Mädchen selbst war dabei in der Regel zwischen 12
und 15 Jahren alt. Die Frage in Korinth lautete also, was soll
geschehen, wenn junge Leute, die verlobt sind, gläubig werden und jetzt in sich den Wunsch spüren, das Leben ungeteilt für den Herrn einzusetzen, also ehelos zu bleiben.

Zunächst betont Paulus, dass er in dieser Frage kein
Gebot des Herrn hat. Aber er will dennoch seine Meinung
äußern als jemand, der Vertrauen seitens der Gemeinde be-
anspruchen darf.

V. 26: Im Blick auf solche jungen Christen, die den
Wunsch nach freiwilliger Ehelosigkeit um Christi willen in
sich spüren, gibt Paulus folgenden Rat. Die Einleitung lautet: »Ich meine, angesichts der gegenwärtigen Not ist Fol-

gendes gut, denn es ist gut für den Menschen, so (sc. ledig)
zu sein.«

V. 27a: Wer eine Verlobung eingegangen ist, soll sie nicht
lösen. Paulus setzt hier offensichtlich den Fall voraus, dass
beide Verlobte sich zur Ehelosigkeit entschlossen haben. Sie
brauchen dann ihre Verlobung nicht zu lösen.

V. 27b: Wenn jemand seine Verlobung schon gelöst hat,
dann soll er konsequent sein und keine weitere Verlobung
mehr eingehen. Dieser merkwürdig erscheinende Rat wird
verständlich, wenn man den Druck der gesellschaftlichen
Verhältnisse damals bedenkt. Ein nicht verlobter bzw. ver-
heirateter Mann war eine Abnormalität, und so brauchten
diejenigen Männer, welche um der Ehelosigkeit um Christi
willen ihre Verlobung gelöst hatten, apostolischen Beistand.

V. 28: Auch hier geht es nicht um eine allgemeine Aussage
(»wer heiratet, sündigt nicht«), dies wäre eine Platitüde,
sondern um eine konkrete Anfrage aus Korinth. »Was ist
denn dann, wenn ich später merke, dass ich die Gabe der
Ehelosigkeit doch nicht habe? Darf ich dann heiraten?«
Die Antwort des Apostels ist eindeutig. Selbstverständlich
darf jeder, der sich zunächst zur Ehelosigkeit entschlossen
hat und später merkt, dass er diese Gabe nicht hat, dann
heiraten. Nur eine Tatsache muss jeder Christ, der heiratet,
sich klarmachen. Er ist Bürger des Reiches Gottes und lebt
in einem vergehenden Äon. Christsein in dieser Welt heißt:
in Spannung leben mit den Prinzipien dieser Welt. Das ist
gemeint mit den Begriffen »Not« *(anangke)* in Vers 26 und
»Bedrängnis« *(thlipsis)* in Vers 28. Wer heiratet, stellt sich

und seinen Ehepartner in die Prinzipien dieser Welt hinein.
Er übernimmt Fürsorge für den anderen, er muss für Ehe
und Familie um Nahrung, Kleidung, Wohnung und vieles
andere besorgt sein. Die Welt mit ihren Lebensprinzipien
nimmt ihn stärker in Beschlag, als wenn er ledig bliebe.

V. 29 - 31: Dieser Abschnitt ist ähnlich wie die Verse 17 bis
24 die Darlegung eines geistlichen Grundsatzes. Im Tenor
ist er ähnlich wie dieser gehalten. Paulus ermahnt zu einem
Leben in der Freiheit. Die Bedingungen des äußeren Lebens dürfen den Christen nicht mehr bestimmen. Das
äußere Leben, weil es in diesen vergehenden Äon eingebunden ist, führt in Not und Bedrängnis und damit in
Sorge. Die Mitte christlicher Existenz ist aber nicht in dieser
Welt, sondern in Christus. Damit sind Christen Fremdlinge
in dieser Welt geworden. Sie leben in einem heiligen Abstand zu ihr. Sie wissen, dass dieser Äon »kurz« ist. Dies ist
keine chronologische, sondern eine kairologische Aussage.
Diese Welt existiert nur noch auf Abruf. Ihre Tage sind
gezählt. Sie ist im Prinzip schon »vergangen«, denn mit
Christus ist der neue Äon angebrochen. Natürlich müssen
auch die Christen, weil sie mit ihrer Leiblichkeit in den alten
Äon eingebunden sind, die Abläufe des Lebens in diesem
Äon erfüllen, aber sie tun es notgedrungen, denn ihr eigentliches, ihr geistliches Leben, vollzieht sich bereits im neuen
Äon. Paulus führt nun einige dieser Lebensabläufe auf, die
den alten Äon kennzeichnen. Der geschlechtliche Umgang
mit der eigenen Ehefrau, das Weinen und Freuen, das
Kaufen und Verkaufen, das Nutzbarmachen der Welt zur
Gewährleistung und Verbesserung des eigenen Lebens —
kurz: das ganze äußere Leben muss in einem heiligen Ab-

stand gelebt werden. Christen dürfen in diesen Bezügen nicht aufgehen. Sie dürfen sich von ihnen nicht gefangen nehmen lassen. Die Aufgaben, die diese Welt uns stellt, dürfen nicht wichtiger werden als der Umgang und die Gemeinschaft mit Christus. Alle Prinzipien und Funktionen des äußeren Lebens vergehen, denn die ganze Welt vergeht, wenn Christus wiederkommt. So könnte man die beiden grundsätzlichen Abschnitte V. 17-24 und V. 29-31 »Loblieder auf den heiligen Abstand und die heilige Sorglosigkeit« nennen. Christen leben zwar in dieser Welt und sind in sie eingebunden und haben demzufolge Sorgen damit, aber sie brauchen sich nicht davon bestimmen zu lassen. Ihr eigentliches Leben ist das Leben mit Christus, und das hebt sie in das Reich Gottes, und im Reich Gottes unter der Herrschaft Gottes herrschen Friede und Freude im Heiligen Geist (vgl. Röm 14, 17).

V. 32-34: Die Adressaten bleiben die gleichen wie in den Versen 25 bis 31. Es sind junge Menschen, die verlobt waren, als sie gläubig wurden und sich nun die Frage eines Ledigbleibens um Christi willen stellen. Einen förmlichen Rat, ehelos zu bleiben, hat Paulus bisher noch nicht ausgesprochen. In Vers 27a hat er dem verlobten jungen Mann, der nach seinem Gläubigwerden um Christi willen ehelos bleiben möchte, geraten, am Brautvertrag zwar festzuhalten, aber nicht zu heiraten (vorausgesetzt, die Verlobte will ebenfalls ehelos bleiben). In Vers 27b hat er dem, der den Vertrag schon gelöst hat, Mut gemacht, auch gegen ein eventuelles Drängen der Verwandtschaft standhaft zu bleiben und keine neue Beziehung zu suchen. In den Versen 28 bis 31 hat er beiden Verlobten eine spätere Heirat zugestan-

den, sie aber auf die damit verbundenen Belastungen hingewiesen und ihnen gleichzeitig sehr ernst ans Herz gelegt,
dass sie in der Ehe — wie auch in allen anderen weltlichen
Bezügen — nur etwas Vorläufiges sehen sollen, an das sie ihr
Herz nicht hängen dürfen. In den Versen 32 bis 34 führt
Paulus nun diesen Hinweis auf die Belastungen in der Ehe
genauer aus.

Das Verb *merimnao* darf hier nicht mit kummervoll
bzw. sorgenvoll sein übersetzt werden. Gemeint ist hier
»sich beschäftigen mit«. Paulus will feststellen, dass unverheiratete und verheiratete Christen — bei gleicher Hingabe
an den Herrn — unterschiedliche Lebensbezüge und
-inhalte haben. Der unverheiratete Christ, wenn er um
Christi willen ehelos lebt, ist auf die Wünsche und Aufgaben des Herrn ausgerichtet. Der verheiratete Christ hat
sich — aufgrund seiner gottgegebenen Verantwortung — vorrangig mit den weltlichen Bezügen auseinanderzusetzen,
von denen in den Versen 29 bis 31 die Rede war. Er steht
also in einer zusätzlichen Beanspruchung und wird von den
verschiedenartigen weltlichen Aufgaben beschlagnahmt
(»geteilt« bzw. »zerrissen«). Dies ist als seelsorgerlicher Rat
des Apostels aufzufassen. »Pass auf, wenn du dich doch
noch zur Heirat entschließen solltest, du kommst in vielfäl-
tige Beanspruchungen hinein, du wirst schnell von ihnen
zerrieben. Du musst dich dann unbedingt einüben in dieses
›Haben als hätte man nicht‹, in den ›heiligen Abstand‹ zur
Welt.«

Mit Vers 34 wendet Paulus seinen Rat auf die Frau an.
Die unverheiratete christliche Frau bzw. Verlobte, die sich
zur Ehelosigkeit entschließt, ist auf die Wünsche des Herrn
ausgerichtet und kümmert sich darum, ungeteilt ihm zur

Verfügung zu stehen (»heilig zu sein mit Leib und Geist«). Die verheiratete Frau — die in der gleichen Hingabe an den Herrn lebt —, steht aber in der zusätzlichen Belastung, sich um die weltlichen Lebensbezüge und um ihren Mann kümmern zu müssen. Irgendeine Abwertung der Ehe ist in diesen Sätzen nicht erkennbar; Paulus weist nur realistischerweise auf die größeren Belastungen hin, die mit dem ehelichen Stand verbunden sind. Aber er zeigt auch einen Weg, mit diesen Belastungen umzugehen: in den weltlichen Bezügen so zu leben, als lebte man nicht in ihnen.

V. 35: Vers 35 passt besser als Einleitung zu den folgenden Ausführungen. Als Abschluss zum Passus V. 32-34 (bzw. 26-34) passt die Aussage nicht, dass Paulus keine Fessel anlegen will (denn das Zugeständnis zur Heirat kann nicht als »Fessel« verstanden werden). Paulus möchte im folgenden — und dies bereitet Vers 35 vor — einen Rat geben, der »zum Nutzen« der Adressaten dient und nicht als »Fessel«, d. h. als strikte Anordnung aufgefasst werden soll, sondern — und damit wird nun der »Nutzen« erläutert — um Anstand und »Beständigkeit« beim Herrn ungehindert zu fördern.

V. 36-38: Wie lautet nun sein Rat? Wenn jemand meint, dass er sich mit seiner Absicht, ehelos zu bleiben »seiner Verlobten gegenüber unschicklich verhält, wenn sie ehereif ist und es so geschehen muss, was sie wünscht (d. h. wenn sie die Ehe begehrt), der soll es tun (d. h. er soll sie heiraten)«. Er sündigt nicht (wenn er entgegen seiner Absicht, ehelos zu bleiben, um der Verlobten willen in die Ehe einwilligt). »Sie mögen heiraten.« Vers 37 beschreibt den gegenläufigen Fall: Wer in seinem Herzen fest geworden ist und nicht unter irgendeinem Druck steht (wie z. B. derjenige, der merkt, dass seine Verlobte gern heiraten will), wer also die volle Freiheit hat, nach seinem eigenen Willen zu entscheiden und auf diese Weise zum Entschluss gekommen ist, seine Verlobte unberührt zu lassen (wörtlich »zu bewahren«), wer also seiner inneren Gewissheit, ehelos zu bleiben, folgt, der handelt ebenso richtig. In den Versen 36 und 37 behandelt Paulus also zwei unterschiedliche Fälle mit allergrößter seelsorgerlicher Zurückhaltung und Fingerspitzengefühl. Maßstab seiner Ratschläge ist der Blick auf den anderen. Wenn jemand einem Mädchen die Ehe versprochen hat, und er wird als Verlobter gläubig und will dann ehelos bleiben, soll er sich dennoch nach dem Wunsch des Mädchens richten. Wenn sie die Ehe wünscht, soll er sie heiraten. Er sündigt nicht gegen den Herrn, wenn er seinen Wunsch nach Ehelosigkeit nicht verwirklicht. Wenn aber ein Verlobter nach sorgfältiger Herzensprüfung sich klargeworden ist, ehelos zu bleiben, und er kann frei nach seiner Überzeugung entscheiden, ohne dass seitens seiner Verlobten oder der Verwandtschaft Druck auf ihn ausgeübt wird, kann und soll er ehelos bleiben. Er handelt dann nach dem Rat des Apostels richtig. Auch in diesem Abschnitt finden wir keinerlei Höherbewertung der Ehelosigkeit, sondern eine ganz ausgewogene Stellungnahme, die jedem gerecht wird.

    Vers 38 fasst die beiden Möglichkeiten zusammen: Wer seine Verlobte heiratet (obwohl er eigentlich lieber unverheiratet bleiben würde), handelt richtig und sündigt nicht. Wer sie nicht heiratet (weil er die innere Gewissheit hat, ehelos zu bleiben), der handelt für sich günstiger (nicht etwa »höherwertiger«), denn er kann seiner inneren Gewissheit nach leben.

V. 39 - 40: Analog zu Vers 8 f., wo Paulus die Verwitweten nach den Verlobten ansprach, folgt in diesen beiden Versen noch ein Rat speziell an verwitwete Frauen. Wenn sie wieder heiraten wollen, sollen sie es tun. Aber es muss »im Herrn« geschehen, d. h. sie dürfen nur einen gläubigen Mann heiraten. An ihren Mann ist eine Ehefrau nur so lange gebunden, wie er lebt. Nach seinem Tod ist sie frei, erneut zu heiraten. Aber Paulus lässt keinen Zweifel daran, dass sie besser beraten ist (»glücklicher« sein wird), wenn sie auch weiterhin ehelos bleibt. Sie kann im Witwenstand ungeteilt Christus dienen. Seinen Rat möchte er ernst genommen wissen, denn er weiß, dass er Gottes Geist hat.

Verzicht aus Liebe — Zum Problem des Essens von Götzenopferfleisch (8,1-13)

Nach dem großen Thema Sexualität, Unzucht, Ehe und Ehelosigkeit, das sich — mit der kurzen Unterbrechung von 6, 1 - 8 — von Kapitel 5, 1 bis 7, 40 durchzog, beginnt nun in einem dritten Hauptteil eine groß angelegte Argumentation über das Wesen christlicher Freiheit. Christliche Freiheit wurde in Korinth als Freiheit missverstanden, nach der eigenen Überzeugung leben zu können. Schlagworte wie »Alles ist mir erlaubt« (6, 12;10, 23) zeugen von einem starken Individualismus und Egoismus.

Wieder nimmt Paulus (wie in 5, 1 ff.) einen praktischen Einstieg, um das Thema zu entwickeln. Die Ge-

meinde, die wahrscheinlich aus mehr Heiden- als Judenchristen bestand, war in Bezug auf das Essen von öffentlich
verkauftem Fleisch unterschiedlicher Meinung. Die Judenchristen hatten auf Grund ihrer Herkunft und Erziehung
einen Abscheu gegen öffentlich verkauftes Fleisch. Es war
nicht nach jüdischen Vorschriften geschlachtet, und es
konnte, was keiner nachprüfen konnte, irgendwelchen
Götzenbildern geweihtes Opferfleisch sein. Die Judenchristen vermieden also grundsätzlich den Genuss des öffentlich angebotenen Fleisches. Gleichzeitig gab es — nach
8,7 f. zu urteilen — auch unter den Heidenchristen offensichtlich etliche, denen die Teilnahme an Fleischmahlzeiten
Mühe machte, weil sie immer daran denken mussten, dass
sie durch das Fleisch in Gemeinschaft mit irgendwelchen
heidnischen Göttern, die sie früher selber verehrt hatten,
geraten könnten. Andere wiederum sahen im Verzehr von
Fleisch kein Problem. Gedanken, dass sie sich irgendwie
verunreinigen könnten, kamen bei ihnen nicht auf. In der
Praxis entstanden durch diese unterschiedlichen Auffassungen innergemeindliche Probleme. Für Paulus sind sie ein
Anlass, grundsätzliche Ausführungen zur christlichen Freiheit zu geben.

V. 1: Der Apostel beginnt seine Stellungnahme mit einer
neuen Überschrift: »Über das Götzenopferfleisch«. Er betont zunächst, dass alle Christen — nämlich durch den Tauf-
unterricht — die Belehrung über das christliche Gottesver-
ständnis und die Entthronung der heidnischen Götter
durch Christus bekommen und damit die nötige Kenntnis
zur Beurteilung des Problems zur Verfügung haben. »Wir
wissen« steht im Sinn von »es steht fest«. gnosis ist besser

mit Wissen bzw. Kenntnis als mit Erkenntnis zu übersetzen, denn was Paulus unter wahrer christlicher Erkenntnis
versteht, führt er erst in Vers 3 aus. Vers 1b ist für die Korinther, die sich so viel auf ihr christliches Wissen einbildeten,
sehr ernüchternd. Ein Wissen, das nicht von der Liebe ge-
nutzt wird zu einem Leben, das Gott und dem Nächsten
dient, taugt nichts. Es macht nur eingebildet, und es fördert
die geistliche Existenz nicht. Die Liebe hingegen »baut auf«.
Paulus wird in 1. Kor 13 noch einmal ausführlich zu diesem
Thema Stellung nehmen »Gesteigertes Selbstgefühl und
Bauen sind vielmehr Gegensätze, weil das Bauen in der
Herstellung der Gemeinschaft besteht und diese durch die
Liebe geschieht, das heißt durch jenen Willen, der das Ziel
des Handelns im Ruhm Gottes und im Heil des Menschen
hat.« (Schlatter, *Paulus der Bote Jesu*, S. 251)

V. 2: Bevor Paulus in den Versen 4 bis 6 die christliche
Lehrauffassung zum Thema Götzendienst zusammenfasst,
vertieft er das Stichwort »Erkenntnis«: »Wenn aber jemand
meint, etwas erkannt zu haben«, d. h. »wenn jemand sich
auf seine Erkenntnis etwas einbildet« bzw. »wenn jemand
seine Erkenntnis auf Kosten anderer auslebt.« Paulus bezieht sich hier auf die Situation in Korinth. Was muss derjenige sich sagen lassen? Dass er noch gar nicht so erkannt
hat, wie man als Christ erkennen muss. Was meint Paulus
damit? Die wahre, durch den Heiligen Geist vermittelte
und in das Herz gelegte geistliche Erkenntnis ist eine schöpferische, motivierende, erneuernde Kraft, die den Christen
zu neuer Hingabe an Gott und zu neuem tätigen Einsatz
für seinen Nächsten führt. Ein Gedanke, der im Kopf stecken bleibt, eine gute Idee, die nicht zur Tat wird, eine Ver-

mehrung des Wissens, das keine Folgen im Leben mit sich bringt — dies alles ist nicht die Erkenntnis, die Paulus hier meint. Wie aber wird einem Christen wahre geistliche Erkenntnis zuteil?

V. 3: Was Paulus unter echter *gnosis* versteht, ist gar kein vom Menschen ausgehender intellektueller Vorgang. Wahres Erkennen ist in Wirklichkeit ein von Gott ausgehender Akt. Wenn Gott eine persönliche Verbindung mit einem Menschen aufnimmt, wenn er ihn erwählt und ihm seine Liebe offenbart, wenn er ihn »erkennt«, dann vermag auch der Mensch zu Gott in Verbindung zu treten und sein Leben und die Welt mit einem neuen Verständnis zu sehen. So wie die Gemeinschaft, die Gott mit dem Menschen begründet, eine von seiner Liebe gestiftete und von Liebe durchdrungene Gemeinschaft ist, so ist auch das Verhältnis, das der Mensch — unter der Wirkung der Liebe Gottes — zu Gott aufbauen kann, ein Verhältnis der Liebe. Wahre Erkenntnis wird uns Menschen nur zuteil, wenn uns die Liebe Gottes erreicht und wir selber zu lieben beginnen. Ohne die Liebe gibt es keine wirkliche Erkenntnis. Diese grundsätzliche geistliche Tatsache fasst Paulus mit dem zunächst schwer verständlichen Satz zusammen: »Wenn aber jemand Gott liebt, der ist von ihm erkannt.« Wer sich von christlichen Erkenntnissen nicht zum Wachstum in der Gottes- und Nächstenliebe führen lässt, der hat von ihnen nichts, der wird nur stolz und aufgeblasen. Der Liebende aber lebt aus der Wirklichkeit, dass Gott ihn erkennt und zu ihm in liebende Gemeinschaft tritt. Er erkennt, weil und insofern er erkannt wird (vgl. Gal 4, 9). Sein Erkennen ist vollständig abhängig von der Gemeinschaft Gottes mit ihm.

Es ist vollständig Geschenk. Und es entzündet in ihm neue Liebe zu Gott und den Nächsten und drängt ihn zu neuem Tun aus Liebe. Und im Tun weitet sich das Erkennen und wird immer tiefer. Es entspringt der Liebe Gottes, es weckt die Liebe, und es gewinnt immer tiefere Dimensionen durch das Tun der Liebe. So ist christliches Erkennen nie am Ende, denn die Liebe Gottes ist unermesslich.

V. 4: Jetzt kehrt Paulus wieder zum praktischen Anlass seiner Erörterung über die christliche Freiheit zurück. Er fasst in den Versen 4 bis 6 die christliche Lehre von Gott im Verhältnis zu den heidnischen Göttern zusammen, um daraus dann ab Vers 7 die praktischen Folgerungen zu ziehen. »Was nun das Essen von Götzenopferfleisch betrifft, so steht fest, wie wir alle wissen, dass es für uns keinen Götzen in der Welt gibt, dass es also keinen Gott außer dem einen gibt.« Paulus spricht hier die christliche Grundüberzeugung aus: Für Christen gibt es keine Götter, wie sie die Heiden verehren. Für Christen gibt es nur den einen Gott, der sich seinem Volk Israel und in seinem Sohn Jesus Christus offenbart hat. Paulus spricht hier nicht distanziert und philosophisch (»es gibt keine Götzen in der Welt«), sondern er spricht existentiell und theologisch (»für uns ...«, »nach unserer Überzeugung ...«). Er will nicht die Existenz unsichtbarer gefallener Mächte bestreiten (die benennt er sogar selbst in Kap. 10, 20 f.), aber er bestreitet, dass sie irgendeinen Einfluss auf Menschen haben, die mit Jesus Christus in Gemeinschaft leben. Das hat eine unmittelbare Folge für die Frage nach dem Götzenopferfleisch. Wenn es für Christen keine Götzen gibt, die in irgendeiner Form göttliche Eigenschaften haben, dann kann auch das Essen

von Opferfleisch keine Gemeinschaft mit ihnen herstellen.
Diese Götzen sind eidola, Schemen, Schattenbilder. Sie haben keine Wirkkraft für Menschen, die Christus gehören.

V. 5 - 6: »Denn wenn es auch im Glauben der Heiden und
von ihnen so genannte ›Götter‹ im Himmel und auf Erden
gibt, — wie es ja tatsächlich eine Menge Götter und Herrscher gibt, die sie verehren —, ...« Paulus hebt in Vers 5
nicht etwa die Erkenntnis von Vers 4 wieder auf. Es bleibt
dabei: Für uns Christen gibt es keine Götter neben dem lebendigen Gott. Vers 5 kann nicht als Einschränkung oder
Aufhebung von Vers 4 verstanden werden. Mit den hier genannten «Göttern und Herrschern» sind die unzähligen
von den Heiden verehrten Gottheiten einschließlich der als
Götter angebeteten römischen Kaiser zu verstehen. Paulus
schreibt diesen Gottheiten keine wirkliche Macht zu. Der
Christ weiß, dass sie »Schatten« und »Nichtse« sind. Vers 6
schließt sich unmittelbar an Vers 5 an und spricht das christliche Grundbekenntnis zum Vater und zum Sohn aus:
»... so gibt es für uns aber nur den einen lebendigen Gott,
den Vater, von dem alle Dinge stammen und auf den hin
auch wir erschaffen sind; und den einen Herrn Jesus Christus, durch dessen Hand alle Dinge erschaffen sind und erhalten werden und durch den auch wir unsere Existenz haben.« Das ist christliches Urbekenntnis. Der Vater und der
Sohn stehen in enger wesensgleicher Gemeinschaft zusammen. Der Vater erschafft durch den Sohn. Der Sohn trägt
alles mit seinem kräftigen Wort (Hebr 1, 3). Wie der Vater
Gott ist, so ist auch der Sohn Gott, wesensgleich und doch
als zwei Personen zum Heil der Menschen wirkend.

V. 7 - 13: Die in den Versen 4 bis 6 dargelegten geistlichen Tatsachen sind christliches Wissen, christliche Erkenntnis. Dies hat jeder gehört, und dem hat jeder zugestimmt, bevor er getauft wurde. Und trotzdem weiß Paulus aus seiner seelsorgerlichen Erfahrung (vgl. Röm 14, 1-15, 13), dass dieses Wissen und diese Erkenntnis nicht bei jedem Christen zur bestimmenden Lebensgrundlage wird. »Aber diese Erkenntnis ist nicht in allen«, d. h. sie ist nicht in allen wirksam. Manche in Korinth können sich von der Vorstellung noch nicht lösen, dass man sich beim Essen von Götzenopferfleisch mit den Götzen vereinigt, und sie werden deswegen in ihrem Gewissen verletzt, wenn sie Christen sehen, die solches Fleisch essen. Paulus begründet ein solches Verhaftetsein an falschen Vorstellungen mit der Macht der Gewohnheit. Er scheint vorrangig Judenchristen zu meinen, denn diese waren von Kindheit an erzogen, unter gar keinen Umständen Götzenopferfleisch zu essen. Die Wendung »ihr Gewissen, welches schwach ist, wird verletzt« ist nach de Boor wie folgt zu verstehen: »Nicht, weil es in falscher Weise ein ›Götzenopfer‹ scheut, wo in Wirklichkeit keines vorhanden ist«, nenne Paulus dieses Gewissen schwach, denn »damit wäre es nur ein ›irrendes‹ Gewissen. Aber es ist ›schwach‹, weil es seinen Anspruch nicht durchsetzt und das Verhalten des Menschen nicht wirklich regiert.« (W. de Boor, *Der erste Brief des Paulus an die Korinther*, S. 145)

Nun folgt von Vers 8 bis 13 eine Ermahnung an diejenigen, die bezüglich des Götzenopferfleisches ihr Verhalten nach ihrer Erkenntnis verändert haben, die sich also nach ihrem Gewissen verhalten. Zunächst stellt Paulus klar, dass die Art einer Speise uns vor Gott weder Zorn noch Gnade einbringt. »Wir verlieren nichts, und wir gewinnen nichts.« Gedacht ist hier an den Tag der Wiederkunft Christi, an dem die Christen vor Gott »dargestellt« werden (vgl. 2. Kor 4, 14; dort derselbe Begriff). Was sie in ihrem Leben gegessen haben, wird dann keine Rolle spielen. Dies bedeutet, will Paulus sagen, dass ein Christ hinsichtlich seiner Speise frei ist und sich so verhalten kann, wie es Gott gefällt und dem Nächsten nützt. Die angesprochenen Korinther sollen also aufpassen, dass ihre »Vollmacht« gegenüber dem Götzenopferfleisch, zu der sie Christus befreit hat, denjenigen, die ein »schwaches« Gewissen haben, nicht zum Anstoß, d. h. zur Anfechtung wird.

Wie könnte dies geschehen? Wenn jemand mit einem schwachen Gewissen einen anderen aus der Gemeinde bei einer öffentlichen Tempelmahlzeit sieht (z. B. aufgrund einer Einladung), dann kann er in Versuchung kommen, gegen seine Überzeugung (gegen sein »schwaches« Gewissen) zu handeln und künftig ebenfalls Götzenopferfleisch zu essen. Wenn aber seiner Überzeugung nach solches Essen mit den Götzen verbindet, wird er in schwerste Gewissens- und Glaubenskonflikte geraten, die bis hin zum Glaubensabfall führen können. Dann wäre der Bruder, für den Christus gestorben ist, verloren. So kann eine richtige Erkenntnis, wenn sie nicht von der Liebe gesteuert wird, für andere zum Verhängnis werden. Paulus nennt ein solches Verhalten sündigen gegen die Brüder, weil es ihr Gewissen verwundet. Und Sünde gegen Glaubensgeschwister ist immer auch Sünde gegen Christus selbst, denn die Gemeinde ist sein Leib. Das Fazit nach dieser Ermahnung kann nur heißen: »Wenn Speise meinem Bruder zum Anstoß wird, will ich niemals mehr Fleisch essen, damit ich meinen

Bruder nicht zu Fall bringe.« Nicht die Erkenntnis, sondern die Liebe, die das Beste des anderen sucht, ist der letzte
Maßstab für das Verhalten eines Christen. Weil er aus
Christus lebt und nicht aus den Dingen dieser Welt, kann er
auf sie dort verzichten, wo ein Verzicht dem anderen hilft
und nützt. Das ist wahre christliche Freiheit.

Die Freiheit des Glaubens (9,1-27)

Das große Thema in Kapitel 8 bis 10 ist die Freiheit des
Glaubens, die zum Dienen und Helfen ermächtigt. Woraus
lebt der Christ? Aus dem Glauben, der ihn zur Hingabe an
Gott führt, und aus der Liebe, die ihn zum Dienst am
Nächsten zieht. Die Gemeinde in Korinth muss lernen,
sich in dieser Freiheit zu bewähren. Diejenigen Gemeindeglieder, die unter Berufung auf ihre Erkenntnis Götzenopfer-
ferfleisch essen und damit andere verführen, gegen ihr Gewissen zu handeln, stehen nicht in der Freiheit des Glaubens. Ihre Motive stammen nicht aus dem Glauben und aus
der Liebe. Ihnen gibt nun der Apostel an seiner Person ein
lebendiges Beispiel für wahre Glaubensfreiheit.

Der erste Abschnitt (9,1-18) beschreibt die christliche Existenz als Freiheit für Gott. Paulus lebt sein Leben in
letzter Hingabe an Gott und den Auftrag, den er vom
Herrn empfangen hat. Er verwirklicht damit die im Glauben angelegte Freiheit von allem irdischen Anspruchsdenken. Er lebt ungeteilt für das Evangelium. Er verzichtet
nicht nur auf die Durchsetzung eigener Lebensplanungen,
sondern auch auf Rechtsansprüche, die jedem Diener Gottes für seinen Dienst zustehen. Damit wird sein Leben ein

lebendiges Zeugnis für die Freiheit des Glaubens, die in der Lage ist, einem Menschen völlige innere Unabhängigkeit von den Bedingungen seines äußeren Lebens zu schenken.

V. 1 - 2: Paulus beginnt sein Zeugnis mit einigen rhetorischen Fragen an die Korinther. »Bin ich nicht genauso frei wie ihr (nämlich das Götzenopferfleisch zu essen)?« In Korinth berief man sich auf die Freiheit von der Macht der Dämonen, die Christus geschenkt hat. Auch Paulus hat diese Freiheit, aber er nutzt sie nicht, und zwar um derer willen, die dadurch in Gewissensnöte kämen. Er macht sich gerade nicht unfrei, wie ihm offensichtlich vorgeworfen wurde, sondern er setzt seine Freiheit in Liebe ein. Die zweite Frage lenkt auf die neuen Inhalte in Kapitel 9. »Bin ich nicht ein Apostel?« Paulus will sagen: Habe ich damit nicht ganz bestimmte Befugnisse bekommen? Ehe er über diese Befugnisse und ihre Nichtanwendung durch ihn spricht, geht er aber noch auf die Infragestellung seines Apostelamtes durch nicht näher benannte Leute ein. Es ist anzunehmen, dass auch Gemeindeglieder in Korinth sein Apostolat anzweifelten. Vielleicht ist dieser Zweifel sogar der Hauptgrund für das Aufkommen der Apollos-, Kephas- und Christusgruppierungen in der Gemeinde. Paulus konnte sich gegen diese Verdächtigungen immer wieder nur mit dem Hinweis schützen, dass Christus ihm erschienen sei und ihn zur Heidenmission beauftragt habe, sowie mit der Existenz der von ihm gegründeten Gemeinden. Die Bedingungen der Jerusalemer Urgemeinde für eine Aufnahme in den Zwölferkreis (Berufung durch den irdischen Jesus, Zeugenschaft der Auferstehung) erfüllte Paulus nicht (vgl. Apg 1, 21 f.). Er ist ein »Spätberufener« bzw. »Letztberufener« (vgl. Kap. 15, 8), und genau daran knüpften sich die Verdächtigungen. »Wenn ich auch in den Augen manch anderer kein Apostel bin, für euch bin ich es jedenfalls, denn ihr seid das Siegel meines Apostelamts im Blick auf den Herrn.« Ein Siegel hat beglaubigende Funktion. Paulus fasst also die Existenz der Gemeinde in Korinth als Beglaubigung seines Apostolats durch den Herrn auf.

V. 3 - 6 : Mit diesem Vers beginnt nun die Ausführung zur christlichen Freiheit. Paulus nennt sie »Verteidigungsrede«. Er hat es gewiss nicht nötig, sich zu verteidigen. Trotzdem wählt er die rhetorische Form einer »Apologie«, um sein Anliegen, die Darstellung echter christlicher Freiheit, zu verwirklichen. »Folgendes will ich nun denen, die über mich zu Gericht sitzen, zu meiner Verteidigung sagen.« Was wird in Korinth an Paulus kritisiert? Erstens, dass er von seiner Freiheit, alles zu essen, nicht Gebrauch macht. Zweitens, dass er die Befugnisse eines Apostels nicht in Anspruch nimmt. Paulus stellt zunächst – wieder in Form rhetorischer Fragen – seine Freiheit als Christ und seine Befugnisse als Apostel fest. Er hat die *exousia*, d. h. Recht, Macht und Freiheit, zu essen und zu trinken, was er will (aber er nutzt dieses Recht und diese Freiheit nicht). Er hat ferner die *exousia*, wie die anderen Apostel, Herrenbrüder und insbesondere Petrus, zu heiraten und die Ehefrau auf seinen Reisedienst mitzunehmen (aber er nutzt dieses Recht nicht). Und er hat schließlich die *exousia* – ebenso wie er es für Barnabas in Anspruch nimmt – genauso wie auch die anderen Apostel, Herrenbrüder und Petrus, »nicht zu arbeiten«, d. h. sich von den Gemeinden, wo er Dienst tut, unterhalten zu lassen (aber auch dieses Recht nutzt er nicht). Diese dreifache Freiheit wurde Paulus in Korinth bestritten, weil er sie nicht in Anspruch nahm.

V. 7 - 16: In diesem Abschnitt geht es ausschließlich um die Freiheit und das Recht eines Apostels, sich von den Gemeinden finanziell unterstützen zu lassen. Dieses Recht wurde anscheinend Paulus abgesprochen. »Er nimmt es ja selber nicht in Anspruch. Damit gibt er ja zu, dass es ihm nicht zusteht.« Hier setzt nun Paulus ein. Erst beruft er sich auf drei Selbstverständlichkeiten (Soldatensold, Weintrauben, Milch) aus dem alltäglichen Leben (V. 7). Dann führt er ein Gebot aus 5. Mose 25, 4 an und erweitert es auf die Arbeit des Pflügens und Dreschens, die ebenfalls von der Hoffnung auf Ertrag bestimmt ist (V. 8 - 10). Und schließlich zieht er aus beiden Argumenten die Konsequenz: Wer Geistliches sät, der darf Irdisches ernten (V. 11). Und er fügt hinzu: Wenn andere bei euch Unterstützung erfahren können (gedacht ist an andere Lehrer wie z. B. Apollos), dann desto mehr ich, der ich mit Gottes Hilfe euer geistlicher Vater geworden bin (V. 12).

In Vers 12b gibt Paulus den ersten Einblick in die Motivation für seinen Verzicht. Er möchte mit seinem Dienst auf gar keinen Fall dem Evangelium ein Hindernis geben. Wie ist das gemeint? Wenn er sich von den Gemeinden unterstützen ließe, könnte man ihm unterstellen, er würde nur um dieses finanziellen Vorteils willen predigen. Selbst diese falsche Unterstellung will er von vornherein vermeiden. Vers 13 und 14 bilden gegenüber Vers 7 bis 9 noch eine Steigerung. Jetzt beruft sich Paulus noch auf ein Herrenwort. Gemeint ist eine Anweisung wie Lk 10, 7: »Ein Arbeiter ist seines Lohnes wert.« Noch einmal unterstreicht Paulus:

»Ich habe von meinem Recht nicht Gebrauch gemacht«
(V. 15a), um dann ein Missverständnis abzuwehren. Er will
keinesfalls mit seinen Ausführungen erreichen, dass die
Korinther ihn künftig finanziell unterstützen. Vers 15b ist
ein Anakoluth, ein bewusst nicht zu Ende geführter Satz:
»Ich würde lieber sterben . . . — meinen Ruhm soll niemand
kaputtmachen!«

Damit ist Paulus am Höhepunkt seines Zeugnisses
angekommen. Er lebt mit der inneren Freude und Gewissheit, mit seinem Leben ein Beispiel für völlige Hingabe an
Gott geben zu dürfen. Das ist sein »Ruhm« (*kauchema*).
»Ruhm« bzw. »sich rühmen« bei Paulus meint nicht ein
Verhalten gegenüber anderen Menschen, sondern das innere frohe Jubilieren, Gott zur Ehre und dem Nächsten
zum Dienst leben und von Gott Lohn erwarten zu dürfen.
»Sich rühmen« ist die geistliche Freude des Herzens vor
Gott. Sehr wichtig ist die Aussage von Vers 16. Dass Paulus
im Evangelisationsdienst steht, ist nicht Inhalt seines
»Ruhms«. Dieser Dienst ist bei ihm eine heilige, göttliche
Notwendigkeit. Er liegt als ein heiliges Muss (*anangke*) auf
ihm. Er kann nicht mehr anders, er muss sein Leben völlig
in den Dienst Gottes stellen. Diese heilige Notwendigkeit
darf nicht mit menschlichen Maßstäben beurteilt werden.
Sie ist nicht einfach ein »Zwang«, der den Willen aus-
schließt. Dann wäre Paulus eine Marionette Gottes. Vielmehr willigt Paulus mit jeder Faser seines Herzens in dieses
heilige Muss ein. Er ist vom Damaskuserlebnis so überwäl-
tigt, dass er gar nicht mehr anders leben kann als voller Hingabe und Dankbarkeit für das, was Christus an ihm getan
hat. »Wehe mir, wenn ich das Evangelium nicht predigte.«
Dies sagt er mit letzter Überzeugung. Er würde den ganzen

Sinn seines neuen Lebens als Christ verleugnen und aufgeben, er würde krank werden an Leib, Seele und Geist.

V. 17-18: Dem »Ruhm« entspricht der »Lohn«. So wenig er sich seines Dienstes rühmen will, so wenig will er dafür Entlohnung erwarten. Lohn bekommt man für eine Tätigkeit, die man freiwillig leistet. Wenn aber der apostolische Dienst vom Herrn aufgetragen ist, wenn er ein heiliges »Muss« ist, dann richtet Paulus nur ein ihm aufgetragenes Amt aus, dann gleicht er dem Knecht, der keinen Dank erwarten kann, weil er nur seine Pflicht getan hat. V. 18: Was ist sein »Lohn« und sein »Ruhm«? Dass er das Evangelium ohne Entgelt ausrichtet und auf sein Recht auf Unterstützung durch die Gemeinden verzichtet hat. »Mein Lohn ist, dass ich dienen darf« (Wilhelm Löhe nach J. Deinzer, Wilhelm Löhe's Leben, 3. Bd., Gütersloh 1892, S.179). Damit ist Paulus mit seinem ersten zeugnishaften Gedankengang zu Ende gekommen. Die Freiheit des Glaubens lebt aus dem bejahten Auftrag und macht unabhängig von allem Anspruchsdenken.

V. 19: Die Freiheit des Glaubens ist gleichzeitig eine Freiheit für den anderen, um ihn für Christus zu gewinnen. Sie schenkt Kraft, dem Nächsten ein Diener zu werden, den Willen, ihm zum Glauben zu verhelfen und die Phantasie, seinen Lebenshorizont und seine Lebensumstände zu suchen und ihm auf seiner »Wellenlänge« zu begegnen. Nur wer so dem anderen »dient«, kann ihn für Christus gewinnen. Wer nichts für ihn opfert und drangibt, ist selbst aus der Freiheit des Glaubens gefallen und vermag anderen das Evangelium nicht überzeugend nahe zu bringen.

V. 20: In der heilsgeschichtlichen Reihenfolge, die Paulus auch anderswo bezeugt (z. B. Röm 1, 16), werden zuerst die Juden bzw. die unter dem Gesetz Stehenden benannt. Paulus hat sich ihnen gegenüber immer auf sein Judesein berufen. Er ist an neuen Wirkungsstätten zuerst in die Synagoge gegangen, um dort Juden für Christus zu gewinnen (2. Kor 11, 24 ff. zeigt die Folgen dieses Mutes). Er hat Timotheus beschnitten (Apg 16, 3), um ihm Zugang zu den Juden zu verschaffen.

V. 21: Den Heiden, denen, die ohne Gesetz sind (gemeint ist das geschriebene Gottesgesetz, die Thora), ist Paulus ebenfalls in christlicher Freiheit nahe gekommen. Dabei hat er allerdings niemals — als jemand, der im »Gesetz« Christi lebt — Gottes Gebote verlassen. Sein »Heide-werden« galt nur dem einen Ziel, sie für Christus zu gewinnen. Paulus beschäftigte sich z. B. mit heidnischen Schriftstellern, um sie in seine Predigt vor Heiden einbeziehen zu können. Er suchte Anknüpfungspunkte wie z. B. den einer unbekannten Gottheit geweihten Altar auf dem Areopag in Athen (Apg 17, 16-34).

V. 22: Die »Schwachen« sind diejenigen, die ein »schwaches« Gewissen haben, das noch keine Kraft hat, ihr Verhalten zu prägen (siehe Kap. 8, 12). Auch auf sie hat Paulus Rücksicht genommen, um sie in ihrem geistlichen Leben nicht zu gefährden. Die Freiheit des Glaubens gab ihm die Kraft, »allen alles zu werden«. Es geht im Verkündigungsdienst immer um »Errettung« (V. 22b), und zwar um Errettung vor dem Gerichtszorn Gottes. Da ist dem Apostel kein Einsatz zu hoch. Er tut alles für das Evangelium, denn

Christus hat auch ihm alles gegeben. Und gerade im ganzen Einsatz für das Evangelium weiß er, dass er selber damit im Segen des Evangeliums steht (V. 23).

V. 24 - 26: Diese Sätze ziehen die paränetische Nutzanwendung aus dem langen persönlichen Zeugnis des Apostels. Die Freiheit des Glaubens zielt auf ein Leben der Hingabe an Gott und den Nächsten. Sie macht frei von jeglicher Anspruchshaltung, sie macht auch frei zum ungeteilten Interesse am anderen. Aber sie erzieht auch zum Kampf gegen das Eigeninteresse. Paulus veranschaulicht seine Ausführungen mit einem für die Korinther einsichtigen Bild vom sportlichen Wettkampf. Hier fanden ja die Isthmischen Spiele statt, die gleich hinter den Olympischen Spielen rangierten. Christsein heißt, dem großen Ziel der Herrlichkeit, dem Anteilbekommen an der Unvergänglichkeit Gottes entgegenzulaufen. Das ist der unvergängliche Siegeskranz für den Christen. In diesem Lauf gilt es, Glauben zu halten (vgl. 2. Tim 4, 2), sich aller Dinge zu enthalten, die beim Lauf hinderlich sein könnten, und stets auf das Ziel ausgerichtet zu bleiben (V. 25 und 26). Hinderlich bei diesem Lauf sind nach einem Wort von Walter Hümmer die drei »S«, nämlich die Sorge, die Sünde und das Selbst (»Denn er hatte seinem Gott vertraut. Zum Gedenken an Walter Hümmer«, o. O. 1973, S. 106). Diese »S« muss der Christ ablegen. Hier muss er strikte Enthaltsamkeit üben. Dieses zielgerichtete Laufen kann man bei Paulus lernen. Er lebt vom Ziel her. Er »streckt sich aus nach dem, was da vorne ist«. Er »jagt dem Siegespreis der himmlischen Berufung Gottes in Christus Jesus« entgegen (Phil 3, 13 f.).

V. 27: Dieser Vers kann als Zusammenfassung des Kapitels gelten. Die Freiheit des Glaubens ist ein so überwältigendes Gut, dass der Christ alles andere ihr unterordnet. Maßstab seines Lebens und Handelns wird die Gottes- und Nächstenliebe. Er kann auf leibliche Annehmlichkeiten verzichten, wenn es die Liebe erfordert. Er kann auf die Ehe verzichten, wenn es der Auftrag Gottes erfordert. Er kann auf Entlohnung für seinen Dienst verzichten, wenn es ihm richtig erscheint. Er ist von allen äußeren Bedingtheiten seines Lebens geistlich gelöst, d. h. er braucht sie im tiefsten nicht, um ein erfülltes Leben zu haben. Aber eine Bedingung muss er erfüllen: Um in dieser Freiheit zu bestehen, muss er sich beständig üben, seine ganze Person, seinen ganzen Leib, seine ganze Seele dem Geist unterzuordnen. Der Leib mit all seinen Bedürfnissen, Trieben und Begierden muss unter die Regie und Zucht des Geistes gestellt werden. Alle seelischen Kräfte, der Wille, der Verstand und das Gefühlsleben, müssen ebenfalls vom Geist unter Kontrolle genommen werden. Nicht der Leib (einschließlich der Seele), sondern der Geist soll den Christen regieren.

Die Gefahr des Abkommens vom Ziel (10,1-13)

Paulus sieht in der Gemeinde in Korinth einige ernste Gefahren für das geistliche Leben. Ungeistliche Verhaltensweisen behindern und gefährden ein zielgerichtetes Glaubensleben, wie es der Apostel in Kapitel 9, 24 - 27 gefordert hat. Es sind dies 1.) unkontrollierte Begierden, 2.) die Teilnahme von Gemeindegliedern an heidnischen Opfermahlzeiten (8, 10), 3.) der Gang zur Hure (6, 9-20), 4.) die Versuchung

des Herrn durch Duldung einer offensichtlichen Un-
zuchtsverbindung (5, 1 - 5) und 5.) das Murren gegen den
Apostel (4, 3; 9, 3). Alle fünf Verhaltensweisen sieht Paulus
beim Exodus und Wüstenzug Israels vorgeprägt, und so
entwickelt er unter Hinweis auf den damaligen Abfall Israels von Gott eine ernste Warnung an diejenigen Korinther,
die unter Berufung auf ihre angeblichen geistlichen Erkenntnisse sich ganz ähnlich verhalten.

V. 1: Der Satz beginnt mit einem »Denn«. Damit wird der
Anschluss an 9, 24 - 27 hergestellt. Dort hatte Paulus ermahnt, zielgerichtet zu »laufen«, um den göttlichen Siegeskranz zu erringen. Wie ernst gemeint diese Ermahnung
war, soll nun am Beispiel Israels gezeigt werden: »denn Israel ist vom Weg abgekommen und hat das Ziel nicht erreicht«. Zunächst ruft Paulus aus dem Exodusbericht im
zweiten Mosebuch in Erinnerung, was die korinthische
Gemeinde dank seiner 1 1/2-jährigen Verkündigung und
Seelsorge vermutlich schon längst wusste: Das ganze Volk
Israel (Paulus hebt in V. 1 - 4 fünfmal »alle« hervor) stand
beim Auszug aus Ägypten und beim Wüstendurchzug unter einer ganz besonderen göttlichen Fürsorge. Alle standen
unter dem Schutz der Wolke (2. Mose 13, 21) und sind unter dieser Abschirmung durch das Schilfmeer gezogen
(2. Mose 14, 19 ff.).

V. 2: Paulus bezeichnet dieses Geschehen als »Taufe«. »Sie
alle wurden *eis ton Moyse*«, »auf Mose«, wörtlich »in
Mose« bzw. »in Moses Namen« getauft. Der Apostel sieht
also im Durchzug durch das Schilfmeer die wesentlichen
Elemente der christlichen Taufe vorgeprägt. So wie die

Taufe »in den Namen des dreieinigen Gottes« den Täufling dem lebendigen Gott übereignet und einen Bruch mit dem alten Leben symbolisiert, so stellte auch der Durchzug durch das Schilfmeer eine Auslieferung des Volkes an die Führerschaft Moses und ein Bruch mit dem alten Leben in Ägypten dar. Es war in der Tat eine Art Taufe. Paulus liegt hier viel an diesem Vergleich. Er denkt daran, dass die Korinther getaufte Christen sind, und er will ihnen deutlich sagen, dass ihre Taufe sie ebenso wenig vor dem Abfall bewahren kann wie die »Taufe« Israels damals durch Mose. Offensichtlich hatte sich bei einzelnen Gemeindegliedern eine gefährliche Heilssicherheit breit gemacht (vgl. V. 12).

V. 3 - 4: Das Volk Israel hat dieselbe geistliche Speise gegessen, nämlich das Manna, das Brot vom Himmel (2. Mose 16, 4.35). Und sie haben denselben geistlichen Trank getrunken, nämlich vom Wasser, das aus dem Felsen kam (2. Mose 17, 6), das nach Paulus in Wirklichkeit Christus selber war, der als ein unsichtbarer, himmlischer »Felsen« sie immer begleitete. Auch hier ist der Bezug deutlich. Paulus vergleicht das Abend- bzw. Herrenmahl der christlichen Gemeinde mit diesem wunderbaren Geschehen der göttlichen Speise und des göttlichen Tranks auf dem Wüstenzug Israels. Das war eine Art »Abendmahl«. Der Apostel will damit sagen, dass genauso wie damals Israel trotz dieser göttlichen Stärkung aufgrund von Sünde vom Glaubensweg abgekommen ist, auch getaufte Christen, welche das Abendmahl als dauernde geistliche Stärkung haben, vom Ziel abkommen können, wenn sie an der Sünde festhalten.

V. 5: Gott hatte an fast allen der Auszugsgeneration (mit Ausnahme von Kaleb und Josua) keinen Gefallen und ließ sie in der Wüste umkommen. Die ersten fünf Verse sind also eine klare Absage an allen christlichen Sakramentalismus. Weder Taufe noch Abendmahl haben rettende oder bewahrende Kraft, wenn der betreffende Christ an Sünde festhält (zum alttestamentlichen Geschehen vgl. 4. Mose 14, 16 und 29).

V. 6a: Dieses ist geschehen als ein warnendes Beispiel für uns. Paulus denkt teleologisch, zielbestimmt. Die Strafe Gottes an Israel war nicht nur ein geschichtliches Ereignis, sondern er hat diese Strafe auch verhängt als Warnung für die Gemeinde des Neuen Bundes. Dieser tiefere typologische Sinn liegt Paulus hier am Herzen. Damit gibt er gleichzeitig ein Musterbeispiel typologischer Auslegung des Alten Testaments. Was an Israel geschehen ist, hat deswegen — und zwar von Gott her — weiterreichende Bedeutung für die christliche Gemeinde. Das Sterben der ersten Generation des Wüstenzuges ist als warnendes Beispiel zu deuten, dass Christen nicht ihren Begierden nachgehen dürfen. Die *epithymiai* (wörtlich »Begierden«) sind die selbstbezogenen, gottlosen Regungen, Wünsche und Pläne des menschlichen Herzens. Diese müssen überwunden, »getötet« werden, so wie es Paulus in Röm 6, 12 ff. ausführt.

V. 6b- 10: In diesen Versen werden nun fünf Beispiele aus der Zeit der Wüstenwanderung Israels genannt, die dann schließlich zum Strafgericht Gottes über sein Volk geführt haben. Israel ist ihretwegen nicht ans Ziel gekommen, obwohl es den Sakramenten Taufe und Abendmahl vergleichbare Segnungen Gottes hatte. Im Einzelnen nimmt Paulus Bezug 1.) auf Israels Gier nach dem alten Leben (4. Mose 11, 4 ff.), 2.) auf Israels Götzendienst, als sie sich von Aaron das Goldene Kalb gießen ließen (2. Mose 32, 6), 3.) auf die Unzucht mit den Moabiterfrauen (4. Mose 25, 1.9), 4.) auf die Versuchung Christi (!) durch das Volk, als es gegen Gott und Mose aufbegehrte (4. Mose 21, 4 ff.) und 5.) auf das Murren des Leviten Korach und seiner Anhänger gegen die Leiterschaft Moses (4. Mose 16). Paulus wählt – ausgehend von Ps 106 – aus der Vielzahl der Sünden Israels diese fünf aus, weil er die Korinther gerade in dieser Hinsicht gefährdet sah. Einige hatten ihre Begierde nicht unter der Zucht des Geistes, einige nahmen an Götzenopfermahlzeiten teil, einige gingen zur Hure, die ganze Gemeinde versuchte Christus, indem sie jemanden unter sich duldete, der mit seiner Stiefmutter ehelich zusammenlebte, und etliche stellten das Apostolat des Paulus in Frage.

V. 11: Ähnlich wie in Vers 6 hebt Paulus hier die typologische Bedeutung des alttestamentlichen Geschehens heraus. Der Unterschied zu Vers 6 besteht aber darin, dass er hier nicht nur die Strafe Gottes an Israel als warnendes Beispiel benennt, sondern auch die Tatsache, dass dieses aufgeschrieben wurde unter der Wirksamkeit des Heiligen Geistes (vgl. 2. Tim 3, 16 f.), um der neutestamentlichen Gemeinde als Ermahnung *(nouthesia)* zu dienen. Auch hier denkt Paulus teleologisch. Die Schriften des Alten Testaments sind nicht nur für Israel geschrieben worden, sondern insbesondere auch für die Gemeinde des Neuen Bundes. Als Gott den Verfassern seinen Heiligen Geist gab, um die Schriften des Alten Bundes aufzuschreiben, hat er dabei schon an die neutestamentliche Gemeinde gedacht, welche unmittelbar vor der »Vollendung der Zeiten« steht. Die Zeiten werden vollendet, wenn Christus wiederkommt (vgl. Mt 24, 3). Der ganze Zeitabschnitt zwischen dem ersten und zweiten Kommen Christi ist Wartezeit auf die »Endziele der Äonen« (so wörtlich). Danach kommt die sichtbare Gottesherrschaft in der erneuerten Welt Gottes.

V. 12: Dieser Vers fasst die Paränese zusammen. Paulus ermahnt noch einmal ausdrücklich alle, die in der Gefahr stehen, sich der fünf genannten Sünden teilhaftig zu machen. So wie das Volk Israel, das nicht ans Ziel kam, würden auch sie – trotz Taufe und Abendmahl – das Ziel der Herrlichkeit Gottes nicht sehen, wenn sie an diesen Sünden festhielten und nicht zur Buße fänden. Wer als Christ an erkannter Sünde festhält, kommt in Versuchung »zu fallen«, d. h. das Ziel der ewigen Herrlichkeit bei Gott zu verlieren.

V. 13: Die Versuchungen in der korinthischen Gemeinde, nämlich die unkontrollierte Begierde, die Teilnahme an Götzenopfermahlzeiten, der Gang zur Hure, die eheliche Verbindung mit der eigenen Stiefmutter und das Aufbegehren gegen den Apostel sind »menschlicher Art«, d. h. sie sind mit Gottes Hilfe zu bestehen. Es sind keine satanischen Versuchungen dergestalt, wie sie Christus durchzustehen hatte. Der Apostel meint dies als Zuspruch und Trost. Diese Versuchungen sind nichts Besonderes. Christen müssen da hindurch. Aber vor allen Dingen gilt Vers 13b: Gott ist den Seinen treu. Er bürdet ihnen nicht Versuchungen auf, die sie nicht tragen können. Vielmehr sorgt er dafür, dass dort, wo Versuchungen einen Christen gefährden, auch ein Ende, ein Ausgang entsteht, so dass im Blick auf die Treue und Durchhilfe Gottes jede Versuchung zum Bösen durchgestanden werden kann. Zur Aussage über Gottes Treue vgl. Kapitel 1, 9, wo ebenso wie hier diese Verheißung am Ende einer Gesamtbeurteilung der gemeindlichen Situation in Korinth steht.

Das Verbot der Teilnahme an Götzenopfermahlzeiten (10,14-22)

V. 14: Aus Kapitel 8, 10 geht hervor, dass Christen aus der korinthischen Gemeinde an Götzenopfermahlzeiten, d. h. an kultischen Mahlzeiten zu Ehren einer griechischen oder sonstigen Gottheit teilnahmen. Sie taten es unter Berufung auf ihre »Erkenntnis« (die Paulus jedoch in 8, 1 f. in Zweifel zieht). In Kapitel 10, 7 beschreibt er die Teilnahme an solchen Mahlzeiten als Götzendienst und warnt ausdrücklich davor. Nun erfolgt ein klares Verbot: »Fliehet den Götzendienst!« Die Anrede »Geliebte« gibt dem Verbot die seelsorgerliche Dimension.

V. 15: Hier leitet der Apostel die abschließende geistliche Begründung des Verbots ein. Der Appell an die Einsicht zeigt, dass Paulus um Verständnis wirbt und auf Überzeugung setzt. Um die Unvereinbarkeit der Teilnahme an heidnischen Kultfeiern mit christlicher Glaubensexistenz zu begründen, wählt Paulus die Lehre vom Herrenmahl. Nachdem er lange in Korinth gewirkt hat, kann er sie als bekannt voraussetzen. Dass die Korinther bei ihren Versammlungen selbstverständlich das Herrenmahl feierten, geht aus Kap. 11, 17 ff. deutlich hervor (vgl. auch den ganzen Abschnitt 10, 1 - 13, der ja indirekt eine selbstverständliche Herrenmahlspraxis in Korinth voraussetzt).

V. 16: Der »Becher der Segnung« ist ein feststehender Begriff aus der jüdischen Passaliturgie, den Paulus hier ganz selbstverständlich für das christliche Herrenmahl verwendet. Es folgen wichtige Aussagen zum apostolischen Herrenmahlsverständnis. Der Empfang des Kelches vermittelt Anteil am Blut Christi. Das am Kreuz Christi vergossene Blut, sein blutiger Tod schafft Vergebung der Sünden, Freiheit von Schuld und damit Gerechtigkeit vor Gott (Röm 5, 9). An dieser auf Golgatha geschehenen und gleichzeitig überzeitlich-göttlichen Versöhnungstat empfängt derjenige Anteil, der vom Kelch trinkt. Eine von Gott verbürgte Tatsache, eine göttliche Wirklichkeit wird ihm zuteil. Paulus liegt hier daran, den objektiven Tatbestand des Herrenmahlsakraments darzustellen. Wer vom gesegneten Kelch trinkt, darf und soll wissen, dass er Anteil an der großen und ewigen Versöhnungstat Gottes empfängt. Die Frage des Empfangs des Herrenmahls durch Ungläubige diskutiert Paulus nicht. Dies war im Urchristentum auch undenkbar. Die Frage des unwürdigen Empfangs durch gläubige Christen wird in Kapitel 11, 17 ff. behandelt.

Genau solch ein objektiver Tatbestand liegt beim Essen des Brotes vor. Das Brot des Herrenmahls verbindet mit dem Leib Christi, und zwar mit dem in den Tod gegebenen Leib. An Christi Leib wurde das Urteil vollzogen, das sich aufgrund des Gesetzes gegen die Menschheit richtete (Röm 7, 4). Gemeinschaft mit Christi Todesleib zu

haben bedeutet also, befreit und losgelöst von der eigenen
Schuld zu sein, die am Leibe Christi gerichtet und vernich-
tet wurde. Gemeinschaft mit dem Blut und Leib Christi ist
die Gemeinschaft mit Gottes Opferlamm, das dahingegeben wurde »um unserer Sünden willen« (Röm 4, 25a). Das
Herrenmahl ist demnach im Licht der apostolischen Lehre
ein Anteilbekommen an Gottes Versöhnungstat, die allen
denjenigen Vergebung ihrer Schuld schenkt, die an Christus glauben.

V. 17: Nach diesen grundlegenden Aussagen steuert Paulus nun auf die anstehende Frage der Teilnahme an den
Götzenopfermahlzeiten zu. Dieses eine gesegnete Brot,
von dem die Gemeinde beim Herrenmahl isst, macht aus
Einzelnen eine organisch verbundene Gemeinschaft, einen
»Leib«, einen »Organismus«. Der Todesleib Christi, von
dem die Gemeinde isst, ist gleichzeitig der Auferstehungsleib und der Leib des erhöhten Herrn, der durch den Heiligen Geist in jedem Christen wohnt und ihn mit allen anderen Gläubigen zu einer großen, festen Gemeinschaft zu-
sammenschließt. Das Herrenmahl ist also Gemeinschaft
mit Christus am Kreuz, aber es ist auch, weil dieser Christus der Auferstandene und Erhöhte ist, Fest der Gemeinschaft der Christen untereinander und mit ihrem erhöhten
Herrn. Christen hängen unlösbar zusammen (vgl. Kap.
12, 13). Es kann keiner mehr isoliert leben. Sein Leben hat
Auswirkungen auf diejenigen Gemeindeglieder, mit denen
er in dieser großen geistlichen Gemeinschaft steht. Paulus
spricht hier die Verantwortung derjenigen an, die meinen,
aufgrund ihrer angeblichen »Erkenntnis« an Götzenopfermahlzeiten teilnehmen zu können. »Das kannst du nicht,

denn du lebst im großen Verbund der Gemeinde Jesu. Du
darfst den Leib Christi nicht verunehren.«

V. 18: Genauso war es beim Opferdienst Israels. Sie standen alle in einer großen Gemeinschaft, die durch den »Altar«, d. h. der von Gott eingesetzten Opfer konstituiert
wurde. Deswegen hat der Götzendienst Einzelner das
ganze Volk entheiligt.

V. 19: Paulus nimmt das Verbot, an Götzenopfermahlzeiten teilzunehmen, erneut auf. Er spricht es nicht deswegen
aus, weil er meint, Götzen seien Götter, die mit göttlicher
Macht ausgestattet sind und ein Götzenopfer sei ein Opfer
für eine lebendige und wirkende Gottheit. Nein, es bleibt
dabei, diese Götterbilder der Heiden sind »Nichtse« (8, 4).

V. 20: Aber ihre Verehrung und der Aberglaube, sie könnten helfen, und der ganze Götzenkultus zieht den betreffenden Menschen in den Bannkreis dämonischer Mächte.
Aberglaube in jeglicher Form ist Abfall vom lebendigen
Gott, stellt »Gemeinschaft« mit unsichtbaren bösen Geis-
termächten her, die dann ihrerseits den Menschen zu bestimmen versuchen bis hin zur Besessenheit.

V. 21 - 22: Wer sich aber in die Abhängigkeit von Dämo-
nen begibt, der kann den Kelch des Herrn nicht mehr zum
Segen trinken. Der »Tisch des Herrn« schenkt Gemein-
schaft mit dem Herrn. Deswegen muss aller Umgang mit
Aberglaube und Götzendienst strikt aufgegeben werden.
Das Böse muss in jeglicher Gestalt gemieden werden (vgl.
V. 6). Wer es dennoch bewusst oder leichtfertig sucht, reizt

und versucht Christus und zieht sich seinen Zorn zu, dem
niemand widerstehen kann. Paulus nimmt in Vers 20 und
22 einige Sätze aus dem Lied Moses auf, um den Ernst der
Situation klarzumachen. Genauso wie es Israel erging, so
wird es dem Christen ergehen, der Christus bewusst zum
Zorn reizt. »Sie haben den bösen Geistern geopfert und
nicht ihrem Gott« (5. Mose 32, 17). »Sie haben mich gereizt
durch einen Nicht-Gott, durch ihre Abgötterei haben sie
mich erzürnt« (5. Mose 32, 21).

Der ganze Abschnitt erweist sich als eine ernste Paränese an Christen. Niemand soll denken, dass er an aber-
gläubischen oder götzendienerischen Handlungen teilnehmen kann, weil ihm das nichts mehr anhaben könne. Er irrt
sich gewaltig. Er gerät dort unter den Einfluss von Dämonen und zieht sich den Zorn Christi zu.

Die beiden Motive christlicher Ethik:
Was dem anderen dient und was Gott ehrt
(10,23-11,1)

V. 23-24: Paulus fasst in diesem Abschnitt seine Anweisungen zum Essen von Götzenopferfleisch zusammen.
»Alles ist erlaubt« ist, wie schon ausgeführt, offensichtlich
ein Grundsatz in der korinthischen Gemeinde gewesen,
der wahrscheinlich ursprünglich aus der paulinischen Verkündigung stammt. Aus Äußerungen wie Kapitel 3, 21 f.
»Denn alles ist euer« konnte leicht ein solcher Grundsatz
abgeleitet werden, der dann fleischlich missdeutet und
missbraucht wurde. Die Freiheit, die Paulus verkündigt, ist
aber nicht eine Freiheit vom Inhalt des Gesetzes, sondern

eine Freiheit von der Anklage des Gesetzes. Es ist eine Freiheit, die aus der Christusgemeinschaft entspringt und ihre Ausrichtung im Glauben und in der Liebe findet. Die wahre christliche Freiheit nützt dem anderen *(sympherei)* und sie festigt den Glauben *(oikodomei)* (V. 23). Sie sucht nicht das Ihre (vgl. Kap. 13, 5), sondern das des Nächsten (V. 24).

V. 25 - 26: Paulus wendet diese Grundsätze nun noch einmal auf das Problem des Götzenopferfleisches an. Oberste Richtschnur bleibt die Liebe, die das Beste des anderen sucht. Wer Fleisch auf dem Markt kauft, darf es essen, ohne sich zu vergewissern, ob es Götzenopferfleisch ist oder nicht. In diesem Fall wird kein fremdes schwaches Gewissen verletzt. Und das eigene Gewissen darf sich auf die Tatsache berufen, dass alles Irdische dem einen lebendigen Gott gehört (Ps 24, 1). Hier wendet Paulus die Erkenntnis an, dass es in der Welt nur den einen Gott gibt, der sich in Jesus Christus geoffenbart hat (vgl. Kap. 8, 4 - 6).

V. 27 - 29a: Anders liegt der Fall, wenn Christen zu Nichtchristen zum Essen eingeladen werden. Auch hier soll man zunächst — getreu dem Grundsatz von Psalm 24, 1 — nicht danach fragen, ob es sich um Götzen geweihtes Fleisch handelt. Man würde unnötigerweise das eigene Gewissen beschweren und den Gastgeber enttäuschen, wenn man dann nicht isst. Wenn aber jemand feststellt, dass es sich um Götzenopferfleisch handelt, dann soll man um dieses Betreffenden willen nicht essen. Wer ist nun dieser jemand? Vers 32, wo u.a. die aus Juden und Heiden zusammengesetzte Gemeinde genannt wird, legt nahe, an Judenchristen zu denken, die grundsätzlich kein solches Fleisch aßen. Wenn also Heidenchristen zusammen mit Judenchristen zu Heiden eingeladen waren, dann soll der Heidenchrist (bzw. derjenige, der sich sonst nach Psalm 24, 1 verhalten hätte) aus Rücksicht auf den Judenchristen kein Fleisch zu sich nehmen, um ihm keinen Anstoß zu geben und ihn nicht in Versuchung zu führen, trotz Gewissensbedenken mitzuessen.

V. 29b-30: Mit diesen beiden Fragen nimmt Paulus mögliche Einwände gegen seine Anweisungen auf, um sie dann in V. 31 ff. abschließend zu beantworten. »Weshalb soll ich denn meine persönliche Freiheit vom Gewissen eines anderen einengen lassen? Wenn ich Gott für eine Speise danken kann, warum soll ich sie dann nicht essen, nur weil ein anderer sie aus Gewissensgründen ablehnt?« (»Hoffnung für alle«-Übersetzung).

V. 10, 31 - 11, 1: Hier gibt der Apostel die abschließende Antwort zum ganzen Komplex von Kapitel 8 bis 10. Alles Tun des Christen soll Gott die Ehre geben, also auch das Essen und Trinken. Auch der Alltag ist »Gottesdienst«. Christen leben dann nicht zur Ehre Gottes, wenn sie berechtigten Anstoß erregen. Weder Juden noch Heiden noch der christlichen Gemeinde soll der Christ Anstoß geben. Immer muss es darum gehen, dass Menschen gerettet werden. Das ist das große Ziel christlicher Existenz. Und demzufolge muss alles vermieden werden, was der Botschaft des Evangeliums irgendwie abträglich sein könnte. Die christliche Freiheit, wie Paulus sie selber lebte (Kap. 9), gibt die Kraft dazu. Und letztlich ist es Christus selbst, der solch

ein Leben vorgelebt hat. Ihm gilt es nachzueifern, so wie
Paulus es tut.

Die Frage der Kopfbedeckung von Mann und Frau im Gottesdienst (11,2-16)

V. 2: Nach den beiden großen paränetischen Abschnitten
über Fragen der Unzucht bzw. Geschlechtlichkeit (5, 1 -
7, 40) und über das Essen von Götzenopferfleisch bzw. das
Wesen christlicher Freiheit (8, 1 - 11, 1) kommt Paulus zum
vierten und letzten Hauptteil seines Briefs (11, 2 - 15, 58).
Darin erinnert er die Korinther in katechismusartigen Zu-
sammenfassungen an einzelne wichtige Glaubensartikel,
die er »Überlieferungen« *(paradoseis)* nennt. Es handelt sich
hierbei um Glaubensinhalte, die er bei seinem langen Aufenthalt in Korinth vermittelt hat und auf die er sich nun beziehen kann.

Folgende »Überlieferungen« werden behandelt:

1.) »Mann und Frau in den gottesdienstlichen Versamm-
    lungen« (11, 3 - 16; 14, 33b - 38);
2.) »Vom Mahl des Herrn« (11, 17 - 34);
3.) »Von den Wirkungen des Heiligen Geistes« (12, 1 -
    14, 33a und 39 - 40) und
4.) »Von der Auferstehung der Toten« (15, 1 - 58).

Vers 2 ist als Gesamtüberschrift über diesen letzten Briefteil
zu verstehen, der sich mit den »Überlieferungen« befasst.

Paulus lobt eingangs die Gemeinde, dass sie in allem
an ihn denkt und an den »Überlieferungen« festhält, die er
ihr gegeben hat. Vermutlich zitiert Paulus hier aus dem Brief
der Korinther, wo sie ihre Treue zu ihm und zu der von

ihm weitergegebenen Lehre bekundeten. Die Realität sah aber leider anders aus. Alle vier »Überlieferungen« muss Paulus noch einmal in Erinnerung rufen und ihre Bedeutung unterstreichen, denn in der Praxis war die Gemeinde teilweise von ihnen abgekommen. Die diesen vier Lehrabschnitten zugrunde liegenden apostolischen Glaubensinhalte sind bis heute konstitutiv für die christliche Gemeinde, denn sie kommen vom Herrn selbst und wurden von ihm den Aposteln anvertraut, und die Apostel gaben sie wiederum der Gemeinde weiter.

V. 3: »Ich will aber, dass ihr versteht.« Das Verb *eidenai* meint das innere Erfassen einer geistlichen Tatsache. Worum geht es hier bei dieser ersten »Überlieferung« vom Verhältnis von Mann und Frau? Christen müssen erfassen, dass ihr Leben unter einer spezifischen, ihnen von Gott gegebenen Autorität steht, die sich um sie sorgt und der sie dienen sollen. Leben als Christ ist insofern kein selbständiges, autonomes Leben, sondern abhängiges Leben. Der Mann soll in Christus die Autorität für sein Leben erkennen. Christus, der Sohn Gottes, der erste Mensch der neuen Menschheit, ist als Mann in die Welt gekommen, wie auch Adam, der erste Mensch der alten Menschheit, ebenfalls als Mann geschaffen worden war. Insofern hat der Mann in Christus seine unmittelbare Autorität. An Christus soll er sein Mannsein und seinen Charakter ausrichten, von Christus soll er Gottes Hilfe erbitten, erwarten und bekommen. Christus soll er sich unterordnen, bei Christus soll er Schutz suchen. Paulus meint diese Aussage generell. Christus ist Haupt jedes Mannes. D. h. Mannsein kann sich überhaupt nur dann zur Ehre Gottes und zum Segen für andere entfalten, wenn der Mann in Christus seine spezifische, ihm von Gott zugewiesene Autorität erkennt und anerkennt. Zu vergleichen ist hier die Aussage in Eph 5, 25, wo Paulus die Männer ermahnt, Liebe und Hingabe bei Christus zu lernen.

Genauso generell ist das zweite Glied des Satzes gemeint. Der Mann ist das »Haupt«, d. h. die von Gott eingesetzte, zur Liebe, Fürsorge und Verantwortung verpflichtete Autorität für seine Frau. So wie Christus als unmittelbare Autorität für den Mann gesetzt ist und in allen Belangen für den Mann da ist, so soll sich auch der Mann für alle Belange seiner Frau einsetzen, und die Frau soll in jeder Hinsicht und gern die von Gott ihrem Mann verliehene Autorität stützen und stärken und sich in Liebe ihm unterordnen (vgl. Eph 5, 22-24). In dem Maße, wie Christus ihren Mann prägt, in ihrem Mann Gestalt gewinnt und ihm Liebe und Hingabe schenkt, wird sie selbst von Gott durch ihren Mann Segen empfangen.

Die beiden Haupt-Glied-Verhältnisse »Christus — Mann« und »Mann — Frau« haben im Verhältnis Gott — Christus ihr absolutes und bleibendes Vorbild. Auch dieses Verhältnis ist ein von der Liebe geprägtes Dienstverhältnis. Christus war, blieb und bleibt immer der Sohn des Vaters, er war und ist immer wesensgleich mit dem Vater, aber sein Verhältnis zum Vater ist geprägt von totaler Anerkennung der Autorität des Vaters und von liebender Unterordnung unter ihn. Gerade deswegen setzt ihn Gott zum Herrn über alles ein (Phil 2, 5-11).

Diese von Gott gesetzten Verhältnisse soll die Gemeinde in Korinth geistlich verstehen lernen. Sie widersprechen dem menschlichen Streben nach Autonomie, aber sie sind göttliche und zutiefst heilsame Normen. Unter der Herrschaft Gottes gewinnt der Christ gerade dadurch Autorität, dass er sich derjenigen Autorität unterstellt, die Gott über ihn gesetzt hat. Hier gilt es umzudenken, besonders in unserer autoritätsfeindlichen Zeit. Schlatter bemerkt ganz richtig: »Der eigensüchtige Wille des Menschen heißt jede Abhängigkeit Schande und Pein; so urteilt er aber, weil er gottlos ist. Da aber jede Vollmacht, die uns befähigt, andere zu regieren, Gottes Gabe ist, ist unsere Abhängigkeit und unser Gehorsam von Erniedrigung und Peinlichkeit völlig befreit« (*Paulus, der Bote Jesu*, S. 310).

Die weiteren Aussagen des Abschnitts 11, 2-16 und auch von 14, 33b- 38 sind nur verständlich, wenn man die in Vers 3 ausgesprochene »Überlieferung« vom Verhältnis von Mann und Frau erfasst hat.

V. 4: Zunächst wendet sich Paulus der Frage zu, warum der Mann im Gottesdienst keine Kopfbedeckung tragen soll (V. 4-7a). Paulus sagt sich hier deutlich vom jüdischen Brauch der Kopfbedeckung des Mannes im gottesdienstlichen Rahmen los. Woher kam diese Sitte? Wir wissen es nicht, vielleicht von der Kopfbedeckung des Hohen Priesters (vgl. 2. Mose 28, 40). Paulus betont nun statt dessen: Im Gottesdienst der christlichen *ekklesia* hat dieser Brauch der Kopfbedeckung des Mannes nichts mehr zu suchen. Der durch Christus erlöste Mann ist, weil Adam der Erst-erschaffene war, unmittelbares Abbild der Herrlichkeit Gottes (V. 7). Paulus möchte, dass die christlichen Gemeinden im damaligen römisch-griechischen Kulturkreis diese Tatsache im Unterschied zum jüdischen Gottesdienst auch äußerlich in ihren gottesdienstlichen Versammlungen do-

kumentieren. Vers 4 muss auf die öffentlichen gottesdienstlichen Versammlungen bezogen werden. Öffentliches Beten und prophetisches Reden geschah im Gemeindegottesdienst. Hier schloss sich die Gemeinde an den himmlischen
Lobgesang der Engel an (V. 10 und 13). Diese Aussage richtet sich also gegen ein unbedachtes oder bewusstes Festhalten an einer jüdischen Sitte. Christen dürfen weder unbe-
dacht noch bewusst in das Judentum zurückfallen, sondern
sie müssen die Freiheit, zu der sie Christus befreit hat, ausleben. Der ganze Galaterbrief drückt dies in einmaliger
Weise aus und könnte als große Parallele zu Vers 4 herangezogen werden.

V. 5: Zunächst fällt die Beobachtung auf, dass es der Frau
in den urchristlichen Gemeinden offensichtlich gestattet
war, in den gottesdienstlichen Versammlungen laut zu beten und prophetisch zu reden, d. h. bestimmte Wortbeiträge aus Eingebung durch den Heiligen Geist einzubrin-
gen. Diese aktive Beteiligung der Frau am Gottesdienst der
christlichen Gemeinde war gegenüber der jüdischen synagogalen Versammlung, wo die Frauen nur am Rande geduldet waren und nur schweigend teilnehmen konnten, etwas völlig Neues. Das öffentliche Beten und prophetische
Reden der Frau im Gottesdienst ist aber zu unterscheiden
von der öffentlichen Lehre in den gottesdienstlichen Versammlungen, die Paulus der Frau nicht gestattet (siehe die
Auslegung von Kap. 14, 33b ff.).

     Hinsichtlich der Frage der Kopfbedeckung ist die
Argumentation des Apostels anders als beim Mann. Der
Mann würde, so hatte es Paulus eben ausgeführt, sein
»Haupt«, also Christus verunehren, wenn er am jüdischen

Brauch der Kopfbedeckung festhielte. Er würde mit einem bedeckten Haupt der Erlösungswirklichkeit keinen sichtbaren Ausdruck verleihen. Bei den Frauen gab es ein anderes Problem. Verheiratete jüdische Frauen zeigten sich in der Öffentlichkeit mit einer Kopfbedeckung. Sie drückten damit aus, dass sie verheiratet sind (vgl. Hes 16, 10). Dabei waren Art und Länge der Kopfbedeckung unterschiedlich, je nach dem Einfluss der Kultur, wo die jüdischen Familien wohnten. In Korinth hatten offensichtlich verheiratete Frauen in den Wortgottesdiensten, wenn sie beteten bzw. prophetisch redeten, ihre Kopfbedeckung abgelegt. Vielleicht waren sie der Meinung gewesen, dass sie während des Gebets bzw. des prophetischen Wortbeitrages die Kopfbedeckung ablegen müssten, da ja Christus jetzt durch sie spreche und sie in seiner Gegenwart genauso unbedeckt wie der Mann sein dürften bzw. müssten. Die verbreitete Auffassung, daß diese Frauen emanzipatorisch gedacht haben und durch das Ablegen ihrer Kopfbedeckung ihrer Selbständigkeit gegenüber ihrem Ehemann Ausdruck geben wollten, überzeugt nicht. Eine Frauenemanzipationsbewegung in der Art des ausgehenden 20. Jahrhunderts ist bei den urchristlichen Gemeinden nicht festzustellen.

Paulus widerspricht den betreffenden korinthischen Frauen scharf. Eine Ehefrau, die in der gottesdienstlichen Versammlung ihre Kopfbedeckung, die sie sonst in der Öffentlichkeit andauernd trägt, abnimmt, verunehrt damit ihr »Haupt«, d. h. ihren Mann, denn sie legt damit das Zeichen ihres Verheiratetseins ab. Eine solche Frau bringt über ihn Schande wie eine »Geschorene«, d. h. wie eine Frau, der als Strafe für ein Vergehen die Kopfhaare abrasiert worden sind. Nach 4. Mose 5, 18 wurden den des Ehebruchs

verdächtigten Frauen die Haare aufgelöst. Nach 5. Mose
21, 12 wurden kriegsgefangene Frauen geschoren. Und
nach Jes 3, 17. 24 galt es als große Schande für eine Frau, geschoren zu werden. Der Vergleich mit einer Geschorenen
zeigt, wie scharf Paulus den betreffenden korinthischen
Frauen entgegentritt. Ihre aktive Beteiligung am Gottesdienst durch Gebet und prophetische Wortbeiträge darf
eine Ehefrau keineswegs dahin führen, etwas zu tun, was
ihr und ihrem Mann Schande bringt.

V. 6: Paulus rechnet mit Widerspruch, aber er ist nicht bereit, sich auf eine Diskussion einzulassen. Wenn eine Frau
meint, unbedingt ihre Kopfbedeckung ablegen zu müssen
(obwohl sie damit ihrem Mann Schande bringt), dann sollte
sie ihm, so fügt er sarkastisch hinzu, auch dauernd Schande
bringen, indem sie ihre Haare tatsächlich abschneiden lässt
und wie eine Bestrafte herumläuft. Wenn sie das aber nicht
will, dann soll sie ihre Kopfbedeckung auch während des
Betens und prophetischen Redens aufbehalten.

V. 7a: Hier begründet Paulus seine Forderung, dass der
Mann bei gottesdienstlichen Versammlungen den jüdischen
Brauch der Kopfbedeckung nicht fortsetzen darf, mit theologischen Argumenten. Wie auch bei anderen Fragen, die
das Verhältnis von Mann und Frau betreffen, greift Paulus
auf den Schöpfungsbericht zurück. Wir erhalten auf diese
Weise wertvolle Einblicke in die paulinische Schöpfungs-
theologie.
    Der Mann ist als der Ersterschaffene *eikon kai doxa*,
»Ebenbild und Abglanz« der Herrlichkeit Gottes. Was
meint Paulus damit? An Adam wurde zum ersten Mal in

der Menschheitsgeschichte deutlich, wie Gott sich den Menschen als sein Ebenbild vorstellt. Adam war der erste Mensch, dem Gott Anteil an seiner Herrlichkeit gab und ihn dadurch ehrte. Zu vergleichen ist hier Psalm 8, 6: »Du hast ihn wenig niedriger gemacht als Gott, mit Ehre und Herrlichkeit hast du ihn gekrönt.« Der durch Christus erlöste Mann wird durch Christus wieder in seine Ebenbildlichkeit versetzt (vgl. 2. Kor 3, 18). Er ist damit wieder Abglanz der Herrlichkeit Gottes geworden. Der in Römer 3, 23 beschriebene Zustand – Verlust der Ehre und Herrlichkeit Gottes – ist in Christus aufgehoben. Damit ist der durch Christus erlöste Mann nun auch seinerseits aufgefordert, sich Christus als seinem Haupt zu unterstellen und damit die Herrlichkeit, die Gott ihm schenkt, zu beantworten. Deswegen soll der durch Christus erlöste Mann – im damaligen Kulturkreis – seinen Kopf nicht mehr bedecken.

V. 7b: Paulus wendet sich nun der Frage zu, warum die Frau ihre Kopfbedeckung im Gottesdienst beibehalten soll. Auch hier gibt er zunächst biblisch-theologische Gründe an. Der erlöste Mann empfängt durch Christus die Herrlichkeit Gottes, und diese soll er offen dokumentieren. Der Grund für seine Kopfbedeckung ist hinfällig geworden. Die Frau ist demgegenüber nach Gottes Ordnung und Willen Abglanz der Herrlichkeit des erlösten Mannseins. Was bedeutet das? So wie der in Christus erlöste Mann unter der Liebe und den Segnungen Christi steht, so steht die erlöste Frau unter dem Einfluss der Liebe ihres erlösten Ehemannes. Deswegen soll die Frau in ihrem Verhalten ihrem Mann gegenüber ihm Ehre erweisen und – im damaligen

Kulturkreis — mit ihrer Kopfbedeckung öffentlich ihre Zugehörigkeit zu ihm ausdrücken.

V. 8 - 9: Paulus führt nun zwei biblische Gründe dafür an, dass die erlöste Frau Abglanz der Herrlichkeit des erlösten Mannseins ist. Was sie Gutes von ihrem Mann empfängt, das ist schöpfungsmäßig angelegt. Erstens ist sie aus dem Mann gebildet und nicht umgekehrt, und zweitens ist sie seinetwegen erschaffen worden, nämlich um ihm eine Hilfe zu sein, und nicht umgekehrt. Die erste Schöpfungstatsache, dass die Frau aus dem Mann gebildet wurde, verleiht ihr vollen Anteil an dem Segen, den Gott dem erlösten Mann schenkt. In gleicher Weise liegt auch in der zweiten Schöpfungstatsache, dass die Frau von Gott um des Mannes willen geschaffen wurde, ein Grund dafür, dass sie Abglanz der Liebe ihres erlösten Mannes ist, denn durch ihr Hilfesein aktiviert und empfängt sie seine Liebe immer wieder neu.

V. 10: Paulus schließt seinen Gedankenkreis und lenkt zu V. 3 zurück. Weil die Frau in ihrem Mann das ihr von Gott gegebene »Haupt« hat, soll sie ihm gerade auch im Gottesdienst, wo die Engel zugegen sind, durch ihre Kopfbedeckung Ehrerbietung erweisen. »Deswegen soll die Frau wegen der Engel Vollmacht auf ihrem Kopf haben.« Paulus nennt hier die Kopfbedeckung der Frau »Vollmacht«. Was meint er damit? Die Frau kann und soll im Gottesdienst durch Gebet und prophetische Rede mitwirken. Sie kann und soll vor Gott treten und aus Gottes Geist reden. Dazu ist — wie auch beim Mann — geistliche Vollmacht nötig. Nach der Überzeugung des Apostels verliert die Frau diese

Vollmacht, wenn sie ihren Mann durch das Abnehmen ihrer Kopfbedeckung verunehrt. Wenn die Frau dadurch, dass sie ihre Kopfbedeckung abnimmt und damit das Zeichen ihrer Zugehörigkeit zu ihrem Mann beseitigt, sich selbst und ihrem Mann Schande bringt, dann verliert sie die geistliche Vollmacht zum Gebet und zur geistgewirkten prophetischen Rede. Was bedeutet der Zusatz »um der Engel willen«? Die urchristlichen Gemeinden feierten ihre Gottesdienste in der Überzeugung, mit ihnen teilzunehmen an einem himmlischen Geschehen, nämlich am ewigen Lobgesang der Engel vor dem Thron Gottes. Sie wussten sich während ihrer Gottesdienste im Thronsaal Gottes, umgeben von Engeln. »Um der Engel willen« bedeutet also, dass die verheirateten Frauen am Zeichen ihrer Zugehörigkeit zu ihrem Mann festhalten sollen, weil sie – zusammen mit den Engeln – im Gottesdienst vor Gott stehen. Dazu noch A. Schlatter: »... und wenn die Gemeinde zur Anbetung versammelt ist, sind Engel bei ihr. Ihren Dienst bedarf die Frau, wenn der Geist sie zur Beterin oder zur Sprecherin eines göttlichen Wortes macht, da die Engel sowohl das Gebet vor Gott als das göttliche Wort zum Menschen bringen« (*Paulus der Bote Jesu*, S. 312). Die These, dass es sich um gefallene Engel oder Dämonen handeln könnte, die durch die fehlende Haarbedeckung der Frauen gereizt würden, nennt Schlatter »eine hässliche Phantasterei« (S. 313).

V. 11 - 12: Dass Paulus bei seiner Verhältnisbestimmung von Mann und Frau an der absoluten Gleichwertigkeit der beiden Geschlechter festhält, beweisen diese beiden Verse. Die unterschiedlichen Aussagen über Mann und Frau

(»Abglanz der Herrlichkeit Gottes« und »Abglanz der
Herrlichkeit des erlösten Mannes«) bezeichnen die unmittelbaren Autoritäten, die für Mann und Frau Verantwortung tragen, sie dürfen aber nicht als unterschiedliche Be-
wertungen angesehen werden. Beide Geschlechter sind
»im Herrn« aufeinander bezogen. Damit ist gemeint, dass
Frauen und Männer in der Gemeinde erkennen sollen, dass
sie einander brauchen, dass sie nichts sind ohne das jeweils
andere Geschlecht. Vers 12 begründet die eben behauptete
Gleichwertigkeit und Gleichrangigkeit von Mann und Frau.
Die Frau ist aus dem Mann entnommen. Der Mann ist
durch die Frau, d. h. er wird durch die Frau geboren, er
würde ohne sie nicht existieren. Beide Geschlechter sind
von Gott in gleicher Weise gewollt, geliebt und gesegnet.
Er hat sie — zusammen mit »allem«, also dem ganzen Kosmos — erschaffen. Deswegen müssen beide, Mann und
Frau, nach seinem Willen fragen und nach seinen Ordnungen leben.

V. 13 - 16: In den Versen 3 bis 12 hat Paulus die Schrift-
wahrheit für das Verhältnis von Mann und Frau entfaltet.
Dies war ihm die wichtigste Argumentationsreihe. Nun
verweist er noch auf den Anstand (das »Geziemende«), auf
die Natur und auf den Konsens mit den übrigen Gemeinden.

    Zunächst betrachten wir seine Gedanken zum An-
stand und zur Natur. Die Natur gibt beiden, Mann und
Frau, das Haarkleid. Der Frau ist es als eine Art Mantel oder
Umhüllung gegeben. Sie kann sich, wenn sie das Haar
wachsen lässt, damit bedecken und sich vor begehrlichen
Blicken ihrer Umgebung schützen. Aus dieser Tatsache,

dass die Natur die Frau mit einem optischen Schutzmantel ausstattet, leitet Paulus ab, dass es sich für die christliche Frau ziemt, ihren Kopf zu bedecken. Die Natur macht ihr sozusagen in dieser Hinsicht vor, wie sie sich zu verhalten hat. Hinter dieser Argumentation steht die Überzeugung, dass der Christ an den natürlichen Gegebenheiten seines Leibes Hinweise dafür ablesen kann, was sich ziemt. Vers 15b führt dies noch einmal explizit aus: »Es ist ihr als eine Art Umhang gegeben.« Die verheiratete Christin in Korinth soll sich also in der Frage der Kopfbedeckung die Natur zum Vorbild nehmen. So wie die Natur ihr in Gestalt des Haares eine Bedeckung gibt, so soll sie an ihrer Kopfbedeckung als Zeichen ihrer Zugehörigkeit zu ihrem Mann festhalten, um ihrem Mann keine Schande zu bereiten. Anders sieht es beim Mann aus. Wollte er sein Haar als Bedeckung seines Körpers verwenden, würde das fraulich und damit lächerlich und schändlich aussehen (V. 14). So hat also nach Paulus das lange Haar eine unterschiedliche Bedeutung für den christlichen Ehemann und für die christliche Ehefrau. Dem Mann würde es Schande bringen, weil es ihn verweiblichen würde. Die Frau hingegen soll es als natürlichen Schutz und damit auch als Belehrung auffassen, dass sie in der Öffentlichkeit ihren Kopf als Zeichen der Zugehörigkeit zu ihrem Mann bedeckt halten soll.

Vers 16 beendet die Ausführungen. »Wenn jemand streitsüchtig sein will, so soll er wissen: Weder wir — die Apostel — noch die Gemeinden Gottes lassen es zu, dass Männer mit Kopfbedeckung und Frauen ohne Kopfbedeckung im Gottesdienst beten oder prophetisch reden.«

Exkurs: Die Bedeutung der Anweisungen
zur Kopfbedeckung heute

Beide Anweisungen des Apostels — an den Mann und an die Frau — müssen auf dem Hintergrund der damaligen jüdischen Kultur und Sitte verstanden werden, wonach Männer und Frauen bei gottesdienstlichen Anlässen eine Kopfbedeckung trugen.

Die Männer in den urchristlichen Gemeinden sollten sich freimachen von dieser jüdischen Sitte, die nach Paulus ein Ausdruck »vorchristlicher« Verhältnisse war, weil der Mann nun durch das Christusgeschehen in eine völlig neue Beziehung zu Gott versetzt worden ist. Der durch Christus erlöste Mann spiegelt Christus wider. Er soll deswegen seinen Kopf nicht mehr bedecken. Die männliche Kopfbedeckung verschwand schon in der apostolischen Zeit aus den christlichen Gottesdiensten und ist seitdem nicht wieder zum Problem geworden.

Die christliche Ehefrau in den apostolischen Gemeinden sollte indessen an dieser jüdischen Sitte der Kopfbedeckung festhalten, mit der die jüdische Frau ihre Zugehörigkeit zu ihrem Mann ausdrückte. Paulus will mit seiner Anweisung an die christliche Ehefrau gewährleisten, dass das Gebot der Unterordnung der Frau unter den Mann im Gottesdienst auch in diesem äußeren Zeichen einen Ausdruck findet. Mit dem allmählichen Heraustreten der heidenchristlichen Gemeinden aus der jüdischen Kultur ist diese Anweisung des Apostels nicht mehr verstanden worden und aufgegeben worden.

Die Grundanliegen des Apostels, dass die christliche Ehefrau sich als Abglanz der Herrlichkeit des erlösten

Mannseins verstehen und sich — wie zuhause so auch in der Öffentlichkeit — ihrem Mann unterordnen und ihn damit ehren soll, und dass der christliche Ehemann sich als Abglanz der Herrlichkeit Gottes verstehen und seiner Frau in der Liebe und Fürsorge Gottes begegnen soll, sind heute genauso aktuell wie vor 2000 Jahren.

(Exkurs Ende).

Das Mahl des Herrn (11,17-34)

V. 17: Das in 11,2 ausgesprochene allgemeine Lob wird nun ein zweites Mal relativiert (nach den kritischen Äußerungen zu denjenigen Ehefrauen, die ihre Kopfbedeckung im Gottesdienst abnahmen). »Bei dem, was ich nun anordne, kann ich kein Lob aussprechen« (V. 17a). Hier liegt wieder eine rhetorische Untertreibung vor. Paulus will in Wirklichkeit einen sehr ernsten Tadel aussprechen. Das *hoti* (»dass«) ist hier wie ein Doppelpunkt zu verstehen: »Ihr kommt zu euren Versammlungen nicht zum Nutzen, sondern zum Schaden zusammen« (V. 17b). Dies ist eine herbe Kritik. Der »Schaden« ist wörtlich gemeint, wie Vers 30 zeigt. Paulus hat offensichtlich Nachrichten aus Korinth erhalten, die ihn tief bedenklich stimmen.

V. 18: Das *proton* (»zuerst«) gibt die Rangfolge an. »Was ich vor allem anderen feststelle.« Darauf legt Paulus das Hauptaugenmerk. »Wenn ihr euch als Gemeinde versammelt, lasst ihr es zu Gruppenbildungen und Abspaltungen kommen.« *Schismata* sind in diesem Zusammenhang nicht die Parteien von Kapitel 1, sondern die Reichen und die Armen, wie aus dem weiteren Zusammenhang hervorgeht. Paulus hat so übereinstimmende Berichte, dass er wenigstens zum Teil von der Richtigkeit überzeugt ist.

V. 19: Dieser Vers ist schwierig zu verstehen. Inwiefern »müssen« diese Gruppenprobleme entstehen? Mit *dei* (das sog. göttliche »muss«) wird oft eine höhere, göttliche Notwendigkeit ausgedrückt. Paulus scheint hier die allgemeine geistliche Gesetzmäßigkeit zu meinen, nach welcher überall dort, wo Gott seine Gemeinde baut, Satan sie wieder einzureißen versucht. »Es muss zum Abfall, zu sektiererischen Abspaltungen und Irrlehre kommen, damit die Bewährten unter euch offenbar werden.« Paulus rechnet also nüchtern mit dem Unkraut unter dem Weizen (vgl. Mt 13, 24 - 30 und 36 - 43), er hat nicht das Ideal einer reinen Gemeinde vor Augen.

V. 20 - 22: Nun folgt die konkrete Kritik. »Wenn ihr zusammenkommt an einem Ort, dann könnt ihr ein gesegnetes, zu eurem geistlichen Nutzen (vgl. V. 17) dienendes Mahl des Herrn nicht feiern« (wörtlich: »es ist euch nicht möglich, ein Mahl des Herrn zu essen«). Vers 21 gibt die Begründung: Die gemeinsame Mahlzeit, die in den Urgemeinden zwischen dem Brotwort und dem Kelchwort eingenommen wurde, offenbarte schlimme Missstände. Die begüterten Gemeindeglieder aßen und tranken sich satt, während die Armen, die anscheinend später kamen (vgl. V. 33), leer ausgingen. Paulus wertet dieses Verhalten der Reichen als »Verachtung« der Gemeinde Gottes und als »Beschämung« der Armen (V. 22), insgesamt als eine für

Christen unwürdige Haltung. Wer beim Gemeinschaftsmahl, dem sogenannten »Agape-Mahl«, nur an sein leibli-
ches Wohlbefinden denkt und die hungrigen Glaubensgeschwister darüber vergisst, der ist des Herrn und seines
Mahls unwürdig. Er ist aus der Liebe gefallen und zieht sich
mit diesem Verhalten die Strafe des Herrn zu.

Paulus nimmt es sehr ernst, wenn Christen aus der
Liebe fallen. Die Liebe, die dasjenige sucht, was dem anderen hilft und nützt, ist die Frucht des Heiligen Geistes (Gal
5, 22) und das höchste Charisma (1. Kor 12, 31). An der
Liebe wird der Christ von Gott gemessen. Wo Christen zusammenkommen, muss die Bruderliebe geübt werden
(Röm 12, 9 ff.; 1. Kor 13; Gal 5, 13 f.; Eph 4, 2 und 15; Phil
2, 1-11; Kol 3, 14; 1. Tim 1, 5 u.a.). Auf die Situation in
Korinth bezogen, bedeutet dies, dass diejenigen, die beim
Gemeinschaftsmahl nur an sich denken, gefälligst zu Hause
essen sollen, um den anderen nicht zum Anstoß zu werden
und sich nicht eine Strafe des Herrn zuzuziehen. Paulus
wird hier sehr scharf, denn er weiß, worum es geht (siehe
V. 17 und 30 ff.).

V. 23 - 25: Hier folgt nun die eigentliche »Überlieferung«
(*paradosis*) vom Mahl des Herrn, eine äußerst wertvolle
kurze apostolische Zusammenfassung der Einsetzung des
Herrenmahls durch Jesus Christus. Paulus betont ausdrücklich, dass er diese *paradosis* »vom Herrn« empfangen
hat. Das muss nicht bedeuten, dass er sie durch eine unmittelbare Christusoffenbarung mitgeteilt bekam, sondern das
kann sich auch auf den wahren Ursprung dieser Tradition
bei Jesus beziehen. In jedem Fall ist damit aber der unantast-
bare Wert und die absolute Autorität dieser »Überliefe-

rung« festgehalten. Das *hoti* (»dass«) gilt wieder als Doppelpunkt.

Jesus, der Herr, hat in der Nacht, als er dahingegeben wurde (ergänze: durch Gott), das *kyriakon deipnon*, das Herrenmahl eingesetzt. Der geschichtliche Ursprung ist damit gesichert. Sein Mahl besteht aus dem von ihm selbst gedeuteten Brot und Wein (»Becher« steht für Wein). Jesus beginnt die Einsetzungshandlung mit einem Dankgebet. Er dankt dem Vater. Damit stellt er die ganze nun folgende Handlung in den Zusammenhang der Passamahlliturgie, denn das Dankgebet war für das Passalammessen fester Bestandteil. Er selbst ist das Passalamm des Neuen Bundes (vgl. 1. Kor 5, 7). Das Brotdeutewort identifiziert das Brot mit seinem für die Sünde der Menschheit dahingegebenen Leib. Die Aufforderung, diese Handlung im Gedenken an ihn zu wiederholen, meint mehr als bloße Erinnerung. Der Herr spricht hier die Vergegenwärtigung seines Opfertodes und die Aneignung im Glauben an (vgl. Kap. 10, 16). Das Kelchdeutewort identifiziert den Wein mit dem für die Sünde der Menschheit geflossenen Blut Jesu und spricht das Anteilbekommen am Neuen Bund zu. Auch nach dem Kelchwort folgt die Aufforderung zur Wiederholung und zum Gedenken. Damit haben wir mit diesem Text eine vom Apostel als authentisch beglaubigte Zusammenstellung der Einsetzungsworte Jesu vor uns.

V. 26: Mit diesem Vers ist die eigentliche »Überlieferung« *(paradosis)* verlassen. Paulus geht wieder über zu den Verhältnissen in Korinth. Der Vers klingt wie eine zusammenfassende geistliche Nutzanwendung der Einsetzungsworte für die Korinther: »Sooft ihr also das Mahl des Herrn feiert, verkündigt ihr seinen Tod, bis er kommt.« D. h. macht euch bewusst, was im Mahl des Herrn geschieht. Jede Mahlfeier ist eine Proklamation des Sühnetodes Christi und damit eine Inanspruchnahme des durch seinen Tod erwirkten Heils. Wer am Mahl des Herrn teilnimmt, bekennt sich zum Aussagegehalt der Einsetzungsworte, dass nämlich Christus zur Vergebung unserer Sünden gestorben ist, dass er als der Auferstandene durch den Heiligen Geist uns Anteil am Neuen Bund gibt und dass er der wiederkommende Herr ist. Jede Mahlfeier ist also ein einzigartiger Lobpreis auf den gekreuzigten, auferstandenen und wiederkommenden Herrn. Jeder Teilnehmer muss sich dessen bewusst sein. »Bis er kommt« hat finalen Sinn. In jeder Mahlfeier soll die Gemeinde die Wiederkunft ihres Herrn erbitten.

V. 27 - 30: An dieser Stelle wird Paulus wieder sehr konkret. Die Teilnahme am Mahl des Herrn stellt jeden Teilnehmer in eine hohe Verantwortung. Man kann nicht den Sühnetod Christi, sein Opfer für die Sünden der Menschheit proklamieren und gleichzeitig in offener Sünde bleiben. Wer als gläubiger Christ, als Glied am Leibe Jesu, dies dennoch versucht, der nimmt unwürdig am Mahl des Herrn teil. Er zeigt sich dessen unwürdig, was der Herr für ihn getan hat, und damit wird er schuldig am Leib und Blut Christi, das er im Mahl empfängt (V. 27). Paulus fordert hier also jeden Christen, der am Mahl des Herrn teilnehmen will, zu ernsthafter Selbstprüfung auf. Dabei geht es nicht um das Aufspüren von Sünden, sondern, wie aus Vers 29 deutlich wird, um das richtige Beurteilen des für unsere Sünden dahingegebenen Leibes Jesu (*diakrino* meint das richtige geistliche Beurteilen). Die Selbstprüfung soll darin bestehen, dass jeder sich klarmacht, dass er im Mahl des Herrn den für seine Schuld dahingegebenen Leib Christi empfängt und dass er daraus die Konsequenzen zu ziehen hat, mit aller bewussten Sünde zu brechen und ein Leben zu Gottes Ehre zu führen. Es geht um die richtige, geistliche Selbsteinschätzung. Wer sich vor dem Herrn als erlösungsbedürftiger Sünder weiß, der wird vom Herrn nicht gestraft (V. 31). Wer aber bewusst und willentlich an Sünde und Lieblosigkeit festhält, wird nach Vers 29b das Mahl des Herrn zum eigenen Strafgericht *(krima)* empfangen. Paulus ist überzeugt, dass der auferstandene Herr diejenigen der Seinen straft, die sich durch ein solches Festhalten an Sünde und Lieblosigkeit an seinem in den Tod gegebenen Leib schuldig machen. Demzufolge hält er die Tatsache, dass es in der Gemeinde in Korinth eine Reihe von Schwachen und Kranken gibt und dass schon manche an Schwachheit und Krankheiten gestorben sind, für ein Strafgericht des Herrn (V. 30).

V. 31: Zum Verständnis dieser Auffassung des Apostels vgl. A. F. Chr. Vilmar, *Praktische Erklärung des Neuen Testaments* (1891), z. St.: »Insofern ist der Genuss des h.[eiligen] Abendmahls keine Glaubenshandlung, als es von dem Glauben nicht etwa abhängen kann, ob Christus zu mir kommt mit seiner leiblichen Gegenwart oder nicht. Er kommt ohne mich, und er kommt zuverlässig: ich hole ihn nicht herbei oder steige zu ihm nicht hinauf. Aber die Wirkung des Sakraments des Leibes und Blutes Christi auf mich ist allerdings von meinem Glauben abhängig. Es ist hier wie bei allen Theophanien und Realpräsenzen Gottes im Wort und bei der Mitteilung des H.[eiligen] Geistes durch die Handauflegung: wo Gott erscheint, da erscheint er zur Scheidung: hier zur Seligkeit, dort zum Gericht in einer und derselben Erscheinung.«

V. 32: Dieser Vers gibt noch eine Klarstellung. Wenn Paulus in diesem Zusammenhang vom Strafgericht des Herrn spricht, dann meint er nicht das Verdammungsurteil Gottes. Im Gegenteil, der Herr schlägt und züchtigt die Seinen, damit sie nicht zusammen mit den Gottlosen verdammt werden. Dieses Schlagen und Züchtigen soll zur Buße des Betreffenden und zur Warnung für andere dienen. Der Herr kann allerdings nach Paulus als letztes Strafmittel auch den leiblichen Tod verhängen (siehe V. 30).

V. 33: Diese Aussage ist eine typisch paulinische kurze paränetische Zusammenfassung. Die Anrede »Brüder« klingt tröstlich, nachdem der Apostel so kritische und ernste Worte gesagt hat. Er möchte nicht, dass der Herr weiterhin so strafend an der Gemeinde handeln muss. Deswegen bringt er es noch einmal auf den Punkt: »Wenn ihr zusammenkommt zum Mahl des Herrn, so denkt aneinander, gebt dem anderen von euren Speisen ab, praktiziert Nächstenliebe – mit einem Wort: wartet aufeinander.« Das klingt nach den gewichtigen Ausführungen fast zu profan, aber Paulus meint es mindestens ebenso gewichtig. Beim Mahl des Herrn muss die Liebe konkret werden. Wo der Herr selbst in Brot und Wein anwesend ist, dort muss seine Gemeinde sich bewähren. In der unmittelbaren Begegnung mit ihm muss sich das Christsein erweisen, und es erweist sich in der praktischen Liebe.

V. 34: Dies ist — wie Vers 22 — ernst ermahnend gemeint.
Wer sich satt essen will und dann nichts übrig hat, um es
den Armen zu geben, soll besser gar nicht zum Gemeinschaftsmahl (»Agape-Mahl«) kommen. Es ist besser, er
bleibt für sich, als dass er das Mahl des Herrn zum Strafgericht empfängt.

Die Charismen der apostolischen Zeit
(12,1-11)

V. 1: Der Apostel kommt im Rahmen seines vierten
Hauptteils auf eine weitere »Überlieferung« zu sprechen,
und zwar auf die apostolische Lehre von der Wirksamkeit
des Heiligen Geistes. Die Behandlung dieser *paradosis*
nimmt einen breiten Raum ein (12, 1 - 14, 33a und 39 f.).
Wieder antwortet Paulus — wie 7, 1 und 8, 1 — auf eine bestimmte Anfrage der Korinther, wobei jedoch hier die konkrete Frage nicht rekonstruierbar ist. Sie muss sich aber auf
konkrete Wirksamkeiten des Heiligen Geistes, wie sie in
den Missionsgemeinden der apostolischen Zeit auftraten,
bezogen haben.

Die Einleitungsformel »Ich will euch nicht in Unwis-
senheit lassen« ist wieder eine typisch paulinische rhetorische Redewendung, ein sogenannter Litotes, eine Untertreibung. Paulus will in Wirklichkeit ausdrücken: Ich
möchte, dass ihr gerade zu diesem Thema noch vieles da-
zulernt und beherzigt. Die *pneumatikoi* in Vers 1 sind »Fragen des Geistes« bzw. »Äußerungen, Wirkungen des Geistes«. Wahrscheinlich nimmt Paulus mit diesem Begriff einfach die Anfragen der Korinther nach dem Heiligen Geist

und seinem besonderen Wirksamwerden auf: »Was nun eure Fragen nach der Wirksamkeit des Heiligen Geistes betrifft …« Die verbreitete Übersetzung »Geistesgaben« wäre eine Einengung des Sachverhalts, denn Paulus redet in den nun folgenden drei Kapiteln in vielfältiger Weise von den Wirkungen des Geistes, nämlich 1.) von bestimmten »Diensten« bzw. »Taten«, zu denen der Heilige Geist beruft (12,1-11), 2.) von der geistgewirkten Einheit der Christen (12,12-31), 3.) von der Liebe als der Hauptfrucht des Geistes (Kap. 13) und schließlich 4.) vom rechten Gebrauch der Geisteswirkungen der prophetischen Rede und des Fremdsprachengebets in den gottesdienstlichen Versammlungen der Korinther (14,1-40, wobei der Abschnitt V. 33b-38 als eine eigenständige Einheit über die Frage der verbalen Beteiligung der Frau im Lehrteil des Gottesdienstes angesehen werden muss). Wir haben also in diesen drei Kapiteln eine ausführliche Stellungnahme des Apostels zur Wirksamkeit des Heiligen Geistes vor uns.

V. 2-3a: Diese beiden Verse bilden den Einstieg, und sie sind gleichzeitig die Grundlage der paulinischen Geistlehre. Mit Schlatter und de Boor ist hier an eine globale, heilsgeschichtliche Perspektive zu denken. Es geht um nichts weniger als um die Frage, wer überhaupt den Geist Gottes hat und wer ihn nicht hat. Paulus nimmt sowohl das Heidentum als auch das Judentum in den Blick und bestreitet mit je unterschiedlichen Argumenten, dass dort der Heilige Geist wirksam ist. Zunächst lenkt er den Blick auf die Heiden und spricht speziell die korinthischen Heidenchristen an. Vers 2: »Ihr wisst doch, als ihr noch Heiden wart, da wurdet ihr zu den stummen Götzen hingezogen, wie immer ihr

auch zu ihnen kamt.« Heiden leben im Bann ihrer Idole
und Götzen. Sie sind zutiefst unfrei. Sie haben keinen Gott,
der zu ihnen spricht und ihnen den Geist verleiht. Ihre Götzen sind stumm. Das Heidentum ist also fern vom Heiligen
Geist. Aber wie sieht es im Judentum aus? Glauben die Juden nicht an einen redenden Gott? Hat Gott nicht zu ihnen
in vielfältiger Weise gesprochen? Wenn schon die Heiden
fern vom Geist Gottes sind, haben nicht dann wenigstens
die Juden den Geist? Auf diese Fragen, die Paulus mit der
Aussage in V.2 provoziert hat, gibt nun V.3 Auskunft.
»Darum (weil die Heiden den Heiligen Geist nicht haben)
erkläre ich euch, dass auch niemand, der durch den Geist
Gottes redet, ›Verflucht sei Jesus‹ sprechen kann.« Solche
Verfluchungsformeln waren im damaligen Judentum üblich. Sie drückten Abscheu und Ablehnung aus. In den Synagogen war die Verfluchung Jesu gang und gäbe (vgl. Apg
18,6). Paulus bestreitet hier also generell dem zeitgenössischen Judentum, insofern es Jesus Christus ablehnte, den
Geist Gottes zu haben, und er trifft damit eine bedeutungs-
schwere Aussage. Israel steht genauso wie das Heidentum
fernab vom Heiligen Geist und vom Heil, solange es Jesus
als den Sohn Gottes nicht im Glauben erfasst und bekennt.

V. 3b: Umgekehrt gilt nun aber auch: Niemand vermag
zu sprechen: »Jesus ist der Herr«, es sei denn durch den
Heiligen Geist. Gemeint ist hier natürlich ein aus Glauben
und Überzeugung entspringendes persönliches Bekenntnis
zu Jesus Christus, so wie es die korinthischen Heiden- und
Judenchristen, nachdem sie gläubig geworden waren, bei
ihrer Taufe gesprochen haben. Sie haben den Heiligen Geist
empfangen, als sie an Jesus Christus gläubig wurden. Daran

lässt Paulus keinen Zweifel. Aber sie verstehen sein Wesen und seine Wirksamkeit noch nicht. Deswegen setzt der Apostel nun zu seinem ausführlichen Lehrabschnitt über den Heiligen Geist und seine vielfältigen Wirksamkeiten an.

Nach den grundlegenden Sätzen über das Hauptkennzeichen des Heiligen Geistes — er befähigt zum christlichen Glauben und zum Bekenntnis zu Jesus Christus — kommt Paulus nun auf die besonderen Probleme in der korinthischen Gemeinde zu sprechen. Diese Gemeinde hatte den Blick für das Ganze verloren. Wie an vielen Beobachtungen feststellbar ist, herrschte in Korinth ein fromm bemäntelter Egoismus. Es fehlte die Liebe, die dem anderen zurechthilft, die ihm Gutes tut, die ihn auch trotz unterschiedlicher Erkenntnis annimmt. Der Heilige Geist wurde zwar hoch geschätzt, aber dass er zum Dienst am anderen befähigt, Einheit bewirkt und Liebe schenkt, das wurde nicht gesehen und verstanden. So dienen die beiden nun folgenden Teile des 12. Kapitels (V. 4-11 und 12-31) dazu, gerade diesen Charakter und diese Wirksamkeit des Geistes zu erläutern. Die Verse 4 bis 11 bilden dabei die Lehrgrundlage, und die Verse 12 bis 31 die Paränese.

V. 4-6: Paulus will die Gemeinde in Korinth zunächst über die besonderen gemeindebezogenen Wirkungen des Heiligen Geistes in der apostolischen Zeit belehren. Seit der Zeit seines Gemeindeaufbaudienstes haben die Korinther viele besonderen »Gnadenwirkungen« (Charismen) erfahren (vgl. 1, 7). Darüber gibt Paulus nun nähere Aufschlüsse. Die Charismen äußern sich in Befähigungen zu bestimmten Diensten *(diakoniai)*. Und diese Dienste wiederum zeigen bestimmte geistliche Wirkungen bzw. führen zu Taten

(energemata), die der Gemeinde nützen. Bei diesem beson-
deren Wirksamwerden des Geistes in der apostolischen
Zeit handelte es sich also um eine ganz bestimmte »Arbeit«
des Geistes an der Gemeinde. Der Geist zeigte bestimmten
Christen Mängel in der Gemeinde auf, stattete sie mit einer
besonderen Befähigung aus, diesen Mängeln abzuhelfen,
und er half ihnen bei der Ausführung der Aufgaben. Der
Apostel bezeichnet in Vers 4 bis 6 dieses außergewöhnliche
In-Erscheinung-Treten des Geistes in den apostolischen
Gemeinden mit drei Begriffen: *charismata* (Gnadenge-
schenke, Gnadenerweise, Charismen; die Übersetzung
»Gaben« ist problematisch, weil man dabei schnell und
ausschließlich an dauerhafte Begabungen denkt), *diakoniai*
(Dienste) und *energemata* (Wirkungen, Taten). Die *charismata* scheinen in dieser Aufzählung den Oberbegriff zu bilden, während mit *diakoniai* und *energemata* vermutlich die
beiden Erscheinungsweisen der *charismata* gemeint sind.
Die besonderen Gnadenerweise bzw. Charismen des Heiligen Geistes, von denen Paulus im Folgenden reden will, befähigen demnach bestimmte Christen zu bestimmten
Diensten und zu bestimmten Taten.

Die Charismen werden vom Heiligen Geist »zugeteilt« (wörtlich heißt es in V. 4 - 6: »Zuteilungen von Gnadenerweisen, Zuteilungen von Diensten, Zuteilungen von
Taten gibt es…«). Die Verwendung des Begriffs »Zutei-
lung« kann nur bedeuten: Der Heilige Geist gibt dieses
besondere Sichtbarwerden der Gnade Gottes nur einzelnen
Christen, keinesfalls allen. Paulus scheint hier einer falschen
Erwartung der korinthischen Christen widersprechen zu
wollen, die anscheinend sämtliche den Aposteln, Propheten und Lehrern für die Gemeindegründungs- und -auf-

bauphase verliehenen besonderen Gnadenerweise erstreb-
ten und für sich beanspruchten. Auch Vers 29, die nächste
unserer Stelle vergleichbare Aussage, hat eindeutig die Absicht, den Korinthern diese falsche Erwartung und dieses
falsche Streben zu nehmen.

Obwohl der Geist die göttlichen Gnadenerweise nur
Einzelnen zuteilt, wirkt sie derselbe Geist, der auch an den
übrigen Christen arbeitet. Niemand braucht sich herabge-
setzt zu fühlen. Obwohl nur Einzelne in diese besonderen
Dienste berufen werden und nur sie besondere Wirkungen
bzw. Handlungen vollbringen können, haben alle Christen
ein und denselben Herrn und Gott, der alles wirkt, also
auch an ihnen wirksam ist. Paulus will offensichtlich mit
diesen einleitenden Worten die falsche Auffassung der Korinther überwinden, dass die Empfänger dieser besonderen
Charismen von Gott bevorzugt behandelt würden. Und er
will damit auch dem egoistischen Streben nach ihnen, wie
es in Korinth offensichtlich üblich geworden war, Einhalt
gebieten.

Die Verse 4 bis 6 sind trinitarisch strukturiert. Paulus
drückt damit aus, dass die besonderen innergemeindlichen
Geistwirkungen vom dreieinigen Gott kommen, der sich
um seine Gemeinde in dieser herausgehobenen Weise kümmert, der sie aufbaut und ihren Mangel ausgleicht. Die
Verse betonen gleichzeitig die Vielfalt und die Unterschiedlichkeit dieser Geistwirkungen und machen sie fest in der
Einheit Gottes.

Wie sind nun die drei Begriffe »Gnadenerweise«,
»Dienste« und »Taten« inhaltlich zu verstehen? Diese be-
sonderen Geistwirkungen sind zunächst einmal *charismata*
(»Gnadenerweise«). Mit diesem in der griechischen Sprache

sehr seltenen Begriff will Paulus verdeutlichen, dass diese Äußerungen des Geistes unverdiente Geschenke Gottes sind und seiner Gnade entspringen, nicht menschlichem Denken und Wollen. Die beiden nun folgenden Begriffe beschreiben diese »Gnadenerweise« näher. Sie sind Dienstbefähigungen *(diakoniai)*, sie werden also ausschließlich zum Dienst an und in der Gemeinde Jesu Christi gegeben. Und sie äußern sich in bestimmten Handlungen bzw. Wirkungen *(energemata)*, durch welche die Gemeinde die Hilfe Gottes erfahren soll.

V. 7: Hier fasst Paulus die Zielsetzung der *charismata* zusammen. Sie werden den betreffenden Christen »zum Nutzen« (nämlich der Gemeinde) gegeben, also damit die Gemeinde geistlich gestärkt, korrigiert und geheilt wird. Gott befähigt in seiner Gnade einzelne Christen, anderen zu helfen. Er gibt uns, damit wir weitergeben. Er hilft uns, damit wir anderen helfen. Er segnet uns, um durch uns andere zu segnen. In dieser Handlungsweise Gottes drückt sich sein Wesen aus. Er ist Liebe, und das Wesen der Liebe ist es, das Beste zu geben. In seiner Gemeinde soll sein Wesen erscheinen und wirksam werden. Auch diese Aussage in Vers 7 hat einen belehrend-kritischen Unterton. Paulus will ausdrücken, dass der Nutzen dieser besonderen Gnadenerweise Gottes allen zugute kommen soll. Niemand muss einen Neid auf diejenigen entwickeln, durch die Gott in besonderer Weise wirkt. Keiner kommt zu kurz. Alle werden von Gott mit Gnade *(charis)* bedacht, auch wenn nur Einzelne diese besonderen Gnadenerweise *(charismata)* zum Weitergeben empfangen.

V. 8 – 10: In diesen Versen bringt Paulus nun eine Auflistung von neun Charismen, die in der korinthischen Gemeinde wirksam waren. Zum Verständnis dieser Liste muss zunächst Vers 29a beachtet werden. Dort werden die drei »Dienste« genannt, durch die Jesus Christus die apostolischen Gemeinden gegründet hat: Apostel, Propheten und Lehrer. Diese Personengruppen nehmen in der Geschichte der christlichen Kirche eine Sonderstellung ein. Sie waren die Einzigen, die vom irdischen Jesus und dann – nach der Auferstehung – vom Heiligen Geist, vermittelt durch die Apostel, direkt berufen wurden (vgl. Eph 4, 11). Sie hatten eine einmalige und normgebende Pionierarbeit zu leisten. Paulus unterstreicht ihre Sonderstellung, indem er sie in Vers 29a direkt als Personengruppen benennt. Wenn man diese Hervorhebung ernst nimmt, liegt die Annahme nahe, dass die Apostel, Propheten und Lehrer auch diejenigen waren, die für ihre besonderen Aufgaben besondere Dienstbefähigungen, eben die Charismen, empfingen und besondere Taten tun konnten. Im Licht dieser Vorüberlegung erscheint es deswegen ratsam, die in Vers 8 bis 10 erwähnten *charismata* als Dienstausstattung für die Apostel, Propheten und Lehrer bzw. was die prophetische Rede und das Fremdsprachengebet betrifft als Spontanbegabung einzelner Gemeindeglieder für den Gottesdienst in der apostolischen Zeit zu begreifen und keine allgemeinen Aussagen für die Christenheit aller Zeiten zu erwarten. Ob und inwieweit die Charismen der apostolischen Zeit auch der nachapostolischen Christenheit gegeben werden, muss gesondert bedacht werden (siehe hierzu den entsprechenden Exkurs). Das Begriffspaar »Apostel und Propheten« muss dabei nicht unbedingt auf unterschiedliche Personen weisen, denn die Apostel waren sämtlich auch Propheten, die mit den normgebenden Offenbarungen für die neutestamentliche Gemeinde betraut wurden. Ähnlich verhält es sich mit dem Begriffspaar »Propheten und Lehrer«. Auch hier muss man nicht ausschließlich an unterschiedliche Personen denken. Es können mit dieser Doppelbezeichnung durchaus auch Gemeindeglieder gemeint sein, die in der Gemeinde sowohl als Propheten als auch als Lehrer auftraten (vgl. Apg 13, 1). Dies schließt aber natürlich nicht aus, dass in den apostolischen Gemeinden sowohl Propheten als auch Lehrer berufen wurden und auftraten.

Nach Eph. 4, 11 (wo noch die »Evangelisten« und »Hirten« dazukommen) hat Jesus Christus selber diese Personen berufen (»gesetzt«). Diese Aussage muss man sowohl auf die Zeit seines irdischen Wirkens als auch auf die vierzig Tage nach seiner Auferstehung als auch auf die anschließende Zeit der Apostel beziehen. In Apg 13, 2 und 14, 23 werden solche Berufungen durch den auferstandenen Herrn berichtet. Propheten und Lehrer als vom Heiligen Geist berufene Personen waren in der apostolischen Zeit neben den Aposteln unerlässlich. Die apostolische Lehre lag als vollständige und letztgültige Norm für die christliche Verkündigungs- und Seelsorgearbeit noch nicht als Ganzes vor. Da musste Gott in direkter Weise durch den Heiligen Geist Menschen zum Dienst des Aufbaus der Gemeinde berufen und sie zur Verkündigung seines Willens befähigen.

1.) Vers 8 enthält die beiden ersten und wichtigsten Charismen für die Gründung und den ersten Aufbau der christlichen Gemeinde, das Weisheitswort und das Erkenntniswort. Der Heilige Geist stattete die Apostel in der urchristlichen Zeit mit Weisheit und Erkenntnis aus, durch die sie in die Lage versetzt wurden, das Evangelium zu begreifen, zu formulieren und weiterzugeben. Und Gott öffnete ihnen durch den Heiligen Geist den Zugang und das Verständnis seiner Weisheit, die nach 2, 6 ff. im Kreuzesgeschehen verborgen ist, und er verlieh ihnen die Erkenntnis dieser Weisheit. Dies hat er vor allem in grundlegender und nicht zu überbietender Weise bei Paulus (vgl. 2, 10, Phil 3, 8 und 2. Kor 11, 6) wie auch bei den übrigen Aposteln getan. Mit der Verkündigung der Weisheit Gottes und der Erkenntnis dieser Weisheit im Evangelium haben die Apostel und speziell Paulus die ersten Gemeinden gegründet, auf deren Existenz die ganze christliche Kirche zurückgeht. Insofern sind sowohl das Weisheitswort als auch das Erkenntniswort, das den Aposteln durch den Heiligen Geist gegeben worden ist und das uns in den Schriften des Neuen Testaments überliefert wurde, konstitutiv für die Gemeinde Jesu aller Zeiten. Alle christliche Verkündigung und Seelsorge muss sich auf die den Aposteln zuteilgewordene Weisheit und Erkenntnis, wie sie in der apostolischen Lehre Gestalt geworden sind, gründen und an ihr orientieren.

2.) Die zweite Reihe in der Liste der Charismen bilden der Berge versetzende Glaube (V. 9-10a; vgl. 13, 3) und die durch ihn bewirkten besonderen Zeichen der Krankenheilungen und Krafttaten. Die Apostel und Propheten erfuhren diese besonderen Wirkungen des Heiligen Geistes in besonderen Situationen ihrer Missionstätigkeit, wie die Apostelgeschichte an etlichen Stellen berichtet. Insbesondere Paulus bekam in bestimmten schwierigen Situationen den Berge versetzenden Glauben geschenkt (z. B. als er den jungen Mann, der während einer Predigt aus dem Fenster gefallen war und sich tödlich verletzt hatte, wieder zum

Leben erweckte, Apg 20, 9-12). In 2. Kor 12, 12 hält er den Korinthern vor, dass die »Zeichen eines Apostels« unter ihnen geschehen sind. Da im Neuen Testament der Berge versetzende Glaube und die durch ihn geschenkten Krankenheilungen und Krafttaten nur von den Aposteln und Propheten berichtet werden, ergibt sich die Schlussfolgerung, dass diese besonderen Gnadenerweise des Heiligen Geistes nur diesem besonderen Personenkreis zuteil geworden sind. Sie können als besondere Beglaubigungen Gottes der apostolischen missionarischen Pionierarbeit gelten. Die Verheißung besonderer *charismata* in Mk 16, 17 f. für die »Glaubenden« widerspricht dieser Annahme nicht, denn nach Mk 16, 20 sind mit den »Glaubenden« die Apostel gemeint. Diese Feststellung schließt jedoch keineswegs aus, dass der lebendige Gott in seiner Souveränität jederzeit Kranke heilen und andere Wunder tun kann. Aber dies sind dann direkte Akte Gottes und keine durch Charismen vermittelte Wunder.

3.) V. 10b: Nun folgt in der dritten Reihe der Charismen das prophetische Reden und die Geistesbeurteilung (V. 10b). Das prophetische Reden muss man sich als eine vom Heiligen Geist angestoßene und begleitete frei gehaltene Darlegung des Willens Gottes innerhalb gottesdienstlicher Versammlungen vorstellen, durch welche die Gemeinde ermahnt und getröstet werden sollte (vgl. 14, 2). Über den Personenkreis der von Jesus Christus selbst berufenen Apostel, Propheten und Lehrer hinaus empfingen auch einzelne andere Gemeindeglieder dieses Charisma. Auch Frauen wurden in der apostolischen Zeit vom Heiligen Geist mit prophetischer Rede begabt, wie aus Kapitel 11, 4 hervorgeht. Die nachapostolische Zeit — ab dem zweiten Jahrhundert — benötigte dann kein prophetisches Reden nach der Art der Apostelzeit mehr, denn die mit der Verkündigung und Lehre beauftragten Gemeindeleiter hatten nun an der vollständigen apostolischen Lehre ihre verlässliche Grundlage und Orientierung. Demzufolge ist auch heute prophetisches Reden in der Art und Weise der apostolischen Zeit, also als ein Reden aufgrund unmittelbarer Eingebung, nicht mehr nötig.

So wie das Erkenntniswort dem Weisheitswort zugeordnet ist und wie die Krankenheilungen und Krafttaten dem Berge versetzenden Glauben zuteil wurden, so war auch mit dem Charisma des prophetischen Redens ein spezieller korrelativer Gnadenerweis verbunden, die Geistesbeurteilung. Solange die vollständige apostolische Lehre noch nicht vorlag und die Verkündigung in den Gemeinden durch das prophetische Reden gewährleistet werden musste, war das Charisma der Geistesbeurteilung unbedingt erforderlich. Der Heilige Geist handelt ja am Menschen nicht so, dass er dessen Individualität aufhebt und den Betreffenden zum wörtlichen Nachsprechen eingegebener Worte zwingt, sondern so, dass er sich dem Geist des Menschen mitteilt (vgl. Röm 8, 16), ihm aber dabei volle Gestaltungs- und Ausdrucksmöglichkeit lässt. Die vom Geist inspirierten Menschen sollen, um mit A. Schlatter zu sprechen, »... vom Geist ihr Leben haben, nicht als willenlose Werkzeuge zu Leistungen gebraucht werden, die ihrem eigenen Bewusstsein und Willen fremd bleiben« (*Das christliche Dogma*, S. 366). Diese Freiheit, die der Geist lässt, birgt allerdings die Gefahr des Missbrauchs in sich. Die mit einer prophetischen Rede inspirierten Gemeindeglieder konnten sich ja jederzeit von dem, was der Geist ihnen eingab, gewollt und ungewollt entfernen und ihre eigenen Worte für Gottes Worte halten und ausgeben. Deswegen hat Gott den Aposteln, Propheten und Lehrern der apostolischen Gemeinden die Geistesbeurteilung gegeben. Das prophetische Reden musste geprüft werden, ob es wirklich vom Heiligen Geist inspiriert war oder nicht. Dazu fordert Paulus die in Korinth berufenen Propheten und Lehrer in 14, 29b auf. In der nachapostolischen Zeit wurde auch das Charisma der Geistesbeurteilung überflüssig, denn alle christliche Verkündigung und Lehre konnte nun an der vollständigen apostolischen Lehre geprüft werden.

4.) Nun folgt die vierte Reihe der Charismen, das Fremdsprachengebet und dessen Übersetzung (10c). Was hat es mit diesen beiden damals wie heute so umstrittenen Charismen für eine Bewandtnis? Paulus selbst gibt den entscheidenden Hinweis. In 14, 20-25 führt er aus, dass das Charisma des Fremdsprachengebets im Blick auf das ungläubige, d. h. nicht an Jesus Christus gläubige Volk Israel gegeben wurde. Gott wollte mit diesem geistgewirkten Zeichen seinem Bundesvolk Israel die große heilsgeschichtliche Wende verdeutlichen, die zu Pfingsten eingetreten ist, dass nämlich nun Gottes Heil auch den Heiden zugänglich ist, und er wollte den Juden gleichzeitig wegen ihrer Unbußfertigkeit das Gericht ankündigen (vgl. Jes 28, 11-13). Schon Petrus hatte in seiner Predigt zum Pfingstfest in Jerusalem auf den Propheten Joel hingewiesen, der die Ausgießung des Heiligen Geistes »auf alles Fleisch«, d. h. auf alle Völker angekündigt hatte. Diese große Tatsache, dass der Gott Israels fortan auch von den Völkern der Welt angebetet und gelobt werden wird, sollte dem Volk Israel durch das besondere Zeichen des Fremdsprachengebets verdeutlicht werden. Israel ist ein Volk, das aufgrund seiner besonderen Geschichte mit Gott von ihm immer wieder Zeichen verlangte (1. Kor 1, 22). Gott gab den Juden in der apostolischen Zeit dieses Gerichtszeichen, um sie auf sein Handeln an den Heiden hinzuweisen, sie von ihrem exklusiven Auserwählungsdenken zurückzurufen und das kommende Gericht über sie anzukündigen.

Die Schar der 120 empfing dieses Charisma am Pfingstfest in Jerusalem, um den vielen aus der Diaspora zum jüdischen Wochen- und Erntefest gekommenen Juden und Proselyten die nun allen Menschen geltende Gnade Gottes zu bezeugen und den Weg des Heils weg von Israel und hin zu den Heiden zu proklamieren (Apg 1, 15; 2, 4). Nach Pfingsten wird uns dann nicht mehr berichtet, dass die zwölf Apostel dieses Zeichen empfingen, während es allerdings erstaunlicherweise in den korinthischen gottesdienstlichen Versammlungen wieder gegeben wurde, vielleicht für die dort als Gäste anwesenden Juden. Einzig der Heidenapostel Paulus scheint während seines Dienstes das Zeichen des Fremdsprachengebets empfangen zu haben (14, 18), vermutlich im Rahmen von synagogalen Versammlungen in der jüdischen Diaspora, die er ja, wo immer es ihm erlaubt war, besuchte. In christlichen Gottesdiensten scheint er jedenfalls dieses Charisma nicht praktiziert zu haben. Vom Charisma der Übersetzung des Fremdsprachengebets hören wir nur aus der korinthischen Gemeinde. Zu Pfingsten war es nicht nötig gewesen, weil die anwesenden Diaspora-Juden die Fremdsprachen beherrschten, in denen Gott von den ersten Christen angebetet und gelobt wurde. Aber im Gemeindegottesdienst war die Übersetzung der Fremdsprachengebete erforderlich, damit die Anwesenden sie verstehen konnten. In Korinth hatte sich jedoch mit dem geistgewirkten Fremdsprachengebet ein Missbrauch entwickelt. In den gottesdienstlichen Versammlungen praktizierten einige Gemeindeglieder dieses Charisma zur eigenen Erbauung, offensichtlich in der Überzeugung, damit in einer höheren Kommunikation mit Gott zu stehen (14, 4a). Damit war aber der eigentliche Zweck dieses Zeichens, vor Juden den Lauf des Evangeliums zu den Heiden zu bezeugen, aufgegeben. Ob die beiden Gnadenerweise des Fremdsprachengebets und der Übersetzung der Sprachen auch in anderen apostolischen Gemeinden oder nur in Korinth praktiziert wurden, muss angesichts des Schweigens der Quellen offen bleiben. Nach dem Gottesgericht am Volk Israel im Jahr 70 n. Chr., als der Jerusalemer Tempel zerstört und das jüdische Volk aus seinem Land vertrieben wurde, verschloss es sich endgültig dem christlichen Zeugnis. Damit war die Zeit für dieses Charisma vorüber.

V. 11: Paulus fasst zusammen: Alle diese besonderen Gnadenerweise kommen von ein und demselben Heiligen Geist, den alle Gemeindeglieder in Korinth haben. Niemand darf stolz darauf sein, wenn ihm der Geist einen solchen Gnadenerweis gibt, ihn also in einen Dienst *(diakonia)* und zu einer bestimmten Tat *(energema)* ruft. Niemand darf neidisch auf diejenigen sein, die Charismen empfangen. Der Heilige Geist weiß, was in der Gemeinde gebraucht wird und was nicht. Und er weiß, wem und wann er ein Charisma gibt und wem und wann nicht.

Der Geist schließt die Christen zu einem Leib zusammen (12,12-31)

Innerhalb der lehrmäßigen Ausführungen zu den pneumati-koi, zu den Fragen der Wirksamkeit des Heiligen Geistes in der apostolischen Gemeinde, sind die Verse 12 bis 26 als ein paränetischer Einschub zu verstehen. Dieser Abschnitt ist als Ermahnung zur Einheit, zur Gemeinschaft und zum Dienst aneinander gemeint. Während die Abschnitte 12,1-11 und 27-30 lehrhaften, grundsätzlichen Charakter haben, spricht Paulus hier seelsorgerlich. Der Auslöser für diese Paränese ist die soeben vorgetragene Lehre vom Geist. Der Geist sorgte in vielfältiger Weise für die apostolischen Gemeinden. An dieser Wirksamkeit des Geistes, an dieser Art des Geistes sollen sich die Korinther ausrichten. Sie sollen lernen, sich als unterschiedliche und auch unterschiedlich beauftragte Menschen in der Obhut des Herrn zu wissen, in dieser Schau des Glaubens zusammenzuwachsen und so zum Ziel der völligen Einheit des Glaubens und der Liebe zu kommen. Diesem seelsorgerlichen Ziel dient der Abschnitt 12,12-26.

Paulus verlässt nun den eigentlichen Lehrteil und zieht das Bild des Leibes heran. Es könnte sein, dass er sich durch die in den Versen 4 bis 6 gelegte trinitarische Lehrgrundlage dazu veranlasst sah, jetzt über die durch den Herrn gewährleistete Einheit zu sprechen. Jedenfalls geht es ihm hier um die objektive Tatsache, dass alle an Christus Gläubigen den geistlichen Leib Christi bilden und dass sie daraus Konsequenzen in ihrem Verhalten untereinander ziehen müssen. Die geistliche Realität des »Ein-Leib-Seins« soll von der Gemeinde als eine immerwährende Predigt und Paränese gehört und ernst genommen werden.

V. 12: Das Bild von der Gemeinde als Leib Christi verwendet Paulus auch in seinen anderen Briefen: 1. Kor 10, 16; Römer 12, 5; Eph 1, 23; 2, 16; 3, 6; 4, 12; 5, 30; Kol 1, 18; 3, 15. Auffällig ist, dass er am Ende des Verses bei »Christus« den Artikel gebraucht: »So auch *der* Christus.« Dazu sagt de Boor: »Der Christus ist nicht nur als ›gepredigter‹ im ›Wort‹ in der Welt, sondern lebt leibhaftig in seiner Gemeinde unter den Menschen, redet durch die Gemeinde, liebt durch sie, rettet durch sie, hilft und heilt durch sie. Welch eine Hoheit, aber auch welche Verantwortung liegt damit auf der Gemeinde« (*Der erste Brief des Paulus an die Korinther,* S. 206 f.). In der Tat, dieses Bild der Gemeinde vom Leib Christi, vom Leib des auferstandenen und erhöhten Herrn, ist unerhört tief und unauslotbar. In aller Schwachheit, Jämmerlichkeit und Begrenztheit des vorfindlichen Lebens der Gemeinde gibt ihr dieses Bild eine großartige Würde. Und es hilft, nicht im Vorfindlichen stecken zu bleiben, sondern den Blick des Glaubens zu erheben und zu diesem Ziel hinzuwachsen. Die *ekklesia,* die herausgerufene Schar der an Jesus Christus Gläubigen, ist und bleibt in diesem Äon ein Gegenstand des Glaubens (3. Glaubensartikel), sie darf und sie muss mit den Augen des Glaubens in all ihrer vorfindlichen Schwachheit gesucht und gefunden werden. Gleichzeitig ist die *ekklesia* aber auch eine erfahrbare Wirklichkeit, nämlich dort, wo Christen im Glauben, in der Hoffnung und in der Liebe leben und füreinander da sind.

V. 13: Wodurch und weshalb ist die Gemeinde aber der Leib des Christus? Darauf gibt Paulus in Vers 13 Auskunft. Zweifellos gehört diese Aussage zur »Überlieferung« (*pa-*

radosis) von der Wirksamkeit des Heiligen Geistes, also zum überall verbreiteten Kernbestand des apostolischen Evangeliums. Zunächst ist die Hervorhebung von Juden und Griechen einerseits und Sklaven und Freien andererseits bemerkenswert. Das ist kein Zufall. In diesen Unterschieden lag die Wurzel der gemeindlichen Probleme in Korinth. Weder die Juden- und Heidenchristen noch die Sklaven und Freien fanden zu wirklicher Gemeinschaft. Paulus stellt nun diesen Gruppen gegenüber fest: Ihr seid ein Leib — ob ihr es wollt oder nicht, ob ihr es wisst oder nicht. Aber wodurch und wie wird ein Mensch ein Glied — man könnte wohl auch sagen eine Zelle — am Leib Christi? Die Mehrzahl der Kommentare sieht in Vers 13 Hinweise auf die Taufe und das Abendmahl. Unter dieser Voraussetzung wird dann meistens ausgelegt, dass die Taufe in den Leib Christi »einverleibt«. Aber diese Vorstellung ist bei Paulus nicht nachweisbar. Auch Tit 3, 5 ist hierfür nicht heranzuziehen, denn auch dort wird die Errettung nicht sakramental, sondern pneumatisch verstanden, wie Tit 3, 6 deutlich zeigt, also als ein durch den Geist gewirktes Geschehen. Ebenso wenig kann Vers 13 zur Begründung einer pfingstlerischen Lehre von der Notwendigkeit der so genannten Geistestaufe herangezogen werden, denn die Hauptaussage zielt nicht auf die Geistmitteilung, sondern auf die Inkorporation in den Leib Christi. Wie ist dieser Vers dann aber zu verstehen? Zunächst muss *en heni pneumati* instrumental gefasst werden: »durch den einen Geist«. Der Dreieinige Gott ist hier der Handelnde, wobei die Gläubigen durch den Geist mit Christus verbunden werden und so in die Gemeinschaft mit dem Vater gelangen. Durch den Geist »sind wir getauft *(ebaptisthemen)* in den einen Leib hinein *(eis hen soma)*«. Paulus benutzt hier also die Begrifflichkeit und die Vorstellung des Taufgeschehens, um die Einfügung eines Menschen in den Christusleib zu beschreiben. Aber er meint hier nicht die Wassertaufe. Die christliche Taufe inkorporiert den Glaubenden, der durch den Geist Gemeinschaft mit Gott empfangen hat, sakramental in den dreieinigen Gott *(eis to onoma*, Mt 28,19), d. h. sie bestätigt und versiegelt die geistliche Gemeinschaft zwischen Mensch und Gott, die aber als solche durch den Glauben schon existiert. Der Gedanke einer rein sakramentalen Verbindung mit Gott, also ohne den Glauben, ist dem ganzen Neuen Testament fremd. Wenn nun Paulus hier in 1. Kor 12,13 vom Getauftwerden durch den Geist spricht, so kann dies also nur bildhaft gemeint sein. Der Geist taucht den, der an Christus gläubig geworden ist, in den Leib des Christus und fügt ihn ihm ein. Paulus beschreibt also ein geistliches, kein sakramentales Geschehen. Wer immer durch den Heiligen Geist zum Glauben an Christus kommt, wird durch den Geist auch in den Christusleib eingefügt.

Das Gleiche gilt vom zweiten Bildwort: »Wir sind alle mit dem Geist getränkt worden.« Es kann durchaus sein, dass hier der Abendmahlsempfang im Hintergrund steht. Aber auch hier geht es nicht in erster Linie um das Sakrament, sondern um die objektive Einheit ganz unterschiedlicher Menschen, die Paulus hier ausdrücken möchte.

V. 14 - 25: Die folgenden Ausführungen sollen den Korinthern klarmachen, dass sie in all ihrer Unterschiedlichkeit in einer organischen, gliedhaften Verbindung zueinander stehen und in ihrer geistlichen Existenz von den

Charismen der Apostel, Propheten und Lehrer abhängig
sind. Zwei Hauptgedanken sind erkennbar. Erstens hat
jeder, der in den Christusleib eingefügt ist, einen von Gott
selbst bestimmten Platz, an dem Gott ihn zum Segen für
die anderen gebrauchen will (V. 18). Dabei setzt Gott die
Individualität des Einzelnen genau richtig ein, also seine
Herkunft, seine Bildung, sein Können, sein Geschlecht
usw. Niemand in Korinth darf meinen, er gehöre nicht
zum Christusleib, weil er bestimmte Charismen nicht hat,
die ein anderer besitzt. Im Gegenteil, Gott will die Vielfalt,
so wie auch erst die Vielfalt der Organe einen Leib aus-
macht (V. 19 f.). In einem zweiten Gedankengang wird der
Hochmut derjenigen kritisiert, die sich unabhängig von den
Diensten anderer wähnen. So wie kein menschliches Organ zu einem anderen sagen kann: »Ich brauche dich
nicht«, so darf auch keiner in Korinth meinen, dass er nicht
auf die Dienste und Hilfestellungen anderer Christen angewiesen wäre. Die Anspielung auf die theologisch und
sozial bedingten Gruppenbildungen (Kap 1, 10 ff. und
11, 18 ff.) und auf den geistlichen Hochmut der Korinther
ist unüberhörbar.

In den Versen 22 bis 25 gibt es noch eine Steigerung
des zweiten Gedankenganges: Gerade um die schwäche-
ren, unbedeutenderen und weniger schönen Glieder seines
Leibes pflegt der Mensch sich besonders zu kümmern.
Paulus scheint hier an die normale menschliche Kleidung
zu denken. Ja Gott selbst ehrt diese Glieder in besonderer
Weise, weil er ihre Verhüllung anordnete, indem er das erste
Menschenpaar mit Kleidung bedeckte.

V. 26: So sieht Paulus den menschlichen Leib als einen

großen gegenseitigen Fürsorgeorganismus an. Genauso soll
sich auch die Gemeinde in Korinth verhalten. Jeder soll für
die anderen, mit denen er im Christusleib gliedhaft verbunden ist, einstehen und ihnen das Beste wünschen und geben. Und er soll sich von den anderen beschenken, ermutigen und korrigieren lassen. Neid, Missgunst und Streit müssen überwunden werden. Stattdessen muss die Gemeinde
zu echtem Mitleiden und zu echter Mitfreude finden.

V. 27: Paulus fasst die Paränese von Vers 13 bis 26 grundsätzlich zusammen: Der Leib des Christus ist ein großer,
die Zeiten und Räume durchdringender geistlicher Organismus. Jeder Gläubige bildet an diesem Leib ein Glied
bzw. eine Zelle und empfängt damit gleichzeitig eine unverwechselbare Funktion. Eine Zelle an einem Organismus
ohne Verbindung zu andern und ohne Aufgabe wäre zum
Absterben verurteilt. Deswegen hat jeder Christ im geistlichen Leib Christi einen unverwechselbaren Platz und einen
einmaligen Wert. Niemand ist überflüssig, niemand wichtiger als andere. Der Platz des Einzelnen ist von Gott »maß-
geschneidert«. Gott sorgt dafür, dass der Gesamtorganis-
mus des Christusleibes lebendig und funktionstüchtig bleibt.

V. 28 - 30: Paulus wird hier wieder lehrhaft, knüpft an den
Abschnitt Vers 4 bis 11 wieder an und betont noch einmal
besonders Vers 11. *Ekklesia* in Vers 28 meint offensichtlich
die Gesamtgemeinde Christi, denn diese ist gegründet auf
die dazu berufenen Apostel, Propheten und Lehrer der
apostolischen Zeit (vgl. Eph. 2, 20). Mit ihnen, den von
Jesus Christus entweder persönlich oder indirekt durch die
Apostel berufenen und eingesetzten Gründern und ersten

Mitarbeitern der weltweiten christlichen Gemeinde, begann der Organismus des Christusleibes zu leben und zu pulsieren.

Die Aufzählung der Charismen in Vers 28 ist etwas anders als in den Versen 8 bis 10. Hinzugekommen sind die *charismata* der *antilempseis* und der *kyberneseis*, also die Gnadenwirkungen der praktischen Hilfeleistungen und der Leitungsdienste, während das prophetische Reden und die Geistesbeurteilung fehlen. Inwiefern zählt Paulus hier die Hilfeleistungen und die Leitungsdienste zu den göttlichen Gnadenerweisen? Zieht man die Charismen-Liste im Römerbrief mit heran, wo ebenfalls das Geben und das Vorstehen als Charismen erwähnt werden (Röm 12, 8), dann kommt man zum Schluss, dass den Aposteln, Propheten und Lehrern der apostolischen Zeit auch die Verantwortung für die diakonische Arbeit (Hilfeleistungen) und für die Einsetzung von Leitern (Leitungsdienste) gegeben war.

In Vers 29 und 30 ist deutlich die Kritik des Apostels an dem egoistischen Streben der Korinther nach den aufgelisteten Gnadenerweisen herauszuhören. Diese Gemeinde hatte das göttliche Prinzip des Nehmens und Gebens und der organischen Zuordnung der Gemeindeglieder noch nicht verstanden. Sie wollten alle wie die Apostel, Propheten und Lehrer Weisheits- und Erkenntnisworte vom Heiligen Geist empfangen und weitersagen. Sie wollten alle wie sie den Berge versetzenden Glauben haben, um Krankenheilungen und Krafttaten zu vollbringen. Und sie wollten alle das Fremdsprachengebet und dessen Übersetzung praktizieren. Die beiden Verse verwehren den Korinthern dieses Streben deutlich. Einzig das Streben nach dem prophetischen Reden gesteht Paulus ihnen zu (14, 1).

V. 31a: Anstatt sich nach den Charismen auszustrecken, die der Heilige Geist den Aposteln, Propheten und Lehrern vorbehalten hat, sollen die Korinther nach den »größeren« Gnadenerweisen *(charismata)* streben. »Größer« hat hier wie auch sonst die Bedeutung von »wichtiger« und »wesentlicher«. Paulus macht hier eine ganz erstaunliche Aussage: Gibt es denn wirklich noch etwas Wichtigeres als den Dienst der Apostel, Propheten und Lehrer? Noch etwas Wichtigeres als Weisheit und Erkenntnis, als Berge versetzenden Glauben, Krankenheilungen und Krafttaten? Als das Fremdsprachengebet und dessen Übersetzung? Die Antwort des Apostels ist klar — obwohl er sie gar nicht explizit ausspricht. Ja, das gibt es. Es gibt Wirkungen des Heiligen Geistes, die übersteigen alle aufgezählten um ein Vielfaches.

V. 31b: Um sie zu schildern, setzt Paulus nun in großer rhetorischer Meisterschaft zum 13. Kapitel an: »Ich zeige euch den alles überragenden Weg.« »Weg« ist ein stehender jüdischer Begriff für Lebensgrundlage, Lebensziel, »Lebensphilosophie«. Der »alles überragende Weg« ist also als ein Bildwort für die allerbeste Lebensstrategie und Lebensausrichtung zu verstehen, als Inbegriff für die Existenz der Christen aus der Gnade Gottes.

Glaube, Hoffnung und Liebe als Inbegriff christlicher Existenz (13,1-13)

Um das sogenannte »Hohelied der Liebe« richtig in den Zusammenhang einordnen zu können, muss man sich zunächst klarmachen, dass Paulus im gesamten Kontext von

12,1 bis 14,40 über die Wirksamkeit des Geistes in den apostolischen Gemeinden spricht. Auch Kap. 13 handelt vom Heiligen Geist, und zwar von der wichtigsten Wirkung und Gabe des Geistes, der Liebe. In 12,1-11 hatte Paulus dargelegt, dass der Geist sich in den apostolischen Gemeinden kundtut, indem er »Gnadenerweise«, also besondere geistliche Befähigungen schenkt, wodurch die apostolischen Gemeinden gebaut, gestärkt und zu einer geistgewirkten Einheit zusammengefügt werden sollten. In 12,12-26 wollte Paulus das Organ-, Glied- und Dienstbewusstsein des Einzelnen fördern und die Erkenntnis der Abhängigkeit vom Dienst anderer vermitteln. In 12,27-30 hatte er einem egoistischen Streben nach den außergewöhnlichen Gnadenerweisen der Apostel, Propheten und Lehrer gewehrt. Und in Vers 31a hatte er die Korinther ermahnt, nach dem wichtigsten und wertvollsten Gnadenerweis zu streben: der Liebe. Dass die Liebe Gottes in Christus Gestalt geworden ist und dass sie als Christen aufgerufen sind, dieser Liebe in ihrem Leben Raum zu geben, dies wussten die Korinther durch den Verkündigungs- und Seelsorgedienst des Apostels schon längst. Aber in ihrem Verhalten waren sie noch weit hinter diesem Wissen zurück. Der einzigartige Wert, das wirkliche Wesen und die besondere Erkenntnisfunktion der Liebe Gottes war ihnen noch nicht klar geworden. Dies unternimmt der Apostel nun mit seinem einzigartigen Hymnus.

Man kann das »Hohelied der Liebe« wie folgt untergliedern:

1.) Der überragende Wert der Liebe Gottes (V. 1-3),
2.) Das unvergleichliche Wesen der Liebe Gottes (V. 4-8a) und

3.)   Die Liebe Gottes als die höchste Erkenntnisquelle
      (V. 8b-13).

Aufgrund der Informationen, die Paulus über das Gemeindeleben und besonders über die gottesdienstlichen Versammlungen in Korinth hatte, konnte er sich ein hinrei-
chendes Bild vom inneren Zustand der Gemeinde machen.
Dass in Korinth ausgerechnet das Fremdsprachengebet so
hoch im Kurs stand und dass es unübersetzt in der Versammlung geübt wurde, ist für ihn ein deutliches Anzei-
chen für einen egoistischen Umgang mit den Charismen.
Was er bei der korinthischen Praxis des Herrenmahls kritisiert hatte, dass nämlich keine Liebe praktiziert wurde, dies
findet er nun auch beim Wort- und Gebetsteil der gottesdienstlichen Versammlungen bestätigt: Diese Gemeinde
war zerstritten wie keine andere der von Paulus gegründeten Missionsgemeinden. Judenchristen standen gegen Heidenchristen, Reiche gegen Arme. Und ausgerechnet dort,
wo sich noch alle sahen und begegneten, in den gottesdienstlichen Versammlungen, dort war die Lieblosigkeit am
augenfälligsten und bedrückendsten. Diese Gemeinde
brauchte nichts so dringend wie die *Agape,* die selbstlose
Liebe, durch die Christen bereit und fähig werden, nicht
mehr das Eigene, sondern das Beste für den anderen zu suchen und ihm an Leib, Geist und Seele zu helfen. Diese
Form der Liebe kann allein Gott in uns wecken.

1.) Der überragende Wert der Liebe Gottes (V. 1-3)

Die Verse 13, 1-3 sind schockierend und ernüchternd
zugleich. Die Korinther sollen erkennen, dass kein Gnadenerweis Gottes, kein Dienst und kein charismatisches

Handeln der Gemeinde wirklich zum inneren Wachstum zu Christus hin helfen kann, wenn die betreffenden Charismen nicht aus Liebe zu Gott und zum Nächsten praktiziert werden. Die »Ich-Form« der ersten drei Verse ist ein besonders eindrückliches rhetorisches Stilmittel.

V. 1: Zuerst benennt Paulus das bei den Korinthern so hoch im Kurs stehende Fremdsprachengebet. An diesem Charisma als solchem übt Paulus keinerlei Kritik, aber an seiner Ausübung ohne Liebe. In Vers 1 bis 3 arbeitet Paulus jeweils mit dem rhetorischen Stilmittel der Steigerung. Hier in V. 1 will er Folgendes ausdrücken: »Ihr strebt nach dem Fremdsprachengebet, weil ihr erhebende geistliche Erfahrungen sucht. Aber ich sage euch: Selbst wenn jemand durch die Vermittlung des Heiligen Geistes alle Sprachen sprechen könnte, die auf Erden oder sogar bei den Engeln im Himmel gesprochen werden, und keine Liebe hätte, die seine Sprache erst zu einem wirklichen Nutzen für den Nächsten macht, so wären all die Sprachen gar nichts wert.« Gott fragt immer nach der Liebe, denn er will, dass wir zum Lob seiner Herrlichkeit leben. Ohne Liebe können wir das nicht. In die gleiche inhaltliche Richtung gehen die beiden Verse 2 und 3.

V. 2: Auch das Charisma der prophetischen Rede fand in Korinth hohe Beachtung. Aus diesen geistgewirkten Sätzen und Redebeiträgen erhoffte man sich tiefe Einsichten in die himmlische Welt. Paulus muss auch an dieser Stelle die Korinther ernüchtern: »Wenn jemand, vom Heiligen Geist geleitet, in seinem prophetischen Reden alle göttlichen Geheimnisse (vermutlich ein anderer Ausdruck für die Weis-

heit) und alle Erkenntnisse, die überhaupt einem Menschen
zugänglich sind, empfinge und weitersagen könnte, oder
wenn er den Berge versetzenden Glauben hätte, aber keine
Liebe, die ihn erst zu einem verantwortlichen Umgang mit
diesen Charismen führen würde, wären sie alle vor Gott
nichts wert.«

V. 3: Noch ein weiteres Charisma erwähnt Paulus: den
selbstlosen diakonischen Einsatz für Bedüftige, die Hilfeleistungen. Selbst eine solche geistgewirkte letzte Hingabe
der eigenen Person an andere Menschen, die auch das eigene Leben nicht schont, würde in Gottes Augen nichts
gelten, wenn sie nicht aus der von ihm geschenkten Liebe
erfolgt. Da kann ein Christ seine ganze Habe für einen
wohltätigen Zweck verschenken oder sogar — ähnlich wie
Christus — seinen Leib für den Glauben dahingeben (wörtlich »verbrennen«), ohne die Liebe als Motiv würde auch
dieser allerletzte Einsatz vor Gott keinen Wert haben und
Gott würde es dem betreffenden Christen nicht lohnen.
Auch diese Feststellung ist unerhört ernüchternd. (Die Lesart »verbrennen« ist der anderen gut bezeugten Lesart »um
Ruhm zu gewinnen« vorzuziehen, weil das Motiv der
Ruhmsucht schon in sich die Lieblosigkeit trägt und die
Schlussfolgerung, dass dies ohne die Liebe nichts wert ist,
nur eine Wiederholung wäre).

2.) Das unvergleichliche Wesen der Liebe Gottes (V. 4 - 8a)

V. 4 - 6: Die drei ersten Verse des Kapitels haben die Liebe
zwar thematisiert, aber noch nicht beschrieben. Dies unternimmt Paulus jetzt: Die Liebe (agape) ist die Hauptfrucht

des Geistes (Gal 5, 22). Der Geist verherrlicht Christus, indem er das Wesen Christi, die Liebe, bei denen, die an Christus glauben, wirksam werden lässt, so dass ihr Wesen nun selber von der Liebe beeinflusst und umgeprägt wird. Der Charakter der Christen wird dabei nicht etwa ausgetauscht, sondern er wird unter dem Einfluss der Liebe geläutert, gereinigt und in den Dienst der Liebe gestellt. Schlatter überschreibt seine Auslegung dieses Abschnitts folgendermaßen: »Das von der Liebe geformte Verhalten.« Damit hat er den Charakter dieser Stelle treffend beschrieben. Im Grundtext verwendet Paulus 15 Verben. Das gibt zu denken: Die Liebe ist nicht statisch, sie lebt, sie handelt, sie ist aktiv und nicht passiv, immer ist sie am Wirken. Noch ein Zweites ist zu beobachten. Paulus spricht konkret in die korinthische Situation hinein. Viele der hier gebrauchten Verben hat er in den vorhergehenden Kapiteln schon verwendet. Die Korinther finden in diesen Versen (4-8a) eine seelsorgerlich motivierte Erinnerung an ihre eigenen Lieblosigkeiten. Aber sie bekommen gleichzeitig eine Schau und eine starke Motivation, den »Weg« der Liebe zu beschreiten, ihr zu »folgen« (14, 1).

Die beiden ersten Verben haben den Charakter einer Überschrift. Die Liebe übt »Langmut«, d. h. sie hat einen langen Atem, und sie ist freundlich gegenüber dem Nächsten, sie behandelt ihn wie einen Freund. Heinrich Langenberg schreibt dazu: »Beide Ausdrücke haben es zu tun mit dem Widerstand, auf den die Liebe zum Nächsten stößt. Die Langmütigkeit ist die Zurückhaltung des Widerstandes im eigenen Herzen, und die Gütigkeit ist die Überwindung desselben beim Nächsten. So wird der Weg frei zu einer aufrichtig positiven Einstellung« (*Der erste Korintherbrief,*

Hamburg 1963). »Dann folgen sieben kräftige ›Nein‹, die aufzählen, wovon die Liebe den Menschen befreit« (Schlatter, *Paulus der Bote Jesu*, S. 359). Die Anspielungen auf das lieblose Verhalten der Korinther sind nicht zu übersehen. Zunächst betrachten wir die ersten vier Verben. Das Gruppenwesen in Korinth war von gegenseitiger »Eifersucht« geprägt. Die Kehrseite davon war das »Prahlen« mit den eigenen Vorzügen. Die »Starken«, die meinten, dass die Teilnahme an Götzenopfermahlzeiten sie geistlich nicht gefährden könne, waren im Grunde hochmütig (»aufgeblasen«). Die Reichen, die während der gottesdienstlichen Herrenmahlsfeier ihr eigenes Essen aßen, ohne den Bedürftigen etwas abzugeben, handelten absolut »taktlos«. Auch die nächsten vier Wesensarten der Liebe sind in die konkrete korinthische Situation hineingesprochen. Das gemeindliche Leben war von Gruppenegoismus und persönlicher Profilierung gekennzeichnet (vgl. 10, 24). Die Liebe sucht aber nicht das Ihre. Schnell kam es in Korinth zu Streit (vgl. 1, 11). Die Liebe lässt sich aber nicht aufbringen. Böses wurde dem Übeltäter persönlich angerechnet (vgl. 6, 1.7), aber so handelt die Liebe nicht. Gleichzeitig freute man sich in Korinth augenscheinlich am Unrecht, das anderen geschah. Die Liebe freut sich aber niemals am Unrecht, das jemand widerfährt, sondern sie freut sich vielmehr, wann und wo die Wahrheit, d. h. die Gotteswirklichkeit bei einem Menschen oder in der Gemeinde zum Zuge kommt.

V. 7: Paulus formuliert hier einen grandiosen kurzen Lobpreis auf die Unüberwindlichkeit der Liebe. Vermutlich ist der viergliedrige Satz chiastisch aufgebaut, d. h. das erste und letzte sowie das zweite und dritte Glied stehen in einer inhaltlichen Beziehung zueinander (AB/B'A'): Die Liebe »glaubt alles« (B) und »hofft alles« (B'), aber genauso »erträgt sie alles« (A) und »erduldet alles« (A'). Hier kann man an Paulus selber denken, der in 9,12 etwas Ähnliches von sich gesagt hat. Und weil die Liebe sich in allen Bedrängnissen dieser Zeit total von der christlichen Hoffnung tragen und bestimmen lässt (B), vermag sie alle Anfeindungen um des Glaubens willen zu erdulden (A'). Hier ist an Aussagen wie Röm 8,17 ff. zu denken. Totaler Glaube und totale Hoffnung — das sind die beiden Gütesiegel der Liebe. Weil sie total glaubt und total hofft, vermag sie um ihres Auftrages willen auf eigene Annehmlichkeiten zu verzichten und tapfer alle Benachteiligungen und Verfolgungen zu erdulden. Beide Gütesiegel wird Paulus in Vers 13 noch einmal als bleibend wichtig für den Weg der Christenheit durch die ganze Zeit bezeichnen.

V. 8a: »Die Liebe wird niemals hinfällig.« Aus formalen und inhaltlichen Gründen sollte man diese kurze Aussage noch zum vorhergehenden Abschnitt (V. 4–7) ziehen. Sie ist genauso prägnant wie die dort gemachten Aussagen. Und sie fasst alle Einzelaussagen zusammen. Denn niemals hinfällig zu werden, d. h. niemals schwach und anfällig für Verführungen zu sein, das ist der Inbegriff all dessen, was Paulus hier zum Wesen der Liebe ausgeführt hat.

3.) Die Liebe Gottes als die höchste Erkenntnisquelle
   (V. 8b–13)

Auch in diesem Abschnitt stellt Paulus — ähnlich wie in 13,1–3 — der Liebe zwei Charismen, die in Korinth beson-

ders begehrenswert erschienen, gegenüber. Es handelt sich
um die Charismen der prophetischen Rede und des
Fremdsprachengebets. Hatte er im ersten Teil seines »Ho-
heliedes« die Liebe als das entscheidende Merkmal christlicher Existenz erwiesen und im zweiten Teil ihre Wesenszüge dargestellt, so hebt er nun ihren unvergleichlichen
Wert als Erkenntnisquelle sowie ihre ewigkeitliche Existenz
hervor. Der Abschnitt gehört zum Tiefsten, aber auch zum
Schwierigsten, was der Apostel geschrieben hat.

V. 8b: Der Apostel beginnt mit einer völlig überraschenden Aussage, die gerade die nach tieferer Gotteserkenntnis
strebenden Korinther schockiert und irritiert haben dürfte.
Paulus stellt nämlich mit großer Prägnanz fest, dass ausgerechnet diejenigen Charismen, von denen sich die Korinther besondere Tiefenerkenntnisse über Gott und die
himmlischen Dinge und unmittelbare Kontakte mit der
himmlischen Welt versprachen, das prophetische Reden
und die Fremdsprachengebete einschließlich der dadurch
vermittelten Gotteserkenntnis (gnosis) aufhören werden.

　　Bevor wir uns den weiteren Aussagen des Apostels
zuwenden, wo er die Frage beantwortet, wann die genannten Charismen aufhören werden, muss erst noch geklärt
werden, ob die hier erwähnte »Gotteserkenntnis« von ihm
ebenfalls als Charisma gewertet wird. Da jedoch in den
Charismen-Listen von 12, 4 - 6 und 12, 28 f. und 30 die
Gotteserkenntnis nicht als eigenes Charisma aufgeführt
wird, sollte sie nicht ohne weiteres als solches angesehen
werden. Eher führt in dieser Frage 13, 2 weiter: Paulus hatte
dort vom prophetischen Reden gesprochen, das selbst unter der Annahme, dass es alle Gottesgeheimnisse und alle

Gotteserkenntnisse empfängt und weitergibt, nichts wert ist ohne die Liebe. Die »Erkenntnis« war dort der Inhalt des prophetischen Redens und kein eigenständiges Charisma. Dies ist auch hier für Vers 8b anzunehmen. Hinzu kommt die Beobachtung, dass die »Erkenntnis« durch die Verwendung desselben Verbs »außer Kraft setzen« mit dem prophetischen Reden gekoppelt ist, während Paulus für das Fremdsprachengebet das Verb »aufhören« verwendet. Auch in V. 9 liegt diese Koppelung vor. Wir können also davon ausgehen, dass die Gotteserkenntnis für Paulus kein eigenständiges Charisma ist, sondern vielmehr eine Größe, die vom geistlichen Reifezustand des Christen abhängig ist.

Paulus hat mit seiner provozierenden Aussage, dass die prophetische Rede und das Fremdsprachengebet aufhören werden, die Empfänger seines Briefes in eine große Spannung versetzt. Wann wird das sein? Die Verse 9 bis 12 beantworten diese Frage. Paulus baut seine Antwort sorgfältig auf: Zunächst spricht er davon, dass das prophetische Reden der Korinther und die dadurch bewirkte Gotteserkenntnis in der korinthischen Gemeinde noch unvollkommen ist (V. 9). Dann benennt er die Voraussetzung dafür, dass diese beiden Charismen unnötig werden (V. 10). Und schließlich verdeutlicht er das Aufhören der beiden Charismen mit dem Bild vom Erwachsenwerden des Menschen (V. 11) und dem Hinweis auf die vollkommene Gotteserkenntnis des Mose (V. 12a). In Vers 12b fasst er schließlich seine Antwort zusammen.

V. 9: Paulus qualifiziert zunächst die prophetische Rede in Korinth und die durch sie bewirkte Gotteserkenntnis als »unvollkommen«. Er verwendet dazu den Begriff *ek*

merous. Wörtlich übersetzt bedeutet dies »aus dem Teil«,
»aus dem Unvollständigen«. Meist wird der Ausdruck im
Anschluss an Luther als Hinweis auf das in dieser Weltzeit
noch eingeschränkte Erkenntnisvermögen des Christen
verstanden: »Unser Wissen ist Stückwerk.« Doch wenn
man sich die Gesamttendenz des Abschnitts V. 8b-13 vor
Augen stellt, kommt man zu einem anderen Verständnis.
Der Zweck des Abschnitts ist es nämlich, die Korinther zu
einem bestimmten Ziel zu führen, nämlich zu dem von
Paulus sogenannten »Vollständigen« bzw. »Vollkommenen« (V. 10). Jetzt sind sie noch nicht dort, aber wenn sie
den »Höhenweg« der Liebe gehen, werden sie zu diesem
Ziel gelangen. Das ist eine der Hauptaussagen des ganzen
Abschnitts. Die wörtliche Übersetzung des Satzes lautet:
»Wir erkennen aus dem Unvollständigen und wir reden
prophetisch aus dem Unvollständigen.« Mit dem »Wir«
beschreibt Paulus die Situation der Korinther und gibt ihnen sozusagen eine Stimme. Sie sind noch nicht im Vollmaß der Liebe und deswegen auch noch nicht am Ziel
christlicher Gotteserkenntnis (vgl. 3,1-4).

V. 10: Was ist das »Vollständige« bzw. »Vollkommene«
(teleion)? Die beiden gängigen Deutungen bereiten beim
näheren Hinsehen erhebliche Verständnisschwierigkeiten.
Da ist einmal die weit verbreitete Auslegung des *teleion* auf
die Vollendungswelt nach der Wiederkunft Jesu zu nennen.
Dagegen ist einzuwenden, dass *teleion* bzw. *teleios* nir-
gends im Neuen Testament eine eschatologische Größe ist,
sondern sich in fast allen Belegstellen auf einen geistlichen
Reifezustand bezieht, der als reales Ziel, und zwar innerhalb
unseres jetzigen Äons, angesehen wird und der erreicht wer-

den kann (z. B. Mt 5, 48; Mt 19, 21; Röm 12, 2; 1. Kor 2, 6; 14, 13; Eph 4, 13; Phil 3, 15; Kol 1, 28; 4, 12; Hebr 5, 14; Jak 3, 2). Auch die Gesamtstruktur und Wortwahl des Abschnitts V. 8b-13 spricht gegen die eschatologische Auslegung. Das Erwachsensein des Menschen in Vers 11 und Moses direkte Gotteserkenntnis (V. 12a) war bzw. ist diesseitige Realität, sie erfüllten bzw. erfüllen sich in dieser Welt.

Die andere Deutung bezieht das *teleion* auf den Schriftkanon, auf das vollständige Neue Testament. Seitdem die komplette Bibel vorliegt, so wird von Vertretern dieser Auffassung argumentiert, werden die in Vers 8 genannten Charismen nicht mehr benötigt. Auch gegen dieses Verständnis muss geltend gemacht werden, dass sich biblische Belege für diesen Gebrauch von *teleion* nicht finden. Die Heilige Schrift wird zwar »nützlich« und »heilsam« genannt (z. B. in 2. Tim 3, 16), aber nicht das »Vollständige« bzw. »Vollkommene«. Außerdem berücksichtigt diese Auslegung den eigentlichen Wortsinn von *teleios* zu wenig. Das Adjektiv kommt vom Substantiv *telos* (Ziel, Ende, Vollendung). *Teleios* ist also das, was sein Ziel erreicht hat. Dies gilt nun aber nach 2. Tim 3, 16 von jedem einzelnen biblischen Buch und nicht erst von der komplett vorliegenden Bibel.

Der richtigen Deutung kommt man wahrscheinlich näher, wenn man die paulinische Lehre von der Gemeinde als Leib Christi berücksichtigt. Im Brief an die Epheser, wo der Apostel seine Ekklesiologie am umfassendsten entfaltet, gibt er klare Einblicke in die Bestimmung, die Einheit, den Bau und das geistliche Ziel der Gemeinde. Uns interessiert hier vor allem die Frage des Ziels bzw. der Reife der Gemeinde. In Eph 4, 11 ff. heißt es, dass der Leib Christi durch

den Dienst der von Christus eingesetzten Apostel, Propheten, Evangelisten, Hirten und Lehrer erbaut werden soll mit
dem Ziel der Einheit des Glaubens und der Vollerkenntnis
des Sohnes Gottes. Dieses Ziel wird doppelt umschrieben:
als Reifestadium des »vollständigen Mannes« (eis andra
teleion) und als »Vollmaß der Fülle Christi«. Der Leib
Christi, die Gemeinde, soll also durch den Dienst der von
Christus eingesetzten Mitarbeiter zur »vollen Mannesreife«,
d. h. zur vollen Christuserkenntnis und -beziehung und zu
einem von Gottes Liebe bestimmten Leben kommen.

Wir finden also in Eph 4 den Schlüssel zum Verständnis des teleion von 1. Kor 13: Das »Vollständige« ist nichts
anderes als der geistliche Reifestand der Gemeinde Jesu, der
durch den Dienst der von Christus berufenen Mitarbeiter,
insbesondere durch Paulus selbst, vorbereitet und durch
den »Weg der Liebe«, den die Gemeinde gehen muss, verwirklicht werden soll. Paulus lebt und arbeitet also in der
Hoffnung, dass der auferstandene und erhöhte Christus die
apostolischen Gemeinden zur vollen geistlichen Reife führen will und wird. Diesen Reifezustand, der aus einem von
Glaube, Hoffnung und Liebe bestimmten Leben besteht,
sieht er in Vers 10 kommen, und zwar nicht erst in der
eschatologischen Zukunft, sondern in dieser Zeit und Welt.
Wenn die Gemeinde in Korinth durch ihre gelebte Bruderliebe zu dieser Vollerkenntnis Christi gekommen sein wird,
dann sind ihre bisherigen unreifen und unvollkommenen
Einsichten in das Wesen Gottes »reif« geworden, dann
können die Korinther alles »Unvollkommene« abstreifen.

V. 11: Was die Korinther bis jetzt an Gotteserkenntnis und
Gottesgemeinschaft gewonnen haben, ist »unvollständig«

und »unreif«, weil sie in ihrem Miteinander noch nicht den
»Weg der Liebe« verwirklichen. Sie sind noch »Unmündige in Christus« (vgl. 3, 1). Christus wird ihnen aber in
dem Maß, in dem sie der Liebe Gottes folgen, reifere und
umfassendere Einsichten und Erkenntnisse in das Wesen
und in die Pläne Gottes geben. Sie sollen noch bis zum Ziel
der vollen Gotteserkenntnis geführt werden, und dann
werden sie fest in Christus gegründet sein. Das ist die große
Hoffnung, die den Apostel beseelt. Diesen Prozess verdeutlicht er anhand des Beispiels vom Erwachsenwerden
des Kindes. Was das unmündige und unreife Kind spricht,
erstrebt und überlegt, ist vom kindlichen Lebenshorizont
geprägt. Wenn es erwachsen wird, lässt es das kindliche Reden, Trachten und Überlegen hinter sich. Das »Ich« in diesem Satz ist kein biographisches, sondern ein rhetorisches,
mit dem sich Paulus in den »Unvollkommenheitszustand«
der Korinther hineinversetzt. Es ist das gleiche »Ich« wie in
V. 1-3 und in V. 12 b.

V. 12 a: Paulus führt noch ein zweites Beispiel an, um das
so nötige Wachstum in die Vollerkenntnis Gottes durch die
Liebe zu veranschaulichen. Jetzt »sehen« wir Gott (»sehen« steht hier bildlich für erkennen) durch einen Spiegel
wie ein Rätsel, dann aber »von Angesicht zu Angesicht«.
Das »wir« sind wieder die Korinther. Die alttestamentlich
geschulten Christen in Korinth verstanden diese Anspielung auf 4. Mose 12 vermutlich sofort. Dort wird berichtet,
wie Gott ein Strafwort an Mirjam und Aaron richtet, weil
sie sich gegen Mose empört hatten. Gott stellt fest, dass er
zu den Propheten durch Gesichte und Träume redet, aber
zu Mose von »Mund zu Mund« (4. Mose 12, 6-8). Der

Vergleich mit 1. Kor 13 liegt in der Wendung »von Mund
zu Mund«. Paulus will Folgendes ausdrücken: Jetzt ist die
Gotteserkenntnis der Korinther noch ähnlich wie diejenige
des alttestamentlichen Gottesvolkes. Es war eine durch
Propheten vermittelte Erkenntnis, die jedoch nicht zur
Vollerkenntnis Gottes führte, weil das Volk Israel im Herzen hart blieb und sich von Gott nicht verändern ließ. Sie
blieb indirekt wie das Bild eines Spiegels. Sie beruhte nicht
auf einer direkten und persönlichen Erkenntnis des inner-
sten Wesens Gottes. Gottes Wesen blieb dem Volk »rätsel-
haft«. Genauso unvollkommen ist jetzt noch die Gotteserkenntnis und das Gottesverhältnis der Korinther. Aber —
und das ist die Botschaft von Vers 8b bis 12 — wenn sie den
»Weg der Liebe« gehen, wird bald die Zeit kommen, wo sie
dann Gott direkt, »von Angesicht zu Angesicht« erkennen
werden. Dann werden sie — wie auch die anderen apostolischen Gemeinden, ja wie alle Christen — Gott in seinem
Wirken und Wesen ganz verstehen. Dann werden sie auch
Christus in seiner Hoheit, in seinem Gehorsam, in seiner
Liebe und in seiner Hingabe voll und ganz erkennen und
fest auf ihn gegründet werden.

V. 12b: Auch das hier von Paulus verwendete »Ich« meint
die Korinther. Er kann sich nicht selbst damit meinen, denn
er ist ja völlig davon durchdrungen, dass sein apostolischer
Dienst eine weitaus höhere Herrlichkeit hat als der Dienst
des Mose (vgl. 2. Kor 3). Wenn schon Mose Gott von Angesicht zu Angesicht »sah«, um wie viel mehr Paulus! Wenn
er in 1. Kor 2, 6 sagt, dass die Weisheit Gottes, die er verkündigt, nur von den »Vollkommenen« *(teleioi)* verstanden werden kann, dann steht natürlich die Überzeugung

im Hintergrund, dass er selbst ein *teleios* ist, also durch Gottes Gnade geistlich mündig geworden ist (vgl. auch Phil 3, 15). Es geht hier in der Tat um die noch »unvollkommene« Gottes- und Christuserkenntnis der Korinther. Sie ist, bedingt durch ihre Lieblosigkeit, noch »aus dem Unvollständigen« *(ek merous)*. Wir können diesen Ausdruck, der uns schon in Vers 9 begegnete, nun besser verstehen. Paulus meint den z. Zt. der Abfassung seines Briefs noch unvollkommenen geistlichen Reifezustand der korinthischen Gemeinde.

Erst durch ein konsequentes Voranschreiten auf dem »köstlichen Weg« der Liebe werden die Korinther zu tieferer geistlicher Erkenntnis kommen. Dann werden sie in der Lage sein, Gott so zu erkennen, wie er selbst die Menschen erkennt. Wie »erkennt« der lebendige Gott uns Menschen? Indem er uns in die Gemeinschaft mit sich ruft und zieht. Gottes Erkennen ist ein nachgehendes Suchen, Rufen und Finden, ein sich Mühen um die Menschen aus Liebe. In seiner Liebe sieht er die tiefste Not des Menschen. In seiner Liebe hilft er dem Menschen über Bitten und Verstehen. In seiner Liebe führt er ihn, wenn er ihn gefunden hat, auf rechter Straße um seines Namens willen. So erkennt uns Gott. Und so sollen und dürfen auch die Korinther – und mit ihnen die ganze Christenheit – Gott erkennen. Entzündet von seiner Liebe, können sie alle, wenn sie zum *teleion*, dem geistlichen Reifestand hinwachsen und gelangen, Gottes Wesen, seine Liebe, sein Heil, seine Gedanken und seine Pläne richtig verstehen. Im Blick auf die Korinther bedeutet dies, dass dann ihre ganze bisherige vorläufige Gotteserkenntnis gegenüber dieser neuen Tiefenerkenntnis verblassen wird. Im Blick auf uns, die wir ebenso berufen sind,

teleioi zu werden, also geistlich reif zu sein durch die Liebe,
bedeutet es, dass wir konsequent auf dem Weg des apostolischen Glaubens, der apostolischen Hoffnung und der
Liebe Gottes bleiben müssen, damit wir Gottes wahres Wesen, seine Pläne und seinen Willen immer besser verstehen.

V. 13: Paulus fasst den Hymnus auf die Liebe Gottes zusammen. Was wird für die Korinther bleiben, wenn die vor-
läufigen und unvollständigen geistlichen Einsichten, Gedanken, Erfahrungen und Erkenntnisse verschwinden? Was
wird dann ihre christliche Existenz tragen, bestimmen und
prägen? Man spürt, dass diese Fragen nun, nach diesen gewaltigen Ausführungen, die Gemeinde bewegen. Die Antwort lautet: Glaube, Hoffnung und Liebe bleiben. Die Charismen der apostolischen Zeit bleiben nicht. Die Apostel
und alle vom Herrn noch persönlich berufenen Mitarbeiter
werden heimgerufen, wenn ihre Arbeit vollendet ist und sie
der Gemeinde Jesu den Weg zur vollen Gottes- und Christuserkenntnis gezeigt haben. Die Gemeinde muss sich nun
dieser Erkenntnisse würdig erweisen. Sie muss im Glauben
leben, der sie mit Christus verbindet. Sie muss in der Hoffnung leben, die ihr den Blick in ihre ewige Heimat eröffnet.
Und sie muss in der Liebe leben, die ihr den Charakter Gottes schenkt.

Die Liebe ist das bei weitem wichtigste Gnadengeschenk des Heiligen Geistes. Warum? Sie allein hat ewigen
Bestand. Die Zeit des Glaubens und der Hoffnung wird
vorüber sein, wenn Christus wiederkommt und die Gemeinde alles schauen wird, was sie geglaubt und erhofft hat.
Aber die Liebe wird ewig bleiben, denn Gottes Wesen ist
Liebe.

Die öffentliche Rede im korinthischen Gottesdienst (14,1-25)

V. 1: Mit Vers 1 fasst Paulus den Abschnitt über die Liebe zusammen, knüpft an Kapitel 12 an und lenkt zur Erörterung der öffentlichen gottesdienstlichen Rede über. Die Zusammenfassung und praktische Schlussfolgerung aus Kapitel 13 ist kurz, bündig und eindrucksvoll. Die Gemeinde soll dem Weg der Liebe »folgen«. Im ganzen Leben des Christen soll die Liebe die entscheidende Kraft sein. Das Verb *diokein*, »folgen, nachfolgen, nachstreben« macht deutlich, dass es am Christen selber liegt, wie weit er der Liebe in sich Raum gibt und sie für sein Verhalten zum Antrieb wählt. Wir haben mit der Aufforderung, der Liebe zu folgen, nichts anderes als die knappste Form des biblischen Liebesgebots vor uns (3. Mose 19, 18; Mt 19, 19). Die Liebe »überkommt« uns nicht einfach, sondern sie wartet, dass wir ihr »folgen«. Sie ist zwar in unsere Herzen ausgegossen durch den Heiligen Geist (Röm 5, 5), aber sie zwingt uns nicht, uns nach ihr zu richten. Dazu K. Stalder: »Nicht ›es‹ liebt in uns und durch uns. Auch die Liebe selbst liebt nicht in uns, sondern wir sollen lieben, und es muss uns immer neu geboten werden, dass wir lieben sollen« (*Das Werk des Geistes in der Heiligung bei Paulus*, S. 473). Die Liebe, deren Wesenszüge Paulus in 13, 4 bis 7 so prägnant dargestellt hat, die Liebe, die Gottes Ehre und das Beste für den Nächsten sucht, soll das bestimmende Motiv, der eigentliche Motor unseres ganzen Lebens und Handelns werden. Und dies gilt in besonderem Sinn für das ganze gemeindliche und gottesdienstliche Leben. Wie das praktisch für die Gemeinde in Korinth aussehen soll, darum geht es nun in Kapitel 14.

Wenn wir die Liebe zur Antriebskraft unseres Lebens machen, dann strecken wir uns nach dem Heiligen Geist aus. »Folget der Liebe« und »strebt nach den Wirkungen des Heiligen Geistes« sind also zwei eng miteinander verbundene apostolische Gebote. Da es aber in Korinth an Liebe mangelte und das, was der Geist schenkte, falsch, d. h. egoistisch eingesetzt wurde, indem z. B. das unübersetzte Fremdsprachengebet in den Versammlungen einen dominierenden Platz erhielt und auch das prophetische Reden ungeordnet erfolgte, muss Paulus hier entsprechende Anweisungen erteilen. Vers 1 enthält dementsprechend noch eine dritte Anweisung. Paulus will, dass die Korinther das prophetische Reden höher einschätzen als das Fremdsprachengebet (wörtlich: »Strebt nach den Geistwirkungen, vor allem nach dem prophetischen Reden«). Der nun folgende lange Abschnitt behandelt den Unterschied zwischen dem geistgewirkten Fremdsprachengebet und der geistgewirkten prophetischen Rede. Paulus stellt zwei Thesen voran (V. 2 f. und 4), denen er in Vers 14 noch eine dritte anfügt.

V. 2 - 3: Wer im korinthischen Gottesdienst das Fremdsprachengebet übt, steht in einer ganz persönlichen Weise vor Gott. Andere Menschen können ihn nicht verstehen, er preist Gott in der ihm vom Geist eingegebenen Fremdsprache. Dabei spricht er »Geheimnisse« aus, also Weisheiten aus Gottes Heilsplan. Aber die versammelte gottesdienstliche Gemeinde, die dieser Fremdsprache nicht mächtig ist, hat nichts davon. Das Fremdsprachengebet war also in der apostolischen Zeit keine Botschaft an die versammelte Gemeinde. Das geistgewirkte prophetische Reden ist demgegenüber jedem verständlich. Und nicht nur das, sondern es ist für die Gemeinde auch eine geistliche Hilfe. Sie wird geistlich erbaut, d. h. ihrem Reifeziel *(teleion)* zugeführt durch Ermahnung und Trost. »Erbauung« *(oikodome)* ist hier wohl als Oberbegriff gemeint.

V. 4: Das unübersetzte Fremdsprachengebet im christlichen Gottesdienst, das also in egoistischer Weise, nur um selber eine Geisterfahrung zu haben, praktiziert wird, lehnt Paulus ab. »Er erbaut sich selbst« ist eine kritische Aussage, denn Christen dürfen sich nicht selbst erbauen. Was Gott ihnen gibt, das gibt er ihnen, um anderen Menschen zu dienen und zu helfen. So ist es bei demjenigen, der prophetisch redet. Er erbaut die Gemeinde. Er hilft, dass sie geistlich gestärkt wird und zum *teleion* hinwächst.

V. 5: Die nun folgenden Verse 5 bis 13 dienen der Begründung und Bekräftigung der zweiten These, dass die Gemeinde durch das unübersetzte Fremdsprachengebet nicht erbaut wird. Paulus wehrt zunächst das Missverständnis ab, er gönne den Korinthern nicht diese besondere Geisterfahrung. Ganz im Gegenteil, will er sagen, meinetwegen dürftet ihr sie alle haben (wörtlich: »Ich wünschte, ihr könntet alle in fremden Sprachen Gott loben«). Das ist natürlich eine rhetorische Übertreibung, ein irrealer Wunsch wie 1. Kor 7, 7. Dies wird schon an der zweiten Satzhälfte klar: »Aber mehr noch ist es mir ein Anliegen, dass ihr prophetisch reden könntet.« Es kommt dem Apostel darauf an, dass die Gemeinde geistlich gefördert wird. Und das ist nur möglich entweder dadurch, dass derjenige, der vom Geist ein Fremdsprachengebet empfängt, dies dann auch über-

setzt (wenn er dazu das Charisma der Übersetzung empfängt), oder, was eindeutig wertvoller ist, dass jemand ein
sofort verständliches prophetisches Wort an die Gemeinde
richtet.

V. 6: Paulus spricht in hypothetischer Form den Fall an,
dass er selber im korinthischen Gottesdienst ein unübersetztes Fremdsprachengebet praktizieren würde. Selbst er
als Apostel könnte dann der Gemeinde nicht dienlich sein.
Das kann er nur mit verständlichen Worten in einer bekannten Sprache, entweder in Form einer Offenbarung
(hier wohl ein anderes Wort für das Weisheitswort), eines
Erkenntniswortes, einer prophetischen Rede oder einer
Lehrunterweisung.

V. 7 - 9: Nun zieht der Apostel Vergleiche mit verschiedenen Instrumenten, die ebenfalls nur dann nützlich sind,
wenn man sie klar und deutlich hören kann. Dementsprechend unverständlich und unnütz ist auch das unübersetzte
Fremdsprachengebet.

V. 10 - 13: Hier fügt Paulus noch ein letztes Argument für
die zweite These an: Kommunikation unter Menschen ist
nur möglich, wenn eine gemeinsame Sprache gesprochen
wird. In Vers 12 f. wird die paränetische Schlussfolgerung
aus all diesen Argumenten gezogen: Wer sich in Liebe nach
den Geistwirkungen ausstreckt, der wird sie zum Nutzen
der Gemeinde einsetzen, und er wird selber auf diese Weise
reich gesegnet werden. Auf das Fremdsprachengebet in
Korinth angewendet heißt das, dass diejenigen, die in einer
gottesdienstlichen Versammlung dieses Charisma empfan-

gen, diese Rede nur dann praktizieren dürfen, wenn ihnen gleichzeitig das Charisma der Übersetzung zuteil wird. Dafür sollen sie beten.

V. 14: Noch eine dritte These fügt der Apostel an, um die Nutzlosigkeit des unübersetzten Fremdsprachengebets zu erweisen. Das »Ich« in Vers 14 und 15 ist wohl ein »man«, also wie in 13, 1-3.11 und 12b nicht biographisch gemeint. Paulus gibt hier ja Anordnungen für den korinthischen Gemeindegottesdienst. Wie er selbst das Charisma des Fremdsprachengebets praktiziert, sagt er erst in Vers 18 und 19. Die Aussage von Vers 14 ist also, dass derjenige, der ein vom Geist eingegebenes Fremdsprachengebet spricht, von dieser Geisterfahrung in Wirklichkeit nichts hat, denn dabei kommuniziert der Heilige Geist mit seinem Geist, während sein Verstand nicht angesprochen wird und deswegen aus dem Gehörten keinerlei Nutzanwendung ziehen kann. Eine wirkliche geistliche Selbstauferbauung findet also nicht statt.

V. 15-17: Paulus ordnet nun, nachdem er die Nutzlosigkeit des unübersetzten Fremdsprachengebets erörtert hat, Folgendes an. Er will das Charisma des Fremdsprachengebets (hier erwähnt er auch die gesungene Form) im korinthischen Gottesdienst grundsätzlich gestatten, aber im Blick auf die Gemeinde und die anwesenden Gäste nur dann, wenn es auch übersetzt wird.

V. 18-19: Hier bestätigt der Apostel, dass er selbst das Charisma des Fremdsprachengebets empfangen hat. Da er es aber weder für sich allein (V. 4a) noch im christlichen

Gemeindegottesdienst praktiziert (V. 19), muss dieser Hinweis auf seine zahlreichen Besuche in jüdischen Synagogen bezogen werden. Dort war es nach seiner Überzeugung (vgl. V. 20-22) als göttliches Gerichtszeichen am Platze. Aber auf dem heidnischen Missionsfeld wie auch in der christlichen Gemeinde hat Paulus das Evangelium ausschließlich in den Sprachen seiner Zuhörer verkündigt.

V. 20-22: Jetzt gibt Paulus den Schriftbeweis für die vorangehende Paränese (V. 1 - 19). Paulus leitet ihn ein mit der Ermahnung an die Korinther, ihre geistlich unreife Hochschätzung des Fremdsprachengebets zu überwinden. Wahrscheinlich meinten sie, dass dieses besondere, vom Geist eingegebene Reden die größtmögliche Gottesnähe vermittle, zu der ein Mensch überhaupt fähig sei. Paulus nennt diese Meinung »kindisch«. Die Korinther sollten lieber in Bezug auf die Sünde »unreif«, d. h. unbescholten sein, aber im geistlichen Verstehen *teleioi*, d. h. reife Christen werden (vgl. 13, 8b-12).

Nun folgt aus Jes 28, 11 f. der eigentliche Schriftbeweis, warum ein unübersetztes Fremdsprachengebet in der korinthischen Gemeinde nichts zu suchen hat: Gott kündigte durch Jesaja an, dass er zu seinem Volk Israel in unverständlichen Sprachen reden wird, weil sie auf seine verständliche Sprache nicht gehört haben. Paulus deutet dieses Gerichtswort auf die Situation, die zu Pfingsten für Israel eingetreten ist. Gott hat beim Pfingstfest in fremden Sprachen zu Israel geredet, und zwar in der Weise, dass in heidnischen Sprachen seine großen Machttaten und Wunder gepriesen wurden (Apg 2, 1-13). Damit sollte der Auserwählungsstolz Israels gedämpft und Israel gereizt werden, dem Evangelium nachzueifern (vgl. Röm 11,14). Ferner sollte das nahe bevorstehende Gericht über Israel angezeigt werden. Eine von Gott gewirkte Rede in unverständlicher Sprache, so folgert Paulus in Vers 22, ist also ein göttliches Gerichtszeichen für das ungläubige und halsstarrige Volk Israel.

Für die christliche Gemeinde in der apostolischen Zeit waren die Fremdsprachengebete nicht gegeben, obgleich auch sie durch solche Gebete, wenn sie übersetzt wurden, erbaut werden konnte. Aber zur Gemeinde sprach der Geist durch die verständliche prophetische Rede. Sie ist ein Gotteszeichen für die, die an das Evangelium gläubig geworden sind.

V. 23-25: Noch einmal wendet Paulus den Blick auf die Gäste bei den gottesdienstlichen Versammlungen. Er nennt sie »Unkundige« und »Ungläubige« (wahrscheinlich ein Hendiadyoin). Wenn diese Außenstehenden Gebete in unverständlichen Sprachen hören, dann werden sie als normale Reaktion die Anwesenden für von Sinnen halten, wenn die Fremdsprachengebete nicht übersetzt werden. Wenn sie aber vom Geist gegebene prophetische Ansprachen hören, dann können sie durch diese in ihrem Gewissen getroffen und von ihren Sünden überführt werden. Sie können dann den lebendigen Gott erkennen und vor ihm niederfallen und sich zu ihm bekennen. Paulus rechnet also mit einer überführenden und zum Glauben führenden Kraft des prophetischen Redens.

Anordnungen für den Gottesdienstablauf
(14,26 - 33a)

Im ersten Abschnitt des Kapitels (V. 1-25) war es dem
Apostel um die richtige Verhältnisbestimmung zwischen
dem unverständlichen Fremdsprachengebet und der verständlichen prophetischen Rede gegangen. Im zweiten Abschnitt (V. 26 – 33a) gibt er nun noch bestimmte Anweisungen zum ordentlichen Verlauf der gottesdienstlichen Versammlungen in Korinth. Paulus beginnt mit der Frage *ti
oun estin* (wie in V. 15). Das ist eine stehende Redewendung
und bedeutet so viel wie »Wie soll es nun sein?«. Paulus will
also jetzt eine weitere praktische Folgerung für das Verhalten ziehen. Im ersten Abschnitt war klar geworden, dass
das prophetische Reden im Gottesdienst einen unvergleich-
lich höheren Wert darstellt als das Fremdsprachengebet.
Aber völlig unterbunden hatte Paulus das Fremdsprachengebet nicht, sondern dann toleriert, wenn es auch übersetzt
wurde. Aber wie es nun praktisch im Gottesdienst ein-
gebracht werden sollte, darüber war noch zu sprechen.
Ebenso musste er die Korinther noch über den rechten Gebrauch der prophetischen Rede im Gottesdienst belehren.
Beides geschieht in den Versen 27 bis 33a. Von Vers 33b bis
38 folgt dann noch eine besondere Anweisung für die
Frauen im Blick auf ihr Reden in den gottesdienstlichen
Versammlungen. Die Verse 39 f. bilden schließlich eine Zusammenfassung des ganzen Kapitels.

V. 26: Wenn die Eingangsfrage eine Anweisung vorbereitet, dann ist der Satz nicht als bloße Situationsbeschreibung,
sondern als Wunsch des Apostels zu verstehen. Wenn die

Gemeinde — einschließlich der »Unkundigen« bzw. »Ungläubigen« (die beim Herrenmahl nicht zugelassen waren) — zum Wortgottesdienst zusammenkommt, dann sollen die folgenden vier Arten von Wortbeiträgen die Grundstruktur des Gottesdienstes in Korinth bilden:

Liedbeiträge *(psalmos)*, Lehrbeiträge, also Unterweisungen aus dem Alten Testament *(didache)*, Redebeiträge durch unmittelbare Offenbarung (*apokalypsis*; hier muss das prophetische Reden gemeint sein, denn dieses steht auch in V. 6 neben der *didache*) und Fremdsprachengebet (aber nur mit Übersetzung). Paulus fordert keinen festen liturgischen Ablauf, aber er stellt noch einmal sein geistliches Prinzip auf (vgl. V. 3): alle Wortbeiträge sollen dem inneren Aufbau der Gemeinde dienen. Sie soll in ihrer Erkenntnis Gottes und in ihrer praktischen Nächstenliebe gefördert werden. Niemand darf bei seinem gottesdienstlichen Beitrag nur an sich selber denken, sondern er soll aus Liebe zu den anderen das reden, was ihnen hilft und was sie im Glauben, in der Hoffnung und in der Liebe weiterbringt. Die *oikodome*, das innere Wachstum der Gemeinde zum *teleion* (Vollendung) hin, ist das große Ziel.

V. 27 - 32: Die nun folgenden Anweisungen zum richtigen Gebrauch des Fremdsprachengebets und der prophetischen Rede sind einander recht ähnlich. Beides sind ja *charismata*, Gnadenerweise, also Wirkungen des Geistes. Typisch für beide Anweisungen ist wieder die dahinterstehende Pneumatologie des Apostels, seine Lehre vom Geist. Der Geist macht den Menschen nicht willenlos oder ekstatisch. Der Geistbegabte bleibt sowohl beim Fremdsprachengebet als auch bei der prophetischen Rede bei vollem

Bewusstsein und kann jederzeit mit seinem Reden beginnen und aufhören. An dieser Stelle war es augenscheinlich zu unguten Erscheinungen in Korinth gekommen. Gemeindeglieder, die das Charisma des Fremdsprachengebets und andere, die das der prophetischen Rede empfangen hatten, haben sich offensichtlich emotional und unkontrolliert ihrer jeweiligen Rede hingegeben, ohne danach zu fragen, ob sie damit wirklich der Gemeinde nützen und helfen. Es scheint auch zu gleichzeitigem Reden gekommen zu sein, so dass turbulente Szenen entstanden sind. Hier greift nun Paulus ordnend ein.

Die Verse 27 und 28 ordnen den Gebrauch des Fremdsprachengebets: Nur zwei- oder dreimal soll dieses Charisma in einem Wortgottesdienst der Korinther praktiziert werden, und zwar nur mit Übersetzung. Wenn niemand von den maximal drei Personen, die Paulus zum Fremdsprachengebet zulässt, das Charisma der Übersetzung empfängt, soll dieses Charisma in der Gemeinde nicht geübt werden. Vers 28b ist eine Bekräftigung dieses Schweigegebots: Die Betreffenden sollen dann »für sich selbst und für Gott reden«, d. h. still beten (und zwar in ihrer Muttersprache, nicht etwa in fremden Sprachen).

Die Verse 29 bis 32 sind an die »Propheten« gerichtet. Darunter sind sowohl diejenigen zu verstehen, die Leitungsdienste in der Gemeinde innehatten (die also zur Gruppe der Propheten und Lehrer von 12, 28 gehörten), als auch über diesen festen Personenkreis hinaus diejenigen, die während eines Wortgottesdienstes spontan das Charisma der prophetischen Rede empfingen. Auch von den Propheten sollen nur höchstens drei das ihnen gegebene Charisma praktizieren. Paulus rechnet also sowohl beim

Charisma des prophetischen Redens als auch beim Charisma des Fremdsprachengebets damit, dass der Heilige Geist diese Gnadenerweise einer größeren Anzahl von Gemeindegliedern gibt. Alle Betroffenen sollen sich in solchen Fällen spontan verständigen und entscheiden, wer das ihm verliehene Charisma praktiziert und wer nicht. Diejenigen von den Propheten und Lehrern der Gemeinde, die das Charisma der prophetischen Rede nicht praktizieren, sollen das Charisma der Geistesbeurteilung, das ihnen nach 12, 10 gegeben wird, erbitten und anwenden. Das bedeutet, dass sie zu prüfen haben, ob die betreffende prophetische Rede wirklich von Gott kam oder nicht. Wer eine vom Heiligen Geist inspirierte prophetische Ansprache hält, soll aufmerksam und bescheiden registrieren, ob und wann der Geist einem anderen eine prophetische Rede eingibt. Ist dies der Fall, macht sich also jemand von den übrigen Gemeindegliedern entsprechend kenntlich, dann soll der Redende seinen Beitrag umgehend zu Ende führen und dem anderen Redemöglichkeit einräumen (V. 30). »Ihr könnt doch alle nacheinander prophetisch reden« (V. 31a). Diese Aussage ist auf dem Hintergrund der Unordnung, die im korinthischen Gottesdienst eingerissen war, wo offensichtlich mehrere prophetische Reden gleichzeitig gehalten wurden, sehr verständlich. Den prophetisch begabten Korinthern war ihr eigenes Hochgefühl, das sie bei einer prophetischen Ansprache empfanden, offensichtlich wichtiger als die Auferbauung der anderen. Demgegenüber fügt Paulus nun in Vers 31b an, dass es bei jeder prophetischen Rede im Gottesdienst darum gehen muss, dass die ganze Gemeinde geistlich lernt und ermahnt wird (während ja bei der unordentlichen Praxis in Korinth jeweils nur ein Teil der

Gemeinde die parallel gesprochenen Reden aufnehmen
konnte).

Vers 32 gibt die Begründung für das »können« in
V. 31a: Das prophetische Reden kann von den jeweils damit begabten Gemeindegliedern souverän gehandhabt werden. Es »überkommt« sie nicht in dem Sinn, dass sie dadurch zu willenlosen Werkzeugen einer höheren Macht de-
gradiert werden. Der Heilige Geist teilt sich immer dem
menschlichen Geist mit. Er schaltet ihn nie aus, und er ver-
gewaltigt ihn nie. Er manipuliert weder das Gefühlsleben
noch den Verstand noch den Willen. Deswegen bleibt der
persönliche Geist der prophetisch Begabten frei und steht
ihnen jederzeit zur Verfügung. Eine willen- und sinnlose
Ekstase wie im Heidentum (vgl. 12, 2) findet im Christentum nicht statt. Wo sie dennoch Platz greift, haben sich die
Betreffenden anderen Geistern, aber nicht dem Heiligen
Geist geöffnet.

V. 33a: Paulus fasst nun den Abschnitt (V. 26–32) zusammen. Der biblische Gott ist kein Gott der Unordnung, der
zuließe, dass alles drunter und drüber geht, wo seine Gemeinde sich versammelt. Er ist vielmehr ein Gott des Friedens. Paulus formuliert nicht »ein Gott der Ordnung«.
Ordnung ist kein Selbstzweck, sondern hat einem höheren
Zweck zu dienen. Wo Christen zusammenkommen, dort
soll Gott geehrt werden, dort sollen sie von ihm Frieden
und Freude empfangen (vgl. Röm 14, 17). Deswegen müssen ihre Zusammenkünfte von Liebe und Rücksichtnahme
geprägt sein.

Exkurs: Die Frage nach den Charismen heute

Eine gründliche Auseinandersetzung mit der Frage, ob der Heilige Geist die Charismen, die er in der Apostelzeit gegeben hat, auch heute noch gibt, würde den Rahmen dieser Auslegung sprengen. Doch die voranstehende Exegese der Kapitel 12 bis 14 des 1. Korintherbriefs gibt einen hinreichenden Argumentationsrahmen, der einige grundsätzliche Aussagen ermöglicht.

Zweifellos muss die Gründungs- und erste Entwicklungsphase des Urchristentums als eine besondere und in vielerlei Hinsicht schwierige Übergangszeit gewertet werden. Die jungen Gemeinden mussten sich ihrer Identität als »dritte Gemeinschaft« gegenüber den ihnen feindlichen und skeptischen Juden und Heiden bewusst werden. Der Anspruch des Evangeliums, die letztverbindliche Offenbarung des einzigen wahren Gottes zu sein, legte ihnen eine außerordentliche Verantwortung hinsichtlich ihres eigenen Lebensstils und ihres missionarischen Mutes auf. Eine für alle Gemeinden verbindliche Lehrgrundlage fehlte noch, denn die Arbeit der Apostel war noch nicht abgeschlossen. In dieser Phase der Entstehung und des Übergangs rüstete Gott sowohl die Apostel, Propheten und Lehrer als auch einzelne Gemeindeglieder mit bestimmten Gnadenerweisen bzw. Charismen aus, durch die er die Arbeit der Apostel beglaubigte, den Gemeinden eine verbindliche Wegweisung für ihren Glauben und ihr Leben gab und ihre Stellung gegenüber dem Judentum sicherte.

Die von Jesus Christus — direkt oder indirekt durch den Heiligen Geist — berufenen Apostel und Propheten der Gründerzeit stattete Gott mit besonderer Weisheit und

Erkenntnis aus, um aus dem Alten Testament und aus der Lehre Jesu eine verbindliche Lehrgrundlage für das Christentum zu formen und darauf die apostolischen Gemeinden zu bauen. Dieser Kirchen gründende Dienst war einmalig. Apostel und Propheten gab es in den Gemeinden zwar noch bis in das zweite Jahrhundert hinein, wie die »Didache« (»Zwölfapostellehre«) und der »Hirt des Hermas« zeigen, aber danach erlosch dieses Amt. In bestimmten missionarischen Situationen bekräftigte Gott die Arbeit der Apostel und Propheten, indem er ihnen einen besonderen Berge versetzenden Glauben gab, durch den sie Kranke heilen und besondere Krafttaten tun konnten. Diese Gnadenerweise waren als »Initialzündungen« auf die Apostel und Propheten beschränkt und wurden danach der Gemeinde nicht mehr zugeteilt. Wo der lebendige Gott danach und bis heute spontan Kranke heilte und heilt oder Manifestationen seiner Wunderkraft gab und gibt, tut er dies direkt und nicht über Charismen.

Um die von den Aposteln gegründeten Gemeinden zu leiten, hat der Herr die Dienste der Propheten und Lehrer eingesetzt. Die Apostel führten deren Einsetzung durch. Diese Propheten und Lehrer wurden für ihren Leitungsdienst mit den Charismen der prophetischen Rede, der Geistesbeurteilung, der Leitung und der diakonischen Hilfe ausgestattet. Die prophetische Rede, die darüber hinaus auch anderen Gemeindegliedern verliehen wurde, und die Geistesbeurteilung waren nötig, weil die apostolische Lehre noch nicht vollständig vorlag. Nachdem aber dann allen Gemeinden die Schriften der Apostel bekannt waren und der Dienst der noch von Christus berufenen Apostel, Propheten und Lehrer (Eph 4, 11) beendet war, wurden diese beiden Charismen nicht mehr gebraucht. Die Gemeindeleiter haben seitdem an der vollständigen apostolischen Lehre die verlässliche und ausreichende Quelle und Grundlage für ihre Verkündigung, Lehre und Unterweisung. Ebenso wenig bedarf es heute spezieller Charismen der Leitung und der Hilfe, denn seitdem die Gemeinde Jesu dank der ganzen apostolischen Lehre auf der Grundlage von Glaube, Hoffnung und Liebe leben kann, vermag sie auch diese Aufgaben ohne die betreffenden Charismen der apostolischen Zeit wahrzunehmen.

Das Charisma des Fremdsprachengebets wurde in der apostolischen Zeit von Gott gegeben, um das Volk der Juden auf das seit Pfingsten weltumspannende Heil Gottes hinzuweisen und ihm das Gericht anzuzeigen. Es sollte nicht zur persönlichen Erbauung praktiziert werden (1. Kor 14, 4a). Wenn der Heilige Geist dieses Charisma in einer christlichen gottesdienstlichen Versammlung gab, wie es aus Korinth bezeugt ist, dann sollte die Gemeinde es nur praktizieren, wenn der Geist auch das Charisma der Übersetzung dazugab. Die anwesenden Gäste und die Gemeinde selbst sollten diese Gebete verstehen, um sie mit dem »Amen« bekräftigen zu können. Warum das Charisma des Fremdsprachengebets vom Heiligen Geist in der korinthischen Gemeinde gegeben wurde, geht aus den Korintherbriefen nicht hervor. Vielleicht befanden sich unter den Gästen bei den gottesdienstlichen Versammlungen immer wieder Juden, die dieses Zeichen erleben sollten. Nachdem sich das Volk Israel schon in der apostolischen Zeit vollständig vom Christentum zurückgezogen hatte und im Jahre 70 n.Chr. das Gottesgericht der Zerstörung des Tempels und der Deportation eingetroffen war, tauchten diese beiden Charismen in christlichen Gemeindegottesdiensten nicht mehr auf. Ihr Zweck war erfüllt. Schon die Charismenliste des um 56/57 n. Chr. geschriebenen Römerbriefs in Röm. 12, 6 - 8 enthält das Fremdsprachengebet und die Übersetzung nicht mehr. Wer sie heute noch erstrebt bzw. praktiziert, hat die besondere heilsgeschichtliche Situation der apostolischen Zeit nicht verstanden. Zu Pfingsten und in der unmittelbar anschließenden Zeit der Wirksamkeit der von Christus eingesetzten Apostel, Propheten und Lehrer wurde den Juden noch der Weg des Heils zu den Heiden durch das Gerichtszeichen des Fremdsprachengebets bezeugt. Dies war eine einmalige geschichtliche und heilsgeschichtliche Situation, die noch in der apostolischen Zeit ihr Ende fand.

Aufgrund dieses exegetischen Befundes aus 1. Kor 12 bis 14 muss man es also als eine Verkennung der einmaligen Sondersituation der apostolischen Zeit bezeichnen, wenn Christen heute die Charismen der apostolischen Zeit erstreben. Durch den Verkündigungs- und Seelsorgedienst der von Christus eingesetzten Apostel, Propheten und Lehrer wurden die apostolischen Gemeinden zu den »bleibenden« Charismen Glaube, Hoffnung und Liebe hingeführt. In dem Maß, in dem Christen sich auf die vollständige apostolische Lehre gründen und dem »köstlichen Weg der Liebe« (1. Kor 13) folgen, werden sie geistlich reif und haben die Hilfe der nur für die Anfangszeit gegebenen Charismen nicht mehr nötig. Im Glauben, in der Hoffnung und in der Liebe sind ihnen die besten himmlischen Gaben und Güter übertragen. Wenn sie in ihnen leben, werden sie keinen Mangel haben und die gleiche, ja noch eine größere geistliche Fülle erleben wie die apostolischen Gemeinden.

Ihr Herr wird sie auf rechter Straße führen und sie zur rechten Zeit erquicken. Gutes und Barmherzigkeit wird ihnen immer und überall folgen. »Gelobt sei Gott, der Vater unseres Herrn Jesus Christus, der uns gesegnet hat mit allem geistlichen Segen im Himmel durch Christus« (Eph 1, 3). »Alles, was zum Leben und zur Frömmigkeit dient, hat uns seine göttliche Kraft geschenkt durch die Erkenntnis dessen, der uns berufen hat durch seine Herrlichkeit und Kraft« (2. Petr 1, 3).

(Exkurs Ende)

Das Verhalten der Frauen in der gottesdienstlichen Versammlung (14,33b - 38) und abschließende Ermahnung (14,39 f.)

Nun folgt der schwierige Abschnitt über das Verhalten der Frauen in den gottesdienstlichen Versammlungen. Formal schließt er sich als dritter Abschnitt in Kapitel 14 gut an den Abschnitt 26-33a an. Hier wie dort geht es um öffentliches Reden und Schweigen. Aber inhaltlich entstehen erhebliche Probleme. In 11, 5 und 13 setzt Paulus öffentliches Beten und öffentliches prophetisches Reden der Frau im Gottesdienst voraus. Dazu scheint das Schweigegebot in 14, 34 nicht zu passen.

Diese Schwierigkeit hat sehr verschiedenartige Lösungsvorschläge bewirkt bis hin zur Annahme, dass dieser Passus erst später eingeschoben worden sei. Die Vermutung, dass es in Kapitel 11, 1-16 gar nicht um den Gemeindegottesdienst, sondern um kleinere private Zusammen-

künfte geht (so Schlatter und andere), vermag nicht zu
überzeugen. Die Ermahnungen des 1. Korintherbriefs sind
auf das öffentliche Gemeindeleben bezogen. Die Verse
11, 17 ff. setzen die gottesdienstliche Versammlung ganz
selbstverständlich voraus. Die Anordnung für die Ehefrauen, den Kopf bedeckt zu halten, gilt ihrem Auftreten in
gottesdienstlichen Versammlungen. In der Öffentlichkeit
soll sie sich mit dem Zeichen der Kopfbedeckung als verheiratete Frau kenntlich machen. Erst wenn man diese Zielsetzung voraussetzt, wird die Anweisung voll verständlich.
Eine andere Vermutung, dass es sich hier um das geistgewirkte Prüfen der prophetischen Wortbeiträge innerhalb
der Wortgottesdienste handelt (V. 29), ist ebenfalls problematisch. Ein solches eingeschränktes und spezifisches
Redeverbot wäre gewiss deutlicher benannt worden. Ganz
und gar scheidet schließlich die verbreitete Annahme aus,
Paulus wolle der Frau nur ein unkontrolliertes Dazwi-
schenfragen oder Schwatzen untersagen. Dazu hätte er die
gewichtigen Gründe für das Schweigegebot nicht gebraucht (bis dahin, dass er sich auf ein Gebot des Herrn
beruft, V. 37).

   Die Schwierigkeit löst sich, wenn man das Schweigegebot in Vers 34 nicht absolut versteht, sondern analog zu
1. Tim 2, 11 und 12 auf die öffentliche Lehrunterweisung
und das anschließende Lehrgespräch bezieht. Auch in
1. Tim 2 wird — ganz wie in 1. Kor 11, 4 f. — das laute öffentliche Beten der Frau im Gottesdienst vorausgesetzt
(1. Tim 2, 1 - 7), von der Frau also kein absolutes Schweigen
im Gottesdienst verlangt. Aber die Lehrunterweisung bei
den gottesdienstlichen Versammlungen der Gemeinde und
die aktive Beteiligung am Lehrgespräch wird ihr in 1. Tim 2

genauso wie in 1. Kor 14 untersagt. Ein Vergleich von
1. Kor 14, 34 f. und 1. Tim 2, 11 f. zeigt genaue Entspre-
chungen. In beiden Fällen verbietet der Apostel der Frau die
gottesdienstliche Lehrunterweisung (sie soll nicht »reden«
bzw. »lehren«) sowie die aktive Beteiligung am Lehrgespräch (sie soll zu Hause mit ihrem Mann über Fragen des
Lehrgesprächs reden bzw. beim Lehrgespräch »in Stille
und aller Unterordnung lernen«). Das Schweigegebot bezieht sich also in beiden Briefen eindeutig auf die Mitwir-
kung bei der Lehre. Wie sieht nun die Argumentation in
1. Kor 14, 33bff. im Einzelnen aus? Paulus führt vier verschiedene Begründungen für seine Anordnung an, eine
ökumenische, eine schöpfungstheologische, eine ethische
und eine christologische.

V. 33b-34a: Paulus ordnet in allen von ihm gegründeten
Missionsgemeinden diesen Grundsatz an. Die Verse drücken nicht einen Istzustand, sondern einen Sollzustand
aus. Paulus will es so. »Mit diesem Gebot schafft Paulus
Sitte . . .« (Schlatter, *Paulus der Bote Jesu*, S. 387). Er ist auf
gar keinen Fall bereit, den korinthischen Frauen eine Ausnahme von diesem Grundsatz zuzugestehen. Die Korinther sollen sich einfügen in die generelle Praxis des Urchristentums. Sie sind eine Gemeinde unter vielen anderen
(V. 36). Paulus setzt hier ganz offensichtlich die allgemeine
Geltung einer »Gemeindeordnung« voraus, die er in allen
von ihm gegründeten Gemeinden als verbindliche Grundlage des Gemeindelebens einführte. So ist die Wendung
»denn es ist ihnen (sc. nach der Gemeindeordnung) nicht
gestattet zu reden« zu verstehen.

V. 34b- 35a: Paulus sieht in einer aktiven Beteiligung der Frau an der gemeindlichen Lehrunterweisung und am Lehrgespräch das alttestamentliche Gebot der Unterordnung der Frau unter ihren Mann (1. Mose 3, 16) gefährdet. Um seine Sicht zu verstehen, sind einige Vorüberlegungen nötig.

Für Paulus steht der Mann grundsätzlich als »Haupt« (1. Kor 11, 3) in der Verantwortung, die Ehe und Familie zu leiten. Diesen Grundsatz überträgt der Apostel auch auf das Gemeindeleben. Sowohl im antiken Griechen- und Römertum als auch im Judentum war dies selbstverständlich. Paulus behält den Grundsatz der Leitungsverantwortung des Mannes in Ehe, Familie und Gemeinde bei, aber er gibt ihm eine neue Ausrichtung, indem er den Mann zur Liebe verpflichtet (Eph 5, 25 ff.). Damit wird dem Mann verwehrt, seine Leitungsaufgabe egoistisch wahrzunehmen und die Frau zu unterdrücken. Statt dessen wird er zu opferbereiter Hingabe, zum Schutz und zu umfassender Fürsorge für seine Frau ermahnt. Jegliche Degradierung, Ausnutzung, Ausbeutung, Ausgrenzung und Beherrschung der Frau ist ihm damit untersagt. Paulus hat dieser neuen Sicht der Leitungsverantwortung des Mannes auch im Gemeindeleben und speziell auch bei den gottesdienstlichen Zusammenkünften Rechnung getragen.

Im Gegensatz zur gräko-romanischen Kultur, wo die Frau von öffentlichen Entscheidungsprozessen völlig ausgeschlossen war, aber auch im Gegensatz zum jüdischen Synagogengottesdienst, wo die Frau völlig schweigsam und nur am Rand teilnehmen durfte, eröffnet er der Frau die volle Integration im Gottesdienst einschließlich der Beteiligung am Gebet und spontaner prophetischer Beiträge. Das

Festhalten an der Leitungsverantwortung des Mannes bedingt die Ermahnung an die Frau, nicht in den Bereich des Mannes einzugreifen. Paulus drückt diese Ermahnung mit dem Begriff der Unterordnung aus (Eph 5,22; Kol 3,18; Tit 2,5; vgl. 1.Petr 3,1.5). Damit wird die Frau nicht diskriminiert, sondern genauso wie der Mann geschlechtsspezifisch ermahnt. Der Mann soll sein »Hauptsein« von der Liebe Gottes her füllen, die Frau soll seine Leitungsverantwortung für Ehe, Familie und Gemeinde akzeptieren.

Inwiefern würde nun nach der Einschätzung des Apostels die Wahrnehmung der Lehrverantwortung und die aktive Beteiligung am Lehrgespräch durch die Frau im Konflikt mit dem Gebot zur Unterordnung stehen? Die Antwort ergibt sich aus den Vorüberlegungen: Die Lehrunterweisung und das anschließende Lehrgespräch gehören zur Leitungsverantwortung, denn im Lehrvortrag und im Lehrgespräch wird Gottes Wort als Anspruch, Zuspruch und Wegweisung für die Gemeinde ausgelegt, besprochen und beschlossen. Da aber die Leitung der Gemeinde zum Verantwortungsbereich des Mannes gehört, wäre es ein Verstoß gegen das Gebot der Unterordnung, wenn die Frau in die Lehrunterweisung und das Lehrgespräch eingriffe.

V. 35b-36: Wie in 11,13 argumentiert Paulus auch hier mit dem Begriff des Schicklichen und Geziemenden. Für ihn ist es unangemessen für eine Frau, im Lehrteil des Gottesdienstes das Wort zu ergreifen. Den Maßstab für das »Schickliche« findet er offensichtlich wieder im göttlichen Gebot der Unterordnung in 1. Mose 3,16. V. 36 ist nach V.33b eine wiederholte und verstärkte Ermahnung an die

Korinther, das von Paulus in allen Gemeinden angeordnete Gebot zu beachten, die öffentliche Lehrverkündigung ausschließlich Männern zu übertragen. Die korinthische Gemeinde lebt im geistlichen Verbund mit den übrigen apostolischen Gemeinden, und sie hat kein Recht, eine apostolische »Überlieferung« eigenmächtig zu verändern.

V. 37: Dies ist die gewichtigste Begründung für seine Anweisung. Paulus führt das Schweigegebot direkt auf ein Gebot des Herrn zurück, und er fordert alle mit prophetischer Rede begabten Gemeindeglieder, ja alle geistlich urteilsfähigen auf, dies zu erkennen. Gemeint ist hier offensichtlich, dass die Korinther begreifen sollen, dass diese Anweisung aus dem Geist Christi kommt. Schwerlich wird Paulus hier ein konkretes Einzelgebot Jesu zur Unterordnung der Frau vor Augen haben. Aber da er sich als berufener und mit dem Geist begabter Apostel gewiss ist, den »Sinn Christi« zu haben (1. Kor 2, 16), kann er formulieren, dass seine Anordnung von Christus herkommt.

V. 38: Hier wird Paulus noch einmal ganz ernst. Wer nicht bereit ist, diese seine apostolische Anweisung anzunehmen und sich über sie hinwegsetzt, der wird nicht »anerkannt« *(agnoeito)*. Das ist als eine auf Gottes Handeln bezogene Aussage, ein sogenanntes passivum divinum, zu verstehen. Gott selbst wird jemand nicht »anerkennen«, d. h. nicht annehmen, der sich über die Weisungen des Apostels hinwegsetzt.

V. 39 - 40: Dieser Passus bildet die Zusammenfassung des ganzen Kapitels. Paulus wiederholt seine Anliegen in Kurzform. Die Korinther sollen sich eher danach ausstrecken, prophetisch zu reden und so den anderen Worte des Trostes und der Ermahnung weiterzugeben, als das Charisma des Fremdsprachengebets zu begehren. Dort, wo es der Heilige Geist gibt, soll es nicht unterdrückt, aber verantwortlich eingesetzt werden. Alles, was in den gottesdienstlichen Versammlungen geschieht, soll anständig, liebevoll und schicklich und in den gottgewollten Ordnungen geschehen (wobei dieser Ausdruck noch einmal eine deutliche Mahnung an die Frau darstellt, sich ihrem Mann unterzuordnen).

Exkurs: Wie ist das Schweigegebot in unsere kirchliche und gemeindliche Situation zu übertragen?

Wenn man den Abschnitt 1. Kor. 11, 1-16 als Anweisung für den gottesdienstlichen Rahmen versteht, wofür vieles spricht, dann ist es für Paulus offensichtlich eine Selbstverständlichkeit, dass Frauen im Gottesdienst laut vorgetragene Gebete und vom Geist eingegebene prophetische Worte beigetragen haben. 1. Kor. 14, 33b ff. dürfen dann also nicht als absolutes Schweigegebot für die Frau im Gottesdienst ausgelegt werden. Dies wäre ein Rückschritt in die jüdische Sitte, welche die Frau von einer aktiven Teilnahme am Gottesdienst völlig ausschloss. Die Tatsache, dass in Apg 2 sowohl Männer als Frauen mit dem Heiligen Geist erfüllt wurden und Gott priesen, schuf eine neue Grundlage für die Bewertung des öffentlichen Auftretens der Frau im Gottesdienst. Petrus sieht im ganzen Pfingstgeschehen die Prophetie aus Joel 3, 1-5 erfüllt, wo es u. a. heißt, dass »eure Söhne und Töchter weissagen sollen« (Apg 2, 17 f.). Ein grundsätzliches Schweigegebot für die Frau im Gemeindegottesdienst ist also letztlich aus heilsgeschichtlichen Gründen abzulehnen. Der Heilige Geist wird Männern und Frauen in gleicher Weise geschenkt, und deswegen wurden in der apostolischen Zeit beide Geschlechter in die Lage versetzt, geistgewirkte Worte im Gottesdienst zu sagen. Es muss daher als eine Verarmung des gottesdienstlichen Lebens bezeichnet werden, wenn die Frauen unter Berufung auf 1. Kor 14, 33bff. grundsätzlich von jeglichem öffentlichen Reden ausgeschlossen werden, wie das im Laufe der Kirchengeschichte immer wieder geschah.

Andererseits muss auch das strikte apostolische Verbot für die Frau, bei den gottesdienstlichen Versammlungen den Lehrvortrag zu übernehmen und sich am Lehrgespräch zu beteiligen, ernst genommen werden. Für Paulus war das öffentliche Reden der Frau im Lehrteil des Gottesdienstes ein Eingreifen in den Verantwortungsbereich des Mannes und damit eine Verletzung des Gebots der Unterordnung. Die Verantwortung für die Leitung der Ehe, der Familie und der Gemeinde liegt nach gesamtbiblischer Sicht beim Mann. Er soll diese Bereiche entsprechend Gottes Willen führen, und die Frau soll ihm dazu als Hilfe zur Seite stehen (1. Mose 2, 18). Offensichtlich war die Tatsache, dass Adam vor Eva erschaffen wurde, der Ursprung dieser Sicht (vgl. 1. Tim 2, 13). Adam als der Ersterschaffene stand in der Verantwortung für Eva. Dementsprechend wurde im Alten Testament das Priesteramt nur Männern übertragen. Im Neuen Testament beruft Jesus nur Männer in den Kreis der Apostel und damit der ersten

Gemeindegründer und -leiter. Aufgrund dieser gesamt-
biblischen Sicht verweigert Paulus der Frau die öffentliche
Rede im Lehrteil des Gottesdienstes. Er duldet nicht, dass
die Frau in die Leitungsverantwortung des Mannes ein-
greift.

Welche Folgerungen ergeben sich aus dem Abschnitt
1. Kor 14, 33b ff. für unsere Zeit? Im Blick auf die Anordnung des Apostels muss die Öffnung der gemeindeleiten-
den Dienste für die Frau auf allen Ebenen in einem Teil
des Weltprotestantismus kritisch hinterfragt werden. Die
Lehre der Apostel gibt für diesen Schritt keine ausreichende Grundlage ab. Im Urchristentum wurde die Frage,
ob die Frau in ein gemeindeleitendes Amt berufen werden
kann, nicht einmal diskutiert. Jesus Christus hat zum ge-
meindeleitenden Dienst der Apostel, Propheten und Lehrer nur Männer berufen (vgl. Eph 4, 11). Diese Tatsache
wie auch die ganze alttestamentliche Praxis waren in der
apostolischen Zeit absolut normgebend. Dementsprechend geht es weder in 1. Kor 14, 33b ff. noch in 1. Tim
2, 11 ff. um die Frage der Leitungsverantwortung der Frau.
Diese war ausgeschlossen. Vielmehr geht es in beiden Stellen darum, ob der Frau in der christlichen Gemeinde das
Recht eingeräumt werden soll, öffentliche Lehrvorträge zu
halten und sich am Lehrgespräch zu beteiligen. Beide Male
argumentiert Paulus, dass die Frau damit das Gebot der
Unterordnung, d. h. der Anerkennung der Leitungsverantwortung des Mannes verletzen würde. Beide Stellen schließen also eine Leitungsverantwortung der Frau in der Gemeinde eindeutig aus.

Wie verhält es sich aber mit der öffentlichen Rede der
Frau im heutigen Gemeindegottesdienst? Die Antwort auf

diese Frage muss von der Tatsache ausgehen, daß der Frau im urchristlichen Gottesdienst zwar das Gebet und die prophetische Rede, nicht aber die Lehrbeiträge und die Beteiligung am Lehrgespräch erlaubt waren. Die öffentliche Lehre war Sache der berufenen Apostel, Propheten und Lehrer. Da unsere heutige Gemeindepredigt öffentliche Schriftauslegung ist, also eine Form der öffentlichen Lehre darstellt, sollte die Frau von ihr absehen. Wenn sie Wortbeiträge im Gottesdienst hat, also z. B. einen zeugnishaften Bericht, sollte sich dieser deutlich von der Predigt absetzen.

(Exkurs Ende)

Christus ist leibhaftig auferstanden (15,1-34)

Im letzten Abschnitt des vierten Hauptteils behandelt Paulus nun noch eine entscheidend wichtige Frage, eine Frage, die nach seiner Überzeugung unmittelbar das ewige Heil oder Unheil eines Menschen betrifft. Bis jetzt hatte er sich mit praktischen Gemeindeproblemen auseinandergesetzt, die durch den Mangel an Bruderliebe in Korinth entstanden waren. Jetzt aber muss er einen Glaubensmangel benennen, der bei einigen Gemeindegliedern zutage getreten ist und den er für so gravierend hält, dass dadurch ihr ewiges Heil gefährdet ist. Auch das 15. Kapitel ist seelsorgerlich gehalten, aber es ermahnt nicht wie die früheren zur Liebe, sondern zum Glauben.

Den Anlass für die Ausführungen in Kapitel 15 nennt Paulus erst in Vers 12. Damit wird der Leser des einleitenden Abschnitts (V. 1-11) in eine hohe Spannung versetzt.

In Korinth gab es Gemeindeglieder, die behaupteten, dass es eine leibliche Auferstehung der Toten nicht gebe (V. 12). Vor dem geistigen und philosophischen Hintergrund der griechischen Kultur mit ihrer hohen Bewertung des Geistigen und der damit verbundenen Abwertung des Leiblichen konnte eine solche Überzeugung leicht entstehen. Der letzte Universalphilosoph der griechischen Antike, Aristoteles (gest. 322 v.Chr.), hatte eine Gottesvorstellung entwickelt, nach welcher die Gottheit reiner Intellekt *(nous)*, reines Denken sei. Auch die später im gräko-romanischen Sprach- und Kulturraum weit verbreitete Popularphilosophie der Stoa ging von der Existenz einer alles durchdringenden Vernunft *(logos)* aus. Dass das Leibliche zusammen mit den seelischen und geistigen Kräften des Menschen als Gottes Schöpfung den gleichen Wert und Rang einnimmt, das war für einen Menschen der griechisch-römischen Antike ein anstößiger Gedanke. Und dass die ewigliche Existenzform des Menschen in einer neuen Leiblichkeit geschieht, das war für griechische Ohren eine unmögliche Vorstellung (vgl. Apg 17, 32).

Ganz anders ist die alttestamentliche Eschatologie, die zwar zaghaft, aber doch deutlich genug auf eine neue Leiblichkeit hofft (Ps 16, 10; Hiob 19, 25 ff.; Jes 26, 19; Hes 37; Dan 12, 2 f.). Diese Hoffnung erfüllt sich in der leibhaftigen Auferstehung Jesu von den Toten und in der von ihm bezeugten leiblichen Auferstehung der Toten (Mt 11, 4 f.; Joh 5, 28 f.; 11, 25 f.; vgl. ferner die zeichenhaften Totenauferweckungen durch den irdischen Jesus). Für Menschen, die im griechisch-römischen Kulturraum aufgewachsen waren, bedeutete das Evangelium von der leibhaftigen Auferstehung Jesu und der Toten eine starke Herausforderung, und so ist es leicht erklärlich, dass in Korinth Gemeindeglieder in die Versuchung geraten waren, die Hoffnung auf eine neue Leiblichkeit in der Vollendungswelt Gottes aufzugeben. Paulus sieht in diesem Aufgeben der Hoffnung einen schweren Glaubensverlust, der ihr ewiges Heil gefährden kann. Entsprechend ernst und umfangreich ist seine Argumentation. Zuerst erinnert er die Gemeinde an das Zentrum des Evangeliums (V. 1-11), dann zeigt er die geistlichen Konsequenzen der Leugnung der leibhaftigen Totenauferstehung auf (V. 12-19), dann weist er auf den unlösbaren Zusammenhang zwischen der leiblichen Auferstehung Jesu und der Totenauferstehung der Gläubigen hin (V. 20-28), und schließlich spricht er gegenüber den Korinthern ernste Warnungen aus, sich nicht von solchen heidnischen Ansichten wie der Leugnung der leiblichen Auferstehung der Toten verführen zu lassen (V. 29-34).

V. 1-2: *Gnorizo* meint hier eine dringliche Erinnerung. Paulus mahnt die Gemeinde, das Evangelium, das er verkündigt hat, neu im Glauben anzunehmen. Er wiederholt genau das, was er ihnen verkündigt hat, als er eineinhalb Jahre in Korinth war. Er erinnert sie daran, dass sie genau diese Botschaft angenommen haben, dass sie sich auf sie gestellt haben, und daran, dass sie durch ihre Annahme vom Gerichtszorn Gottes errettet werden, aber — und dies ist nun die das ganze Kapitel durchziehende Mahnung — nur, wenn sie im Glauben exakt an der Botschaft festhalten, die Paulus ihnen verkündigt hat. Paulus fügt ernst hinzu: »Es sei denn, dass ihr vergeblich gläubig geworden wäret.« Wenn sie sich jetzt vom Evangelium wieder abwendeten, dann wären sie in der Tat umsonst gläubig geworden.

Christsein heißt am Evangelium bleiben und damit an Christus festhalten (Joh 15, 4). Wer nicht bleibt, ist umsonst gläubig geworden, sein früherer Glaube wird ihm nichts nützen.

V. 3 - 8: Das Evangelium, das Paulus in Korinth predigte, stammte nicht von ihm. Er hat es selber empfangen, und zwar vom Herrn selbst durch Offenbarungen (vgl. Gal 1, 12) und durch Vermittlung der Apostel. Paulus hat auch eigene Anweisungen und Ratschläge erteilt, aber vorrangig *(en protois)* hat er in seiner Verkündigung und Seelsorge exakt das weitergegeben, was er selbst empfangen hat. Genauso exakt sollen nun auch die Korinther an dieser Botschaft festhalten.

Nun folgt in geraffter Kürze die apostolische »Überlieferung« *(paradosis)* von der Auferstehung Christi von den Toten: Christus ist um unserer Sünden willen gestorben, gemäß der Schrift (d. h. des A.T.). Hier ist an die prophetische Weissagung des stellvertretenden Sühnetodes Jesu durch Jesaja zu denken (Jes 53, 5 f.). Christus wurde begraben. Das leibliche Begräbnis gehört zum Evangelium, denn durch die leibhaftige Auferstehung wurde der leibliche Tod besiegt. Christus ist am dritten Tag auferstanden, gemäß der Schrift (Ps 16, 10; Hos 6, 2; Jona 2, 1). Christus ist erschienen Kephas (=Petrus) und den »Zwölfen« (Kurzform für die Jünger), ferner 500 Brüdern zur gleichen Zeit, dann Jakobus, dem Bruder des Herrn und den übrigen Aposteln (auch Apostelschüler und von den Aposteln Beauftragte wurden »Apostel« genannt), und schließlich Paulus selbst. Er vergleicht sich hier mit einer »Fehlgeburt«. Der Herr musste ihn auf anormalem Weg »zur Welt« bringen, nachdem er in so verstockter Weise Feind des Evangeliums gewesen war.

Bei dieser Kurzzusammenfassung des Evangeliums von der Auferstehung Christi fällt auf, dass Paulus den leibhaftigen Aspekt des Heilshandelns Gottes an Jesus Christus besonders betont. Jesus ist leibhaftig begraben, leiblich auferstanden und leibhaftig einer großen Schar von Zeugen erschienen. Dieser Aspekt ist ihm in der Auseinandersetzung mit den Korinthern vorrangig wichtig. Interessant ist auch, dass die Erscheinungen des Auferstandenen zum Kern des Evangeliums gezählt werden. Sie sind nicht Zugabe, auf die unser Glaube notfalls auch verzichten könnte. Sie sind Manifestationen der neuen Leiblichkeit, die der Herr angenommen hat und die auch wir empfangen sollen.

V. 9 – 11: Nun folgt eine persönliche Anfügung des Apostels. Zwar ist er der Geringste aller Apostel aufgrund seiner Vergangenheit, aber dank der Gnade Gottes konnte er das unermesslich große Werk der Heidenmission mit so übermenschlicher Kraft ausrichten. Vers 11 ist wiederum eine kurze Zusammenfassung und Überleitung zur eigentlichen Ermahnung. Von wem auch immer ihr das Evangelium gehört habt, es ist das rettende Wort, und nur auf diesem Fundament gibt es einen heilsstiftenden Glauben.

V. 12 – 19: Dieser Abschnitt knüpft unmittelbar an Vers 11 an. Gemäß dem in den Versen 3 bis 8 dargelegten Evangelium wird in den Gemeinden Christus gepredigt. Angesichts dieser Tatsache ist es für den Apostel alarmierend, dass Christen behaupten können, es gebe keine leibhaftige Totenauferstehung. Die folgenden Verse sind rhetorisch meisterhaft. Paulus weist in zwei Anläufen die in Korinth vertretene Auffassung zurück, indem er ihre weit reichenden Konsequenzen darlegt. Durch zwei Argumentationsketten (13-15 und 16-18) versucht Paulus die Korinther von ihrem Irrtum zu überführen:

Wenn es keine leibliche Totenauferstehung gibt, dann kann auch Christus nicht leibhaftig auferstanden sein. Es ist unmöglich, an der leiblichen Auferstehung Christi festzuhalten und eine leibhaftige Totenauferstehung zu bestreiten. Die Verkündigung des Evangeliums wäre »leer« *(kenos)*, leeres Geschwätz, ohne Substanz. Erst die leibhaftige Auferstehung Christi gibt dem Evangelium den eigentlichen Inhalt. Denn sie dokumentiert den Sieg über den Tod, sie ist die Voraussetzung für die Himmelfahrt und Erhöhung Christi zur Rechten Gottes und der Ausgießung des Heiligen Geistes. Der Glaube wäre ebenfalls »leer«, eine reine Einbildung und völlig sinnlos. Die Christen würden an einen Gottessohn glauben, der im Grabe geblieben wäre, der keine Macht über den Tod hätte und keine neue Leiblichkeit angenommen hätte. Ein Glaube aber, der nicht den Sieg Gottes über den Tod beinhaltet, taugt nichts. Alle, die Jesus als den leibhaftig auferstandenen Gottessohn verkündigen, wären falsche Zeugen Gottes, d. h. sie würden von Gott etwas Falsches behaupten und wären damit auch vor ihm schuldig.

Wenn es keine leibliche Totenauferstehung gibt, dann ist auch Christus nicht leibhaftig auferstanden. Der Glaube wäre dann nicht nur »leer«, sondern auch kraftlos *(mataios)*. Er würde keinerlei Veränderung beim Menschen bewirken, weil er ja nur menschliche Einbildung und keine göttliche Wirklichkeit wäre. Dann aber wären alle Christen

noch in ihren Sünden. Nur der leibhaftig auferstandene
Christus hat nach dem Zeugnis der Schrift den Heiligen
Geist ausgegossen. Nur durch den Heiligen Geist kann ein
Mensch an Christus glauben und von Christus die Vergebung der Sünden empfangen. Ebensowenig haben dann die
im Glauben an Christus Gestorbenen Vergebung ihrer Sünden empfangen und würden im Gericht Gottes verloren
gehen.

V. 19: Dieser Vers fasst die beiden Argumentationsreihen
zusammen: Unter der Voraussetzung, dass es keine leib-
hafte Auferstehung der Toten geben wird, wären die Christen die bedauernswertesten Menschen überhaupt. Sie wären dann Menschen, die in ihrem ganzen irdischen Leben
unberechtigterweise ihre Hoffnung auf Christus gesetzt haben und nun wie alle anderen in Sünde und ohne Hoffnung
sterben müssten. Zu übersetzen ist: »Wenn wir nur in diesem (irdischen und vergänglichen) Leben auf Christus
Hoffende gewesen sind (und der Tod uns dann im Grabe
lässt und unsere Hoffnung zunichte macht), dann sind wir
die bedauernswertesten Menschen.«

V. 20 - 22: Paulus schiebt mit einer triumphierenden Bekräftigung des Evangeliums von der leibhaftigen Auferstehung Christi die Argumente und Schlussfolgerungen des
Unglaubens beiseite. »Nun aber ist Christus auferweckt
worden aus den Toten.« Ein ähnlich gewichtiges, heilsge-
schichtliches »Nun aber« steht in Röm 3, 21. Christus ist
der »Erstling« der Entschlafenen. Was ist damit gemeint?
Der Begriff Erstling ist alttestamentlich durch das Erstge-
burtsrecht und die zahlreichen Opferbestimmungen über

die Erstlinge des Viehs und der Feldfrüchte gefüllt. Israel ist der Erstling Gottes (2. Mose 4, 22). Christus ist der Erstgeborene Gottes (Hebr 1, 6), und er ist der Erstgeborene unter vielen Brüdern (Röm 8, 29). Der Begriff Erstling drückt immer den Anfang eines Ganzen aus. Wenn der Erstling Gott geweiht ist, dann ist alles geweiht, was nach ihm folgt. In diesem Sinn ist der Begriff auch hier gemeint. Christi leibliche Auferstehung ist der Anfang der leibhaftigen Totenauferstehung der Seinen (V. 21, vgl. Röm 5, 12 ff.). Christus hat eine ähnliche universale Funktion wie Adam. Adam brachte die Todverfallenheit für alle, die von ihm abstammen. Christus dagegen bringt die Totenauferstehung für alle, die zu ihm gehören. Es handelt sich hier um schicksalsmächtige Gemeinschaften. Doch der Unterschied ist nicht zu übersehen. Die Verbundenheit mit Adam war die des gemeinsamen Menschseins, die Verbundenheit mit Christus dagegen ist geistlicher Natur.

V. 23 - 26: Wenn Christus der Erstling der Auferstandenen ist, dann hat er also Nachfolger, nämlich »alle, die ihm angehören«. Paulus spricht nun davon, wann die Toten, die in ihrem Leben mit Christus verbunden waren, auferstehen, genauer gesagt, wann sie »lebendig gemacht« werden. Wann wird das geschehen? Wenn Christus wiederkommen wird. Dann wird er alle Toten, die ihm gehören, in der Entrückung zu sich holen und ihnen den himmlischen Herrlichkeitsleib geben. Paulus benutzt hier ein Bild aus der Militärsprache. Die erste »Abteilung« ist Christus selbst, der Anführer. Die zweite »Abteilung« sind alle, die ihm gehören. Nach der Entrückung der Gläubigen wird dann die »Vollendung« *(telos)* geschehen. Paulus beschreibt die Voll-

endung als Entmächtigung und Vernichtung aller gottfeindlichen Mächte durch den wiedergekommenen Christus.
Darunter ist vor allem die »teuflische Dreieinigkeit« Satan,
falscher Messias und falscher Prophet zu verstehen, von der
das letzte Buch der Bibel in den Kapiteln 12-20 handelt,
aber auch der Tod. In der neuen Welt Gottes, die es nach
der Wiederkunft des Herrn und nach dem Gericht über die
Toten geben wird, ist die in 1. Mose 3, 19 verhängte Todes-
strafe über der Menschheit aufgehoben. Der Tod hat dann
seinen Schrecken verloren (vgl. Jes 65, 20.23; Offenb
20, 14; 21, 4 und 22, 1 f.).

V. 27 - 28: Der Schlussakt dieser gewaltigen Ereignisse,
die mit der Wiederkunft Jesu verbunden sind, ist die Rück-
übertragung aller Hoheitsrechte an Gott durch Christus.
»Um die Allherrschaft Gottes herzustellen, kommt Jesus
wieder in königlicher Macht. Darum geschieht seine Übergabe der eigenen Herrschaft an Gott dann, wenn er jede
Herrschaft, Vollmacht und Gewalt entkräftet hat« (Schlatter, *Paulus der Bote Jesu*, S. 413). In der Vollendungswirk-
lichkeit wird sich also der Sohn wieder dem Vater in allem
unterstellen, und Gott wird sein alles in allem (V. 28). Eine
»Allversöhnung« ist hiermit nicht gemeint. Paulus spricht
»nicht von endlicher Gewinnung jeder Herrschaft und
jeder Macht und jeder Gewalt für Gott, sondern von ihrer
Beseitigung« (de Boor, *1. Korintherbrief*, S. 271).

V. 29 - 34: Hier befremdet zunächst der Ausdruck »sich
taufen lassen für die Toten«. Mit de Boor und Schlatter ist
hier eine bildhafte Rede anzunehmen, deren Sinn sich von
Vers 30 ergibt. Paulus denkt hier sehr wahrscheinlich an die

Bereitschaft zum Martyrium. Im Anschluss an die Redewendung Jesu, der sein Leiden und Sterben als Taufe bezeichnet hat (Mk 10, 38; Lk 12, 50), meint Paulus offensichtlich das Sterben der Nachfolger Jesu um des Glaubens
willen. »Für die Toten« könnte »zugunsten der Toten« meinen; dann würde die Vorstellung zugrunde liegen, dass der
Märtyrer im Totenreich das Evangelium bezeugen kann.
Wie es auch im Einzelnen gemeint war, fest steht, dass Paulus hier die Sinnlosigkeit des Leidens und Wirkens für das
Evangelium herausstellt, wenn es keine leibhaftige Totenauferstehung gibt. Dann wäre auch sein eigener Einsatz,
den er in 2. Kor 11, 16-33 so anschaulich beschreibt, im
Tiefsten sinnlos und verblendet. Er hat wahrlich nicht im
Blick auf dieses kurze, irdische Leben, sondern in der lebendigen Hoffnung auf die Auferstehung von den Toten
alles riskiert. Wenn dieses Leben alles wäre, dann wären in
der Tat die am besten dran, die ihr Leben möglichst ange-
nehm gestalten (V. 32). Aber so kann nur jemand leben, der
keine lebendige Hoffnung auf ein Leben in der Vollen-
dungswirklichkeit Gottes hat. Für die christliche Gemeinde
ist eine solche Auffassung nichts anderes als Verführung
(V. 33). Die Korinther müssen sich dringend von diesen
Ansichten lösen, sie müssen wieder geistlich nüchtern werden und sich von der Sünde befreien, die sie zur Aufgabe so
zentraler Aussagen des Evangeliums wie der Totenauferstehung führte. Wer diesen Glaubensabfall vertritt, der weiß
von Gott nichts. Und das bedeutet, dass er am Heil vorbei-
lebt. Das sagt Paulus allen zur Beschämung, denn die Gemeinde trägt als Ganzes Verantwortung für jeden Einzelnen (V. 34).

Der Auferstehungsleib (15,35-49)

Paulus fährt fort in der Darlegung der christlichen Auferstehungsgewissheit. In den Versen 20 bis 28 hatte er die universale, die ganze Gemeinde Jesu Christi betreffende Bedeutung der leiblichen Auferstehung Christi behandelt. So wie Adam die ganze Menschheit in Vergänglichkeit und Tod gestürzt hat, so bekommt nun durch Christus die ganze Gemeinde Leben und Unvergänglichkeit (V. 21-24). »Alle (pantes) werden lebendig gemacht« (V. 22). Gemeint sind, wie gesagt, alle, die zu Christus gehören (sog. korporativer Gebrauch von »alle«). Im nun folgenden Abschnitt versucht Paulus, den Korinthern, die sich aufgrund des antik-heidnischen Weltbildes eine leibhaftige Auferstehung nicht vorstellen konnten, einen Zugang zur christlichen Auferstehungsgewissheit zu verschaffen.

V. 35: Paulus greift zwei typische Fragen auf: »Wie werden die Toten auferstehen?« und »Mit welch einem Leib werden sie kommen (sc. aus dem Totenreich)?« Der Abschnitt Vers 36 bis 49 ist, formal betrachtet, als ein Dialog mit einem Auferstehungskeptiker gestaltet. Die Anrede »Du Tor« ist gewählt nicht wegen des Wortlautes der Fragen, sondern wegen der Denkblockaden, in die sich die Zweifler an der Auferstehung in Korinth selbst hineinmanövriert haben, etwa nach dem Motto, »dass nicht sein kann, was nicht sein darf«. Für Paulus haben sie aber zwei Tatsachen aus der Naturbetrachtung nicht genügend bedacht (V. 36-38 und V. 39-41).

V. 36 - 38: Der Vorgang von Saat und Ernte demonstriert, dass Gott aus dem gestorbenen, d. h. in seiner physischen Existenz ausgelöschten Korn eine ganz neue Leiblichkeit erschafft. »Gott gibt dem Korn einen neuen Leib.« Alle Samenpflanzen beweisen also durch die Art ihrer Fortpflanzung, dass Gott aus einem gestorbenen Leib einen neuen, völlig anderen Leib erschaffen kann. Interessant an dieser Argumentation ist, dass Paulus hier nicht von »natürlichen« bzw. »naturgesetzlichen« Prozessen, sondern von einem dauernden schöpferischen Handeln Gottes spricht. Jede Pflanze verdankt ihre Existenz, so gesehen, einem besonderen Schöpfungsakt Gottes.

V. 39 - 41: Die andere Tatsache, welche in Korinth nicht bedacht wurde, ist der große Unterschied der Körper schon in der sichtbaren Schöpfung. Einmal gibt es große Unterschiede der irdischen Körper, dann gibt es große Unterschiede zwischen den irdischen und den himmlischen Körpern, und drittens gibt es auch noch zwischen den himmlischen Körpern selbst große Unterschiede. Der Unterschied liegt jeweils in der *doxa* des betreffenden Körpers. Damit kann nicht nur der »Glanz« gemeint sein, denn die irdischen Körper haben keinen »Glanz«. Mit dem Begriff muss der Wert, die Beständigkeit, die Größe und Majestät gemeint sein, also der Grad, mit welchem ein Körper die Größe, Kraft und Majestät Gottes widerspiegelt (vergl. Röm. 1, 20). Dieser Grad ist unterschiedlich. Die Sonne verkörpert in dieser Rangfolge den höchsten Grad. Der Vergleich liegt darin, dass, wenn es schon bei den Körpern in der Natur und im Kosmos so gewaltige Unterschiede gibt, dann muss auch zwischen dem vergänglichen menschlichen Leib und dem Auferstehungsleib ein großer Unterschied angenommen werden. Der Auferstehungsleib wird einen ganz anderen Grad von *doxa*, von Gottesherrlichkeit, als der vergängliche Leib widerspiegeln.

V. 42 - 43: Beide natürlichen Tatsachen werden nun in diesen Versen auf die leibliche Auferstehung der Toten angewendet. Der Auferstehungsleib ist eine göttliche Neuschöpfung aus dem vergänglichen Leib. Und der Auferstehungsleib wird eine höhere *doxa* tragen als der irdische. Der irdische, vergängliche Leib des Menschen wird dreifach gekennzeichnet: Er ist erstens vergänglich, d. h. er ist dem Tod preisgegeben (1. Mose 3, 19). Er trägt zweitens Schande *(atimia)*, denn in ihm wohnt die Sünde (Röm. 7, 17). Und er ist drittens von Schwachheit gezeichnet, d. h. von einer durch die in ihm wohnende Sünde verursachten Lähmung aller körperlichen, seelischen und geistigen Kräfte (Mt. 26, 41). Demgegenüber ist der Auferstehungsleib von Unvergänglichkeit, von ungetrübter Gottesherrlichkeit und von Kraft gekennzeichnet.

V. 44 - 49: Nun folgen noch zwei weitere Gegensatzpaare, mit denen Paulus die Kontinuität, aber auch den Unterschied zwischen dem irdischen und dem Auferstehungsleib verdeutlichen will. Beide Gegensatzpaare beziehen sich – wie schon Vers 21 f. – auf Adam und Christus. Das erste Paar bezeichnet den irdischen Leib als *soma psychikon* (von der Seele gekennzeichneten Leib) und den Auferstehungsleib als *soma pneumatikon* (vom Geist bestimmter Leib). Den irdischen Leib haben wir über die Generationenfolge von Adam ererbt. Adam ist durch Gottes schöp-

ferischen Geist eine lebendige Seele geworden (1. Mose
2,7), eine Person, ein Individuum. Der Begriff »Seele«
kennzeichnet ihn als von Gott abhängiges, bedürftiges Wesen (die hebräische Grundbedeutung ist »Kehle, Schlund,
Hals«, also das Organ, durch das wir Nahrung und Luft
aufnehmen). Ein »seelischer Leib« ist also ein Leib, der
nach Art der Seele gestaltet ist, der für die Erfordernisse des
Lebens auf dieser Erde und für die Aufnahme des dauernden Lebensbedarfs eingerichtet ist. Der Ausdruck darf
nicht verwechselt werden mit dem Begriff »seelischer
Mensch« von 1. Kor. 2,14. Dieser »seelische Mensch« ist
der aus der Gottesgemeinschaft herausgefallene Mensch,
der ganz auf seine Bedürfnisse hin ausgerichtet lebt. Hier in
1. Kor. 15 geht es aber um Schöpfung und Neuschöpfung
des Leibes. Paulus fährt fort: Wenn es einen solchen seelischen, auf die irdischen Bedingungen ausgerichteten Leib
gibt, dann muss es auch einen geistlichen Leib geben. Denn,
und dies wäre jetzt betont zu lesen, der erste Mensch wurde
eine »lebendige Seele« (V. 45). Christus aber als der neue
Adam, als der »letzte Adam«, d. h. als der Adam der Vollendungswelt, wurde »Leben schaffender Geist«. Das ist
sehr komprimiert ausgedrückt. Christus als der ewige Gottessohn ist Schöpfer. Er hat »Worte des ewigen Lebens«
(Joh 6,68). Gemeint ist hier: Christus wird mit seiner
Schöpferkraft aus den Toten Leben und aus ihrem »seelischen« Leib einen »geistlichen« Leib erschaffen. Der Auferstehungsleib ist also ein »geistlicher« Leib, weil er durch
den Heiligen Geist erschaffen und von seinem Wesen bestimmt ist. Das zweite Gegensatzpaar bezeichnet die Herkunft des Leibes. Der »seelische« Leib ist aus Erde gemacht.
Und so, wie Adam, der erste Mensch, aus Erde gemacht

und demzufolge einen »erdhaften«, einen irdischen Leib
hat, so auch alle seine Nachkommen, denn unser irdischer
Leib ist nach dem Bilde Adams gestaltet. Der »geistliche«
aber ist ein »himmlischer« Leib. Er ist nicht für die irdischen Bedingungen, sondern für das unvergängliche Leben
bei Gott im Himmel geschaffen. Dieser Leib ist nach dem
Bild des Auferstehungsleibes Christi gestaltet, und er wird
allen zuteil, die mit ihm Gemeinschaft haben.

Die Auferstehung zum Leben (15,50-58)

Nach der Auseinandersetzung mit den korinthischen Auf-
erstehungszweiflern in 15, 12 - 49 wendet sich Paulus nun
der besonderen Frage zu, was mit den bei der Wiederkunft
des Herrn lebenden Gläubigen geschehen wird. Was dann
mit den in Christus Gestorbenen geschieht, hatte er in Vers
22 schon gesagt: sie werden alle lebendig gemacht werden.
Aber was geschieht mit den dann lebenden Gläubigen?

V. 50 - 52: So wie die in Christus Gestorbenen durch die
Entrückung eine neue Leiblichkeit erhalten, so ist es auch
mit den in Christus Lebenden. Ihr verweslicher, schandba-
rer, schwacher, vom natürlichen Leben geprägter Leib (vgl.
V. 42 - 44) kann »das Reich Gottes nicht ererben«, d. h.
kann nicht zur unmittelbaren Gemeinschaft mit Christus
kommen. Vergängliches kann keine Gemeinschaft mit dem
Unvergänglichen haben. Es muss erst selbst unvergänglich
werden. Was das im Blick auf die bei der Wiederkunft des
Herrn lebenden Gläubigen bedeutet, sagt der Apostel in
Vers 51 f.: Er nennt das, was er sagt, »Geheimnis« (myste-

rion), also eine nur über ein Offenbarungshandeln Gottes
zugängliche Wirklichkeit. »Wir« — damit fasst Paulus die
ganze Gemeinde der Gläubigen zusammen; es ist ein kol-
lektives »Wir« und nicht nur auf die Korinther zu beziehen.
Paulus fügt sich selbst mit ein, er hält es für möglich, dass
der Herr noch zu seinen Lebzeiten wiederkommt. Das direkte »Überkleidetwerden« mit dem Auferstehungsleib ist
für ihn durchgängige innige Hoffnung (vgl. 2. Kor 5, 1-8).
»Wir werden nicht alle sterben müssen« (V. 51a). Das ist —
so gesehen — eine hoffnungsvolle Aussage. Der Tod wird
nicht über alle gebieten, es wird eine Zeit geben, nämlich
wenn der Herr kommt, in der es dieses von Paulus ersehnte
Überkleidetwerden wirklich geben wird. »Wir werden
aber alle verwandelt werden« (V. 51b). Diese Aussage
knüpft an Vers 50 an. Einen direkten Übergang in das Reich
Gottes kann es im alten Leib nicht geben. Alle zu Christus
Gehörenden, ohne Ausnahme, werden wir dann »überkleidet« bzw. »verwandelt« werden. Dies wird beim Er-
schallen der »letzten Posaune« sein. Die Verwandlung wird
»in einem Augenblick« vor sich gehen, kraft des Befehls des
göttlichen Wortes (vgl. Ps 33, 9). Als Gesamtbild aus diesen
Aussagen ergibt sich: Wenn Christus wiederkommt, werden die Toten in Christus unverweslich auferstehen, also
alle bis dahin entschlafenen Gläubigen, und gleichzeitig
werden die dann lebenden Gläubigen in einem Augenblick
mit einer neuen Leiblichkeit überkleidet und zu Christus
hin entrückt werden. Dieses Bild stimmt völlig überein mit
dem, was der Apostel in 1. Thess 4, 14-17 sagt.

V. 53: Paulus unterstreicht noch einmal die göttliche Notwendigkeit des Auferstehungs- und Verwandlungsgesche-

hens. Alles, was an uns verweslich und sterblich ist, muss durch einen Schöpfungsakt Gottes unverweslich und unsterblich werden. Sonst kann es nicht ins Reich Gottes eingehen.

V. 54 - 57: Die Verse sind ein Ausdruck des Jubels über diese großartige Gottestat am Ende unserer Weltzeit. Wenn dies geschehen wird, wenn an der Gemeinde Jesu dieses Gotteswunder geschehen wird und ihre Toten auferstehen und ihre Lebenden verwandelt werden, dann ist an ihr das prophetische Wort von Jes 25, 8 erfüllt, das die Vernichtung des Todes durch Gott verheißt. Unter Anlehnung an Hos 13, 14 spricht Paulus jetzt den Tod in einer geistgewirkten triumphalen Frage direkt an: »Wo ist dein Sieg? Wo ist dein Stachel?« Der Tod, die Großmacht Nummer eins auf Erden seit dem Sündenfall, wird an der auferstandenen bzw. verwandelten Gemeinde nichts mehr ausrichten können. Sie ist ihm entrissen. Sein vorübergehender Sieg über die Gläubigen ist ihm wieder genommen. In gleicher Weise ist an ihnen auch sein Stachel, die Sünde, unwirksam geworden. Die Gemeinde hat nun eine neue Leiblichkeit, an welche die Sünde nicht mehr heranreicht. Paulus denkt in Vers 55 vermutlich an einen giftigen, Tod bringenden Stachel, denn wen die Sünde »beißt«, der kommt unter die Herrschaft des Todes (Röm 6, 23). Aber die Sünde hat diese todbringende Kraft nicht aus sich heraus, auch nicht von Satan, sondern ihre Tod bringende Kraft kommt vom Gesetz Gottes. Das Gesetz Gottes verklagt die Sünder und verurteilt sie zum Tode. Paulus beendet die Ausführungen über die Auferstehung mit einem Dank an Gott, der den Christen durch Jesus Christus Anteil an seinem Sieg über

den Tod gibt. Wer mit Christus in Gemeinschaft lebt, wird
am Sieg über den Tod Anteil empfangen. Das ist die große
Zusage, die Paulus hier der Gemeinde gibt. Auch damit ist
noch einmal klargestellt, dass die Verheißungen des ganzen
Kapitels nur den Glaubenden gelten. Für alle, die zur Auferstehung des Gerichtes kommen, bleibt der Tod solange
noch die sie bestimmende Wirklichkeit. Und für die endgültig Verdammten muss der Tod im Sinn ewiger Gottestrennung als bleibende Wirklichkeit angenommen werden.

V. 58: Im Blick auf diese große Zukunft bittet Paulus die
Gemeinde in Korinth insgesamt, sich wieder »fest und un-
beweglich« im Evangelium zu gründen, so wie er es ver-
kündigt hat. Wer dem unverkürzten und unverfälschten
Evangelium sein volles Vertrauen schenkt, der wird »im
Werk des Herrn« zunehmen. Das Werk des Herrn ist die
Arbeit des Herrn an seiner Gemeinde, das Gestaltwerden
der Liebe in ihr. Diese Arbeit des Herrn zieht uns in eine
Umgestaltung unseres Lebens, so dass wir immer mehr
Gottes Ehre und das Beste unseres Nächsten suchen. Das
erfordert Aufwand und Mühe (kopos), aber wir dürfen
wissen, dass darauf der Segen Gottes liegt.

Abschließende Anweisungen, Ermahnungen und Grüße (16,1-23)

V. 1 - 4: Die »Heiligen«, für die Paulus sammeln ließ, waren die judenchristlichen Gemeinden in Jerusalem und
Umgebung, die von den Juden bedrängt waren. Paulus ordnet an, dass jeder am »Tag nach dem Sabbat«, also am ers-

ten Tag der Woche, d. h. am Auferstehungstag, eine Gabe
zurücklegen soll. Kollektieren bei den Gemeindegottesdiensten und -versammlungen war anscheinend noch nicht
üblich. Paulus legt Wert darauf, dass bewährte Christen aus
der Gemeinde die Sammlung selbst überbringen. Aus diesen Anordnungen ergibt sich, dass Paulus solchen Sammlungen einen hohen Wert beimaß. Sie waren nicht nur exis-
tenzsichernd für die judenchristlichen Gemeinden in Paläs-
tina, sie waren vor allem auch ein konkreter Ausdruck
christlicher Nächstenliebe, ohne die für Paulus Christsein
nicht vorstellbar war.

V. 5 - 12: Paulus möchte noch eine bestimmte Zeit in
Ephesus bleiben, weil er hier eine offene Tür für sein Wirken hat. Interessanterweise erwähnt er im gleichen Atemzug auch »viele Widersacher«. Gleichzeitig eine offene Tür
und viele Widersacher im geistlichen Wirken zu haben,
schließt sich also nicht aus. Bis Paulus nach Korinth
kommt, soll Timotheus ihn vertreten. Timotheus soll nicht
nur den Brief überbringen, sondern die Korinther an die
Weisungen des Apostels erinnern. Dass dies keine leichte
Aufgabe war, weiß Paulus am besten. Er ermahnt deswegen die Gemeinde, den jungen Timotheus mit Hochachtung aufzunehmen (V. 11). Apollos wird offensichtlich in
Ephesus gebraucht und kann nicht nach Korinth reisen.
Der Abschnitt zeigt, dass sich Paulus in der Planung und
Gestaltung seines Dienstes stets um den konkreten Willen
Gottes bemühte.

V. 13 - 14: Noch einmal ermahnt Paulus zur Glaubensfestigkeit (vgl. 15, 58). Die Korinther brauchen ein nüchternes,

tatkräftiges Christentum, das energisch die im Brief angesprochenen Missstände beseitigt. Genauso nötig brauchen
sie die Liebe, die ihnen hilft, aus ihrem persönlichen sowie
aus ihrem Gruppenegoismus herauszufinden und das
Wohl der ganzen Gemeinde zu suchen. Glaube und Liebe,
das ist das Koordinatenkreuz christlicher Existenz. Damit
ist die Zielsetzung des Briefs prägnant zusammengefasst.

V. 15 - 24: Wer im selbstlosen Einsatz vorangeht, der hat
in der Gemeinde Jesu geistliche Autorität. Paulus sorgt dafür, dass dies in Korinth anerkannt und praktiziert wird.
Die Grüße zeigen die geistliche Verbundenheit der Christen
in der ersten Zeit. Eine Verfluchung spricht Paulus aus über
diejenigen, die aus Eigennutz und ohne Liebe zum Herrn in
der Gemeinde wirksam sind. Das eigentliche Erkennungs-
merkmal eines Christen ist die Liebe zum Herrn. Nicht an
abweichenden Lehrauffassungen, sondern an der Liebe
zum Herrn entscheidet sich letztlich die Existenz der Gemeinde Jesu. Abschließend wünscht Paulus den Korinthern, die ihm so viel Mühe bereiten, die Gnade des Herrn
und versichert sie seiner Liebe. Was er in 1. Kor 13 geschrieben hat, das bestätigt er mit seiner eigenen Person. Er hat
vom Herrn eine unüberwindliche Liebe zu den Korinthern
geschenkt bekommen. Diese Liebe führt ihn zu seinem
großen Einsatz für sie. Diese Liebe wünscht er ihnen allen
von Herzen.

2. KORINTHERBRIEF

Struktur des 2. Korintherbriefs

INHALT

Briefeingang (1,1-2)

V.1: Paulus beginnt den Brief mit der Darlegung seiner apostolischen Legitimation. Er ist ein Apostel Jesu Christi durch Gottes Willen. Gott hat den Plan, durch sein Volk Israel die Menschheit zu segnen und sie zu einem neuen Leben aus Glaube und Liebe zu führen. Nachdem sich Israel als Volk diesem Plan gegenüber ungehorsam erwiesen und sich seinem Messias widersetzt hat, geht Gott einen anderen Weg. Er erwählt sich die von Jesus auserwählte Schar der Apostel und beruft sich — als »späte Geburt« (wie Paulus sich in 1. Kor 15, 8 selbst bezeichnet) — Saulus aus Tarsus, um die heidnische Welt mit dem Evangelium von der Herrschaft Gottes auf Erden zu segnen. Es ist dieser Heilswille Gottes, den Paulus hier in Vers 1 im Blick hat.

Timotheus wird als »Bruder« vorgestellt. Die Korinther wissen, welch hohe Meinung der Apostel von seinem treusten Mitarbeiter hat. Paulus scheut sich nicht, trotz aller betrüblichen Vorkommnisse, die Korinther in einem Atemzug mit allen »Heiligen« in Achaja zu nennen. Alle an Jesus Christus gläubig Gewordenen und in die Gemeinschaft mit dem Dreieinigen Gott Hineingetauften sind »Heilige«, von Gott Beschlagnahmte. Sie gehören zur *ekklesia tou theou*, zur — wörtlich übersetzt — »Volksversammlung Gottes«. Der Begriff ist derselbe, der für die politischen Abgeordneten einer Kommune verwendet wurde, muss aber trotzdem von seinem alttestamentlichen Inhalt her verstanden werden. Israel ist dieses von Gott herausgerufene Volk. Nachdem es als Volksganzes sich dem Plan Gottes verweigert, erwählt sich Gott einen Rest und lässt durch diesen

Rest, den er zu Pfingsten durch den Heiligen Geist bevollmächtigt, aus allen Völkern ein »Gottesvolk« herausrufen.

V. 2: *Charis* (Gnade) und *eirene* (Frieden) fassen die Wirklichkeit Gottes zusammen, die Paulus den Briefempfängern
wünscht. Gott ist ein Gott des Friedens, hebräisch »Scha-
lom«, und zwar des umfassenden Gottesfriedens, der sowohl die Erneuerung der Schöpfung als auch des Menschen einschließt, und er lässt diesen Frieden durch seine
Gnade, die er in der Sendung seines Sohnes Jesus Christus
dokumentiert hat, in der Welt verkünden. Aus dieser
Gnade lebt der Christ.

Die Tröstung Gottes (1,3-11)

Bevor Paulus zum eigentlichen Thema des Briefes kommt,
die Frage seiner apostolischen Legitimation und deren Infragestellung in Korinth, stimmt er einen Lobpreis auf Gott
den Tröster an. Dieser Abschnitt, eine sogenannte Eulogie,
nimmt den Platz der sonst in den paulinischen Briefen (mit
Ausnahme des Galaterbriefes) üblichen Danksagung für
die Gemeinde ein. Er verleiht dem ganzen 2. Korintherbrief
einen besonderen Ernst. In der Diktion ähnelt er auffällig
manchen Psalmen, wo der Beter ebenfalls Gott für eine erfahrene Hilfe in Bedrohung lobt (Ps 71, 20 ff.; 86, 7-17;
94, 16 ff.; vgl. auch 23, 4-6).

V. 3: Paulus preist Gott – in chiastischer Form – als Gott
aller Tröstung und Vater des Erbarmens. Der Plural *oiktir-
mon* (wörtlich: Barmherzigkeiten) ist ein Hebraismus und

drückt die Totalität des Erbarmens aus. Dieser Vater ist der Inbegriff des Erbarmens. Die Aussage »Gott aller Tröstung« bezeichnet in ähnlicher Weise das innerste Wesen Gottes als Trost. Beide Bezeichnungen (»Vater des Erbarmens« und »Gott aller Tröstung«) korrespondieren. Das Erbarmen zeigt sich in der Tröstung. Die Begriffe Trost, Tröstung, trösten, die in der Eulogie in starker Häufung auftreten, müssen alttestamentlich verstanden werden. Der übliche Sprachgebrauch »aufmuntern, Hoffnung vermitteln, das persönliche Mitleid zeigen« deckt den biblischen Gehalt nicht ganz ab. Die Tröstungen Gottes bestehen nämlich darüber hinaus in einem realen Eingreifen in Situationen äußerer Bedrängnis. Dieser Sprachgebrauch wird besonders beim Propheten Jesaja deutlich (vgl. Jes 51, 12-14; besonders auch 40, 1 ff.).

V. 4: Bevor Paulus auf konkrete Dinge eingeht, formuliert er den geistlichen Grundsatz, der die ganze Eulogie trägt. Paulus hat ein tiefes Verständnis vom kommunikativen Wesen Gottes. Wenn Gott jemand etwas gibt, dann will er damit durch diesen betreffenden Menschen andere segnen. Wir empfangen, um weiterzugeben. So ist es auch mit Gottes Tröstungen. Die Kinder Gottes werden getröstet, damit sie andere trösten können. Gott denkt immer an die Gemeinde, und er sieht den Einzelnen immer im Geflecht des Nehmens und Gebens mit anderen. Paulus wird getröstet, damit er in Vollmacht göttlichen Trost weitergeben kann. *Thlipsis* ist das Wort für die äußere Bedrängnis, nicht für die innere Angst. Insofern ist »Trübsal« keine ganz passende Übersetzung. Paulus denkt hier an Verfolgungs- und Benachteiligungssituationen infolge des Christseins. Die

1. Person Plural ist, wie der Zusammenhang beweist (z. B. V. 8), eindeutig Paulus selbst.

V. 5: Paulus sieht sich in einem ganz außergewöhnlichen Maß äußeren Bedrängnissen ausgesetzt. Er verwendet zur Kennzeichnung dieser Sondersituation das bei ihm beliebte Wort *perisseuo* (»überreich vorhanden sein«). Diese Verfolgungs- und Bedrängnissituation, von der im 11. Kapitel noch die Rede sein wird, nennt er »Leiden des Christus«. Ein merkwürdiger Ausdruck! Er sieht also Christus selbst leiden. Welche Vorstellung liegt hier zugrunde? Es ist vermutlich die Vorstellung von der Gemeinde als Leib Jesu (1. Kor 12, 27). Was der Gemeinde um ihres Glaubens willen widerfährt, das widerfährt Christus selbst, denn er lebt als der Auferstandene in ihr. Sie gehört ihm, dem Haupt, als sein Leib unzertrennlich an. Der Auferstandene ist also keineswegs dem irdischen Leiden entzogen. Solange seine Gemeinde in dieser Welt unter den Bedingungen des alten Äons um des Glaubens willen leidet, leidet er mit. Verfolgung und Benachteiligung um Jesu willen sind »Leiden des Christus«. Aber nun kommt das Paradoxe. In dem Maße, in dem Paulus um Christi willen leidet, wird er auch durch Christus getröstet. Wiederum ist an den umfassenden Begriff des Tröstens im A.T. zu denken. Christus steht ihm bei. Christus verändert die Situation. Christus erweist sich als der Stärkere. Das ist ein gewaltiges Zeugnis aus dem Munde des Apostels.

V. 6: Nun wendet sich der Blick zur geistlichen Deutung der Bedrängnisse und Tröstungen. Paulus behauptet in diesem Vers, dass die Bedrängnisse für die Gemeinde in

Korinth zum Trost und schließlich zur Errettung vor dem
Gericht Gottes dienen werden. Wie ist das zu verstehen?
Der Schlüssel liegt in Vers 5. Paulus deutet sein um seiner
apostolischen Tätigkeit willen erlittenes Leid als »Christus-
Leiden«. Das Verfolgtwerden um des Glaubens willen ist
ihm kein lästiges Übel, sondern ganz elementar mit dem
Christsein verbunden, und dies ist bei ihm als Apostel in besonderer Weise so. So wie Christus an der Welt und durch
die Welt gelitten hat, so ist christliche Existenz in einer von
der Sünde beherrschten Menschheit nur als leidende Existenz möglich. Aber so wie der Vater im Himmel seinem
Sohn immer beistand, so steht auch der Auferstandene den
Seinen immer bei. Gerade dort, wo sie mit ihren Möglichkeiten ans Ende kommen, wo sie um ihres Glaubensweges
willen verkannt, verschmäht und verfolgt werden, erweist
sich der Herr an ihnen als der starke Heiland und Tröster.
Und daran wird deutlich, dass sie nicht allein sind, sondern
dass sie aus der Kraftquelle des lebendigen Gottes gespeist
werden. Sie werden transparent für Christus. Ihr Leben
wird zeugnishaft, ein deutliches Hinweisschild auf ihren
Herrn. Und dies trifft für den Apostel in einer konzentrier-
ten Form zu. So kann er sagen: Der Tod wirkt an uns
mächtig, aber an euch das Leben (4, 12). Oder hier: Unsere
Bedrängnisse bewirken bei euch göttlichen Trost und dienen letztlich zu eurer Errettung vor Gottes Gericht, d. h.
also: in unseren Bedrängnissen wird der Auferstandene selber der Gemeinde offenbar, denn sie dokumentieren sein
göttliches Wirken. Er bringt sein Werk voran im Widerstand der Welt. So wird sie in ihrem Glauben gestärkt, und
das dient zu ihrer Errettung im Gericht Gottes. Auch der
Trost Gottes, d. h. die von Paulus erfahrene Hilfe Gottes, ist

in der Deutung des Apostels letztlich für die Gemeinde gegeben. Durch diesen göttlichen Trost wird auch sie in ihren eigenen Bedrängnissen getröstet. Sie empfängt Geduld, *hypomone*, die von Gott geschenkte Kraft, im Leid auszuhalten und durchzuhalten. Gott selbst wirkt auf diese Weise an ihr.

V. 7: Paulus äußert seine feste Hoffnung, dass Gott das Werk der Tröstung, also der aktiven Hilfe, genauso bei den Korinthern tun wird, wie er es an ihm selbst getan hat. Als Begründung dafür führt er seine Gewissheit an (*eidotes*, »es ist uns gewiss«), dass genauso, wie die Korinther Anteil an den »Christus-Leiden« haben, sie auch Anteil an den Tröstungen Gottes empfangen werden. Er selbst hat es so erfahren, und das Gleiche werden auch die Korinther erfahren. In den Versen 6 und 7 gibt Paulus also zu erkennen, dass nicht nur er auf seinen Reisen, sondern auch die Korinther um des christlichen Glaubens willen in Bedrängnissen stehen. Für Juden und Heiden ist, aus unterschiedlichen Gründen, die Botschaft des Evangeliums ein Anstoß (vgl. 1. Kor 1, 22 f.). Dort, wo sie von Menschen eindeutig gelebt wird, erregt sie Ärgernis und Ablehnung. Das haben die Korinther erfahren, und das wird auch so bleiben, solange die Gemeinde Jesu in dieser Welt lebt.

V. 8 - 11: Paulus wird nun konkreter. Was er in den Versen 3 bis 7 grundsätzlich ausgeführt hat, bekommt nun zeugnishaften Charakter. Paulus hat in der römischen Provinz Asia, also im westlichen Teil Kleinasiens, eine besondere Bedrängnissituation erlebt. Wir wissen nicht genau, was das war. Es muss sich jedoch — aus dem Wortlaut von Vers

8 f. zu schließen — um eine Lage gehandelt haben, die für Paulus Todesgefahr bedeutete. Er hatte sein Leben schon aufgegeben. Und nun folgt eine erstaunliche Wendung in seinem Bericht. Anstatt näher auf die Situation einzugehen, deutet er sie — wie in Vers 3-7 vorbereitet — als ein Gottesgeschehen. Hinter dem, was ihm hier von Menschenhand widerfuhr, erkennt er Gottes Arm und Regie. Gott wollte ihn damit zu einem besonderen Glaubensschritt führen, nämlich zur Glaubensgewissheit, dass Gott ein Gott ist, der Tote auferwecken kann. Die Parallele zu Abraham springt ins Auge. Auch Abraham wurde in seinem Glauben bis zum Letzten geprüft, als Gott ihm zumutete, den einzigen, lange erbetenen Sohn zu opfern. Aber Gott wollte damit nur Abrahams Glauben eine neue, tiefere Dimension erschließen, die Dimension des Schöpfertums Gottes. Gott ruft dem, was nicht ist, dass es sei (Röm 4,17). In solchen Extremsituationen hat der Glaubende nur noch die Wahl zwischen Verzweiflung und dem kühnen Vertrauen, dass Gott in schöpferischer Vollmacht aus dem Nichts alles erschaffen kann. So deutet der Apostel hier seine Todesnot. Gott selber wollte ihm zeigen, was er, Gott, vermag.

In Vers 10 bezeugt Paulus, dass er durch diese Situation und Gottes wunderbares Eingreifen eine gewaltige Glaubensstärkung empfangen hat. Denn was Gott einmal getan hat, das vermag er immer wieder zu tun. Vers 11 gibt einen Einblick in das Heilshandeln Gottes. Gott verleiht uns Zuversicht und Hoffnung, immer bei uns zu sein und uns in jeder Lage zu schützen. Gleichzeitig will Gott aber gebeten sein. Er bindet seinen Segen an betende Hände. Anders ausgedrückt, er nimmt seine Kinder so wichtig, so ernst, dass er sich selbst verpflichtet, auf ihre Bitten zu war-

ten und dann diese Bitten zu erfüllen. Deswegen bindet
Paulus die Erfüllung seiner Hoffnung auf den künftigen
Schutz Gottes an die Gebete der Gemeinde in Korinth.
Wenn das geschieht, dass die Gemeinde betet und Gott seinem Apostel weiterhin mit Schutz und Fürsorge zur Seite
steht, dann wird — dessen ist sich Paulus gewiss — das Evangelium weiter durch die heidnische Welt laufen. Dann werden noch viele Menschen für ein neues Leben unter Gottes
Herrschaft gewonnen, und sie werden für das dem Paulus
verliehene Apostelamt (*charisma*, »Gnadengeschenk«) Gott
danken und ihn preisen. Die Korinther tun also, wenn sie
die Fürbitte ernst nehmen, den entscheidenden Dienst für
den Fortgang der Wirksamkeit des Apostels.

Die Aufrichtigkeit des Apostels (1,12-2,4)

So wie im Römerbrief nach der Danksagung (Röm 1, 8-
15) die Angabe des Themas folgt (Röm 1, 16 f.), so kann
hier Vers 12 als Leitthema des 2. Korintherbriefes gelten. Es
geht dem Apostel um die Darstellung seines apostolischen
Dienstes, und zwar nicht um seiner selbst willen, sondern
um Christi willen, der ihm dieses Amt anvertraut hat. In
Korinth wird sein Apostolat nach wie vor bezweifelt. Damit wird nicht nur seine Person diskreditiert, sondern vor
allem Christus selbst. Wenn man auf Paulus nicht hört,
dann ist man Christus ungehorsam. Dann ist die ganze
Paulus übertragene Missionsarbeit unter den heidnischen
Völkern in Frage gestellt. Die Aufsässigkeit der korinthischen Christen gegen Paulus trägt Sprengstoff in sich. Er
musste hier einschreiten. Und nachdem ihm bei seinem

Zwischenbesuch in Korinth der Ernst der Lage klar geworden war und Titus, der den sogenannten Tränenbrief überbracht hatte, ihm in Mazedonien die neueste Lage in der
korinthischen Gemeinde geschildert hatte, sah sich Paulus
genötigt, ganz grundsätzlich sein Apostelamt darzustellen
und es gegen alle Verdächtigungen zu verteidigen. Wie alle
Paulusbriefe ist auch der 2. Korintherbrief ein Gelegen-
heitsbrief, d. h. den grundsätzlichen Ausführungen liegen
konkrete Tatbestände zugrunde.

V. 12: Paulus beginnt die große Apologie seines Apostolats mit einer für ihn typischen Aussage. Er rühmt sich vor
Gott, dass er seinen apostolischen Dienst gottgefällig ausgeübt hat. »Dies ist unser Rühmen« *(kauchesis).* Das geistliche Sich-vor-Gott-Rühmen ist das Gegenteil zu jeglicher
Anspruchshaltung. Menschliches Sich-Rühmen verweist
auf die eigenen Leistungen. Geistliches Sich-Rühmen gibt
Gott die Ehre für bestimmte Segnungen Gottes. Paulus
jubiliert im Herzen vor Gott, dass dieser ihm geholfen hat,
seinen apostolischen Dienst mit ungeteiltem Sinn (*haplotes,*
»Einfalt«) und in »Reinheit« *(eilikrineia)* des Glaubens und
der Liebe zu verrichten. Dass dies so ist, bezeugt ihm sein
Gewissen. Das Gewissen ist für Paulus keine Letztinstanz.
Aber er führt es als eine Instanz, die das eigene Verhalten
prüft, als Untermauerung einer Aussage zur eigenen Person
an (vgl. Röm 9, 1). Also nicht das reine Gewissen ist Gegenstand seines Rühmens, sondern die persönliche Gewissheit, vor Gott und den Menschen aufrichtig und rein dazu-
stehen. Gleichzeitig weist Paulus darauf hin, dass er nicht
nach dem Maßstab menschlicher Klugheit handelt, also
nach eigenem Gutdünken, sondern dass er sich im Leben

und Dienst von der Gnade Gottes abhängig weiß und sich von ihr führen lässt. Das ist seine apostolische Ehre, dass er geistlich vorbildlich lebt. Wie tief muss es ihn gekränkt haben, dass man in Korinth ausgerechnet seine Totalhingabe an Christus verkannte und ihm rein menschliche, egoistische Motive für seinen Dienst unterstellte. Vers 12 will eine umfassende Aussage sein: *en to kosmo*, »überall« lebt und handelt er so. Und in besonderer Weise im Umgang mit den Korinthern. Sie, die das bestreiten, müssen nun hören, dass er sich vor Gott ganz klar ist, gerade ihnen gegenüber sich rein und aufrichtig verhalten zu haben.

V. 13: Paulus geht nun auf Vorwürfe wegen seiner Briefe ein (vgl. 10, 10 f.). In Korinth warf man ihm vor, mit seinen Briefen Eindruck machen zu wollen, während er, wenn er persönlich anwesend sei, diesem Eindruck nicht entspreche. Paulus antwortet, ganz im Sinn von Vers 12, dass er in derselben Aufrichtigkeit und Reinheit des Herzens auch seine Briefe schreibt. Das *gar* (»Denn«) am Anfang ist nicht begründend, sondern wendet die Aussage von Vers 12 auf die Briefe an. »Und — in derselben Aufrichtigkeit — schreiben wir euch auch, was ihr lest und versteht.« Vers 13b greift das Stichwort »verstehen« auf und bringt einen neuen, tieferen Gedanken: »Ich hoffe aber, dass ihr noch völlig verstehen werdet«. Diese Aussage soll den Korinthern zeigen, dass ihr geistliches Verstehen noch wachsen muss, gerade auch in Bezug auf das Apostelamt des Paulus.

V. 14: Dieser Vers schließt sich unmittelbar an diesen neuen Gedanken an: »... so wie ihr auch schon ein wenig verstanden habt, dass wir euer Ruhm sind ...« Was will

Paulus hier sagen? Er sieht in der Gemeinde das Verständnis für seine apostolische Tätigkeit wachsen, ebenso die Dankbarkeit vor Gott, dass sie überhaupt gewürdigt worden ist, das Evangelium zu hören und anzunehmen. Insofern ist das Verständnis zum Teil schon da, dass Paulus der Ruhm der korinthischen Gemeinde ist. »Ruhm« ist hier — ähnlich wie das Rühmen in Vers 12 — der Ausdruck geistlicher Dankbarkeit für eine bestimmte Gottessegnung, die am Tag der Wiederkunft Jesu konkret werden wird. Paulus wird dann der Ruhm der Gemeinde sein, weil Gott ihr durch ihn das Evangelium gebracht hat. Paulus fügt hinzu »... so wie auch ihr (nämlich unser Ruhm seid) am Tag unseres Herrn Jesus«. Wenn Christus wiederkommt, will sich Paulus vor Gott für die korinthische Gemeinde rühmen, nämlich dass er von Gott gewürdigt worden ist, diese Gemeinde zu gründen und geistlich zu betreuen.

V. 15 - 22: Nun muss Paulus einen konkreten Vorwurf entkräften. In 1. Kor 16, 5 ff. hatte er einen zweiten Besuch (nach dem langen Gründungsaufenthalt) angekündigt. Diese Absicht hatte er noch nicht verwirklicht. Stattdessen war er aufgrund der Besorgnis erregenden Entwicklung in Korinth zu einem kurzen Zwischenbesuch dort gewesen. Aber der Anlass dazu war traurig, und so konnte er auch in Korinth nichts anderes als Betrübnis auslösen (2, 1). Der in Aussicht gestellte zweite Besuch war das also noch nicht. In Korinth warf man ihm nun deshalb vor, dass er unzuverlässig sei. Damit sieht er sich persönlich und in seinem Dienst aufs Schwerste getroffen. Entsprechend ernst und gewichtig ist seine Reaktion. »In folgender Überzeugung«, so schreibt er, wollte er einst kommen, nämlich um eine

»zweite Gnade« zu bringen. Durch den Gründungsaufenthalt ist den Korinthern schon eine große Gnade Gottes zuteil geworden. Nun, so ist Paulus überzeugt, will Gott sie ein zweites Mal segnen.

Nach einem anschließenden Besuch in Mazedonien wollte er wieder zurückkehren und die praktische Hilfe der Korinther für die Reise nach Judäa in Anspruch nehmen. Nun weist er die Vorwürfe zurück. War das etwa leichtfertig geplant? Hat er in menschlicher Weise *(kata sarka)* einmal gegebene Zusagen gebrochen? (Wörtlich: »Plane ich denn, was ich plane, in menschlicher Weise — also ohne mich vom Herrn führen zu lassen —, so dass dann das Ja bei mir ohne weiteres wieder ein Nein werden könnte?«)

Nach diesen rhetorischen Fragen gibt Paulus nun eine theologisch gewichtige Antwort. Man kann sich dazu den emphatischen Ausruf »Wie sollte ich!« denken. Die Wendung »Gott ist treu« ist eine Beteuerungsformel: »Gott ist mein Zeuge, dass mein Wort an euch kein solches Ja und Nein ist.« »Denn der Gottessohn Jesus Christus, der durch uns unter euch verkündigt worden ist, durch mich, durch Silvanus und Timotheus, ist auch kein Ja und Nein, sondern durch ihn ist das Ja geworden.« Der Gedankengang ist folgender: Wie sollte ich, als Apostel Jesu Christi, Ja sagen und Nein tun, wenn Christus selber das große Ja Gottes geworden ist. Ein Apostel, der das große Ja Gottes verkündigt, kann unmöglich unaufrichtig sein. Das ist das stärkste Argument, was Paulus in diesem Zusammenhang für seine Vertrauenswürdigkeit anführen konnte. Noch einmal wird die Tatsache des großen Jawortes Gottes in Jesus Christus aufgegriffen. Christus ist das Ja, also die Erfüllung aller Gottesverheißungen geworden. Wir haben hier eine ganz fun-

damentale Aussage vor uns. Gott ist ein Heil schaffender
Gott. Sein ganzes Wollen und Planen zielt auf das Heil der
Menschheit. Sein ganzes Offenbarungshandeln, wie es die
Heilige Schrift bezeugt, dient nur diesem einen großen Ziel.
Als Weg zu diesem Ziel hat Gott die Menschwerdung seines Sohnes gewählt. Da die ganze Schrift ein Dokument
des Heil schaffenden Gottes ist, muss sie auf Christus hin
ausgelegt werden, denn in ihm schafft Gott das Heil. Vers
20 ist nichts anderes als der hermeneutische Schlüssel zur
Schrift. Der ganze Heilsplan Gottes ist in Christus erfüllt.
Also hat die ganze Schrift in Christus ihren Inhalt. Vers 20b
lenkt auf die Aussage von Vers 19 zurück. »Deswegen wird
von uns (d. h. durch die drei genannten Verkündiger) durch
ihn (Christus) das Amen Gott zur Ehre verkündigt.« Paulus sieht seinen Verkündigungsdienst als das große Amen
für das Ja Gottes zur Menschheit in Jesus Christus.

Die Verse 21 f. haben den Charakter des bei Paulus
sehr beliebten Lobpreises (obwohl ein entsprechendes Verb
fehlt). Paulus erinnert die Korinther an den gemeinsamen
Christusglauben und beendet damit den Teil, der seine Aufrichtigkeit als Apostel darlegen sollte. »Gott ist es, der euch
und uns in Christus festmacht.« Paulus spricht hier die
Hoffnung aus, dass Gott selbst, so wie er, Paulus, es an sich
selbst erfährt, auch die Korinther immer mehr im Glauben
an Christus stärkt und damit auch in der Erkenntnis wachsen lässt, was sie an ihm, dem Apostel, haben. Paulus grün-
det seine Hoffnung auf die Tatsache, dass Gott mit der
geistlichen Neugeburt den ersten entscheidenden Schritt
schon gegangen ist: 1.) Gott hat uns gesalbt, 2.) Gott hat
uns versiegelt und 3.) Gott hat uns den Heiligen Geist als
Angeld in unsere Herzen gegeben. Mit diesen Begriffen be-

schreibt Paulus das geistliche Geschehen, das sich an einem Menschen vollzieht, der Jesus Christus im Glauben als seinen persönlichen Herrn und Heiland ergreift. Er wird »gesalbt«, d. h. er wird von Gott in den Status eines geistlichen Königs und Priesters versetzt. Er wird »versiegelt«, d. h. Gott erklärt ihn zu seinem persönlichen Eigentum. Er empfängt den Heiligen Geist als Angeld, d. h. er wird ein Erbe der Herrlichkeit Gottes, von dem der Heilige Geist sozusagen die erste Anzahlung Gottes ist.

1, 23 - 2, 4: Hier benennt Paulus den Grund für die Änderung seiner Reisepläne. Der Ernst der Argumentation verwundert beim ersten Lesen. Doch wenn man bedenkt, dass der Vorwurf der Unaufrichtigkeit seinen ganzen apostolischen Dienst gefährdete, kann man diese Äußerungen gut verstehen. Paulus ruft Gott zum Zeugen an für seine Aufrichtigkeit (ähnlich in Röm 1, 9; Phil 1, 8 und 1. Thess 2, 5.10). Die Ernsthaftigkeit wird unterstrichen durch den Zusatz »bei meinem eigenen Leben«. Paulus will nicht mehr leben, wenn er den Korinthern gegenüber unaufrichtig war. Der wahre Grund für die Änderung seiner Reisepläne war die Absicht, der Gemeinde erneuten Kummer zu ersparen. Vers 24 gibt einen wertvollen Einblick in das Selbstverständnis des Apostels. Paulus weiß sich von Christus in das Amt des Heidenapostels eingesetzt. Der Schwerpunkt seines Dienstes lag demzufolge in der missionarischen Durchdringung des Römischen Reiches. Wo aber Gemeinden entstanden waren, dort vertraute er auf die Wirksamkeit Christi, vermittelt durch die eingesetzten Ältesten. Ihnen gegenüber wollte er ein »Mithelfer zur Freude« sein, denn wo sich Menschen der Herrschaft Gottes unterstellen (V. 24b), dort schenkt der Heilige Geist

Freude (Röm 14, 17). Innergemeindliche Klärungspro-
zesse und Akte der Gemeindezucht gehörten nach seiner
Überzeugung zur Verantwortung der eingesetzten Ältesten. Hier bestimmend einzugreifen, gehörte nicht zu seiner
Berufung. Im Blick auf dieses Selbstverständnis wird seine
Haltung durchsichtig. Er will nicht noch einmal »Betrübnis« auslösen (so ist die Wendung *en lype* zu übersetzen). Es
ist übrigens bezeichnend für die geistlich notvolle Situation
in Korinth, dass Paulus die Begriffe *lype* und *lypeo* (»Betrübnis«, »in Betrübnis versetzen«) fast ausschließlich im
2. Korintherbrief verwendet.

Auch diese Aussagen bestätigen, dass Paulus in seinem Dienst für die korinthische Gemeinde Freude vermitteln und selbst Freude erfahren möchte. Paulus will sich an
denen, die er, wenn er gekommen wäre, hätte betrüben
müssen, freuen. Deswegen hatte er, statt selbst zu kommen, der Gemeinde geschrieben (den sogenannten Tränenbrief). Das war sein Beitrag zu den innergemeindlichen
Klärungsprozessen gewesen.

Diesen Brief hatte Paulus unter viel Gebet und Tränen
geschrieben. Er wollte keine Betrübnis bringen und musste
doch auf das ungeistliche Verhalten derer hinweisen, die
ihn nicht als Apostel anerkennen wollten. Die große Liebe
sollte deutlich werden, die er gerade zu dieser »Sorgengemeinde« in Korinth hat.

Vergebung als zentrale Tat der Liebe (2,5 - 11)

Paulus kommt nun, nachdem er seine Aufrichtigkeit vor Gott und den Menschen beteuert hat, auf einen speziellen Notstand in der korinthischen Gemeinde zu sprechen. Wir können die näheren Umstände nur vermuten, da Paulus den Fall nicht konkret benennt. Nur so viel ist deutlich (vgl. 7, 12), dass ein Gemeindeglied — wahrscheinlich unter Duldung eines Teils der Gemeinde — eine schwere Beleidigung des Apostels verursacht haben muss. Der Vorfall ereignete sich vermutlich während des kurzen Zwischenbesuchs, den Paulus in Korinth abgestattet hatte. Jetzt, vor Beginn des dritten Besuchs (der schon im 1. Korintherbrief angekündigten »zweiten Gnade«, 1, 15) war die Lage schon wieder verändert. Die Gemeinde hatte den Betreffenden hart bestraft, und sie stand nun in der Gefahr, die nötige Liebe zu versäumen.

V. 5: Derjenige, der die Betrübnis verursacht hat, so betont Paulus, hat nicht nur ihn betrübt (rhetorische Formulierung: »er hat nicht mich betrübt«), sondern im Grunde die ganze Gemeinde (*apo merous* hier »in gewisser Hinsicht«). Was der Einzelne im Guten und Schlechten tut, betrifft immer die ganze Gemeinde, denn er ist ein Glied am Organismus der Gemeinde.

V. 6: Die von der Mehrzahl der Gemeinde verhängte Strafe (Abendmahls- bzw. Gemeindeausschluss?) hält Paulus für angemessen und ausreichend, bittet aber nun um einen Schlussstrich und einen neuen Anfang mit dem Übeltäter.

V. 7: In der Vergebung und im geschwisterlichen Trost soll sich nun die Gemeinde desto stärker engagieren, damit der Bestrafte nicht von der Last der Strafe »verschlungen« wird (Paulus meint wohl: in Versuchung gerät, vom Glauben abzufallen).

V. 8 - 9: Paulus ermahnt die Gemeinde, nun der Liebe Geltung zu verschaffen. Er nimmt auf seinen »Tränenbrief« Bezug. Auch ihn hatte er geschrieben, um die Glaubensreife der Gemeinde kennen zu lernen, ihre »Bewährung« *(dokime)*. Genau dies ist das Motiv seiner in Vers 8 ausgesprochenen Ermahnung. Er möchte wissen, ob die Korinther schon zu dieser geistlichen Reife gekommen sind, die sich in der Vergebungsbereitschaft nach der erfolgten Bestrafung zeigt.

V. 10: Paulus nimmt die Gemeinde ernst. Wenn sie sich zur Vergebung entschließt, dann ist das eine auch für ihn gültige und verbindliche Entscheidung. Dann vergibt er auch. Er selbst ist mit seiner Vergebungsbereitschaft schon vorausgegangen und hat der Gemeinde ihr Versagen ihm gegenüber ebenfalls vergeben.

V. 11: Dieser Vers enthält eine interessante geistliche Aussage. Der Apostel rechnet mit der Hinterlist Satans. Er weiß, dass Satan geistliches Versagen unter Christen sofort nutzt, um sie lahm zu legen und gegeneinander aufzubringen. Der Kern dieser Aussage ist folgender: Wo Christen ihre erlittenen Verletzungen bewusst festhalten und wider bessere Einsicht unwillig zur Vergebung sind, öffnen sie sich den Angriffen Satans, der sie dann überlistet und über-

vorteilt *(pleonekteo)*. Die fünfte Vaterunserbitte »Vergib
uns unsere Schuld, genauso wie auch wir vergeben unseren
Schuldigern« enthält dieselbe Einsicht. Christen leben
selbst aus der Vergebung, und deswegen ist es ihre vorran-
gige Aufgabe, denjenigen Menschen zu vergeben, die an ihnen schuldig geworden sind und sie um Vergebung bitten.

Die Missionstätigkeit des Apostels — ein Triumphzug Gottes (2,12-17)

V. 12 - 13: Paulus nimmt den Faden von 2, 1 - 4 wieder auf
und fährt fort mit der biographischen Bemerkung, dass er
in Troas unruhig wurde und nach Mazedonien weiterrei-
ste, um Titus zu treffen. Die Korinther konnten aus dieser
Notiz entnehmen, wie wichtig sie ihm sind, wie sehr die
geistliche Entwicklung ihrer Gemeinde ihm am Herzen
liegt. Gleichwohl liegt — ganz ähnlich wie im Abschnitt
1, 23 bis 2, 11 — der inhaltliche Schwerpunkt nicht auf der
persönlichen Berichterstattung, sondern auf den grundsätzlichen Ausführungen zum Apostelamt. Der Leitge-
danke für 2, 14 - 17 ist die »geöffnete Tür«, die Paulus in
Troas für das Evangelium vorfand. Wir haben hier ein
wichtiges Kennzeichen für die Missionsarbeit des Apostels
vor uns. Paulus weiß sich in seinem Dienst ganz und gar
von der Hilfe Gottes abhängig. Nur wenn Gott ihm vo-
rausgeht und Türen öffnet, kann er »Frucht schaffen«, d. h.
Menschen unter Gottes Herrschaft rufen und sie zu einem
Leben mit Jesus Christus führen, das Gott die Ehre gibt.
Deswegen bittet er um Fürbitte, dass Gott ihm Türen auf-
tut (Kol 4, 3), und er bezeugt, dass Gott ihm Türen auftat

(1. Kor 16, 9). Die z. T. spontan beschlossenen Änderungen seiner Reisepläne oder auch die manchmal unverhältnismäßig langen Aufenthalte hängen mit dieser geistlichen Sensibilität des Apostels zusammen. Dort, wo Türen geschlossen sind, zieht er bald weiter. Wo Türen offen stehen, arbeitet er intensiv. Der relativ kurze Aufenthalt in Troas bildet eine Ausnahme. Obwohl Gott ihm dort Türen geöffnet hat, erfasst ihn eine innere Unruhe im Blick auf die Verhältnisse in Korinth. Er verabschiedet sich von den dortigen Christen und zieht nach Mazedonien, um Titus eher zu treffen. Die große Bedeutung, die Paulus der Entwicklung der korinthischen Gemeinde für seine gesamte Missionstätigkeit beimaß, ist mit Händen zu greifen.

V. 14: Paulus kommt zur Hauptaussage des Abschnitts. Die Erfahrung der offenen Tür in Troas führt ihn zu einer grundsätzlichen Aussage über seinen ganzen Aposteldienst. In großer Dankbarkeit vor Gott stellt er fest: »Gott führt uns allezeit in seinem Triumphzug in Christus mit und lässt den Wohlgeruch seiner Erkenntnis durch uns an jedem Ort verbreiten.« Der Apostel greift hier nach seiner Gewohnheit ein Bild aus seiner Zeit auf – den Triumphzug der römischen Feldherrn nach einem Sieg – und füllt es mit einem neuen, geistlichen Inhalt. Der lebendige Gott vollzieht durch die ganze heidnische Welt einen gewaltigen Triumphzug, durch den sein Sieg über Sünde, Tod und Teufel proklamiert wird. Die »Gefangenen«, die als Siegesbeute mitmarschieren, sind alle, die durch die Verkündigung des Evangeliums für Gott und ein Leben unter seiner Herrschaft gewonnen wurden. Paulus sieht sich gewürdigt, in diesem Siegeszug in vorderster Linie mitmarschieren zu dürfen. Er bezeichnet sich — wieder in einem zeitgenössischen Bild — als Priester, der Wohlgeruch verströmt, ganz so, wie die heidnischen Priester bei den Triumphzügen Weihrauch und andere Wohlgerüche unter das Volk sprengten. Der Wohlgeruch, den Paulus verbreiten darf, ist allerdings ganz anderer Natur. Er besteht in der Erkenntnis Gottes, die durch die Verkündigung des Evangeliums entsteht, und er ist im Tiefsten die Erfüllung aller Wohlgerüche der alttestamentlichen Opfer (vgl. 1. Mose 8, 21; 3. Mose 1, 9.13 und 17; 2, 2 u. ö.). Ein großartiges Gesamtbild, das da vor unseren Augen entsteht!

V. 15 - 16: Paulus bleibt in der Terminologie der Opfersprache und beschreibt den in Vers 14 erwähnten Wohlgeruch näher. Nicht nur sein Wirken verbreitet den Wohlgeruch der Erkenntnis Gottes, sondern er selbst, als ganze Person, ist »Wohlgeruch Christi«. Ein außerordentlich kühnes Bild! Der Genitiv ist ein genetivus subiectivus, Paulus meint also nicht einen Wohlgeruch für Christus, sondern den Wohlgeruch, den Christus stiftet. Der auferstandene Herr hat ihn zum Apostelamt unter der heidnischen Welt bestimmt und berufen. Er hat ihn mit seinem Geist beschenkt. Und so hat er ihn zum »Wohlgeruch« gemacht, bei aller bleibenden menschlichen Schwachheit. Paulus weiß sich in seiner ganzen Person von Christus durchdrungen, geführt und gesegnet (vgl. Gal 2, 20). Er weiß, in aller Demut, dass er — um im Bild zu bleiben — mit allem, was er ist und hat, »Christus verströmt«. Paulus bleibt in der Formulierung streng bei der Opfervorstellung. Der Wohlgeruch der römischen Triumphzüge und Opferrituale war in erster Linie für die Gottheiten bestimmt. Auch er selbst ist in seinem Wirken zunächst ein Wohlgeruch Christi »für Gott«. Er wirkt für Gott. Er will »Frucht« schaffen, d. h. Menschen gewinnen, die sich der Herrschaft Gottes unterstellen und ein Leben im Glauben und in der Liebe führen. Als »Wohlgeruch Christi« ist Paulus tätig unter denen, die gerettet werden, und unter denen, die verloren gehen. Mit den »Geretteten« meint Paulus alle, die aufgrund ihres neuen Lebens mit Jesus Christus im Gericht Gottes vor dem Zorn Gottes errettet werden. Diejenigen, die »verloren gehen«, sind alle, die sich der Botschaft des Evangeliums verschließen.

Vers 16a führt die scheidende Wirkung der Evangeliumsverkündigung weiter aus. In Form eines Chiasmus wird erst die Wirkung des Evangeliums auf diejenigen beschrieben, die sich verschließen. Für sie ist Paulus und sein Dienst ein Geruch, »der aus dem Tod zum Tod« führt. Ihr eigener »Tod«, d. h. ihr Verschlossensein für Gott (vgl. Lk 15, 24; Joh 5, 24; Röm 5, 12 - 21; 7, 5; Eph 2, 1.5), führt sie in den ewigen Tod, in die ewige Trennung von Gott. Für die anderen, die das Evangelium annehmen, wird es zum Geruch, der »aus dem Leben zum Leben« führt. Das Evangelium kommt vom lebendigen Gott, von dem Gott, der wahres, göttliches, heiliges und unzerstörbares Leben verkörpert, und der allein dieses göttliche Leben weitergeben kann. Wer das Evangelium als Botschaft des Lebens hört und im Glauben Christus ergreift, empfängt in ihm das Leben. In Vers 16b stellt Paulus unvermittelt eine Frage: »Wer ist dazu aber fähig?« Er will sagen, wer vermag denn solch ein Wohlgeruch Christi zu sein? Die Antwort ist klar. Nur wer von Christus zu dem Dienst der Evangeliumsverkündigung berufen ist und von ihm bevollmächtigt wird. Mit dieser Frage bringt Paulus sein Hauptthema, was ihn bis Kapitel 6, 10 noch intensiv beschäftigen wird, weiter voran: das Wesen seines Apostelamtes.

V. 17: »Wir sind nicht wie die vielen, die mit dem Wort Gottes Geschäfte machen ...« Auch an anderen Stellen erwähnt Paulus solche Leute, die ohne echte Berufung predigen (Phil 3, 17-19; Röm 16, 18; 2. Kor 11, 13-15). Wen meint Paulus damit? Das können sowohl jüdische Synagogenprediger (denn auch sie verkündigen ja mit dem A.T. das »Wort Gottes«), als auch Leute sein, die ohne Berufung durch Christus und ohne apostolische Beglaubigung in den heidenchristlichen Missionsgemeinden predigen. Zweifellos denkt Paulus hier auch an diejenigen Christen in Korinth, die öffentlich sein Apostelamt bestreiten und gegen ihn intrigieren. Ihnen gegenüber stellt er fest, dass er aus Lauterkeit und Reinheit, aus Gott selbst und vor Gott, in der Gemeinschaft und Bevollmächtigung durch Christus spricht. Das ist eine emphatische und energische Aneinanderreihung zentraler Kennzeichen seines Dienstes, wie sie in dieser Fülle sonst selten aufgezählt werden. Vor Gott und seinem Gewissen ist sich Paulus darüber klar, dass er in geschenkter, heiliger Reinheit (ohne egoistische Nebenmotive) seinen Dienst verrichtet. Er weiß, dass seine Verkündigung »aus Gott« kommt, denn der auferstandene Herr hat ihn zu diesem Dienst berufen und eingesetzt. Er steht in seinem ganzen Wirken »vor Gott«; Gottes Urteil ist ihm wichtig, Gottes Vollmacht sucht er, Menschenurteil ist ihm unwichtig. Und er lebt in der Glaubensgemeinschaft mit Christus (en Christo). Damit hat Paulus unverwechselbare und unverzichtbare Maßstäbe für jeden Dienst im Reich

Gottes aufgestellt. Nur Menschen, die diese Voraussetzungen erfüllen, können gesegnete Diener und Arbeiter im
Weinberg Gottes sein.

Die Eignung des Apostels zum Dienst (3,1-6)

V. 1: Der Vers 2, 17b konnte missverstanden werden als
menschliches Eigenlob. Paulus kennt die Gedanken der
Korinther. Dies haben sie ihm schon früher vorgeworfen.
Aber anstatt die Frage direkt zurückzuweisen, fügt er — ge-
wissermaßen als Antwort — eine zweite Frage an. »Habe
ich eigentlich — wie andere es tun — mir Empfehlungsschreiben für euch oder von euch ausstellen lassen?« Jeder
in Korinth wusste, dass Paulus auf solche damals durchaus
üblichen Schreiben immer verzichtet hatte. Wie sollte er
dann, der diesen Weg der Selbstempfehlung verschmäht,
sich hier selber empfehlen? Das »wir« in 3, 1 bis 6 ist übrigens immer auf Paulus zu beziehen. Es geht ihm um das
von ihm ausgeübte Apostelamt.

V. 2 - 3: In einer ganz überraschenden Wendung nimmt
Paulus den Begriff des Empfehlungsschreibens auf und bezieht ihn auf die Gemeinde in Korinth. Sie selber ist ein lebendiges Empfehlungsschreiben für ihn. Sie ist in sein Herz
»eingeschrieben«, d. h. sie hat einen festen Platz in seiner
Person, in seinem Beten und Handeln. Gleichzeitig ist sie
ein überall bekanntes und »gelesenes« Empfehlungsschreiben. Jedermann weiß, dass die korinthische Christenge-
meinde von Paulus gegründet worden ist und geistlich be-
treut wird. Diese öffentliche Bedeutung führt Vers 3 weiter

aus. »An euch wird deutlich, dass ihr ein Brief des Christus seid, entstanden durch meinen Dienst, geschrieben nicht mit Tinte, sondern mit dem Geist des lebendigen Gottes, nicht auf Steintafeln, sondern auf Tafeln aus fleischernen Herzen.« Das ist ein inhaltsschwerer Satz. Der Genitiv *epistole Christou* (»Brief des Christus«) ist wieder ein genitivus subiectivus wie in 2, 15. Christus selbst hat diesen »Brief« geschrieben. Dass in dieser Welt Gemeinde Jesu entsteht, ist ausschließlich dem Wirken des auferstandenen Christus zu verdanken. Paulus ist dabei nur Diener, wie die Verwendung des Verbs *diakoneo* (wörtlich »durch den Staub gehen«, »dienen«) zeigt. Christus schreibt solche »Briefe« nicht mit Tinte, sondern mit dem Geist Gottes. Dass Gott hier der »lebendige Gott« genannt wird, ist ein Hinweis auf die schöpferische Tat des Heiligen Geistes bei der Entstehung der Gemeinde. Es ist eine Schöpfung aus dem Nichts, wenn ein Mensch durch den Glauben an Jesus Christus das wahre, göttliche Leben empfängt. Gottes Geist schreibt auf »fleischerne Herzen«. Dies ist ein Begriff aus Hes 11, 19 und 36, 26. Er bezeichnet die schöpferische Umwandlung des menschlichen Herzens aus Härte und Gottesfinsternis in eine Empfänglichkeit für Gottes Reden und Wirken. Paulus beschreibt hier also das Wunder der geistlichen Neugeburt eines Menschen (und damit der Gemeinde). Christus selbst ist durch den Dienst der Verkündigung des Evangeliums am Menschen wirksam. Wenn der Mensch Christus, der ihm verkündigt wird, im Glauben ergreift, wirkt Gottes Geist an ihm und verwandelt sein »steinernes« in ein »fleischernes« Herz.

V. 4: Dieser Vers knüpft an 2, 16b und 17b an. Der Apostel hatte dort erklärt, dass er von Gott beauftragt und befähigt

worden sei, ein »Wohlgeruch Christi« zu sein, indem er die
Erkenntnis Gottes durch die Verbreitung des Evangeliums
vermittelt. Diese Überzeugung trägt ihn, dieses Vertrauen
hat er zu Gott *(pros ton theon)* durch Christus. Der Auferstandene selbst, der ihn in den apostolischen Dienst gestellt
hat und der durch den Heiligen Geist in ihm wohnt, bevollmächtigt ihn, leitet ihn und gibt ihm die Gewissheit,
für seinen Dienst geeignet zu sein.

V. 5: Diese Zuversicht hat Paulus nicht aus eigenem Nachdenken bekommen. Er stellt fest: »Ich bin, auf mich selbst
gestellt, überhaupt nicht fähig, etwas (nämlich für meinen
Dienst) auszudenken, als aus mir heraus, sondern die Befähigung dazu kommt von Gott.« Ein Dienst im geistlichen
Amt ist mit bloß menschlichen Kräften und Methoden
nicht möglich. Gott selber muss alles geben, was für die
Arbeit am Evangelium gebraucht wird.

V. 6: Genau dies bezeugt der Apostel aus seinem Leben.
Gott selbst befähigt ihn, ein »Diener des Neuen Bundes« zu
sein. Auch dieser Begriff ist alttestamentlich (Jer 31, 31 - 33;
Hes 37, 26). Jesus greift ihn auf bei der Einsetzung des Herrenmahls (1. Kor 11, 25). Er bezeichnet damit den Bundes-
schluss, den Gott durch das Blut Jesu Christi allen zuteil
werden lässt, die an Jesus Christus als ihren Herrn und Heiland glauben. Dieser »Neue Bund« wird in Vers 6b näher
charakterisiert. Er ist nicht ein »Bund des Geschriebenen«,
sondern ein »Bund des Geistes«. Deutlich setzt Paulus hier
den Neuen Bund ab vom Sinai-Bund, den Gott mit seinem
Volk Israel geschlossen hatte. Dieser »Alte Bund« bestand
aus »Geschriebenem«, nämlich schriftlich dargelegten Got-

tesforderungen. Aber der Neue Bund wird vom Geist Gottes begründet. Der Geist schenkt Christus, und Christus hilft zu einem neuen Leben. Das ist eine völlig andere Lage. Paulus fasst sie noch einmal prägnant zusammen: Das »Geschriebene« (d.h. das geschriebene Sinai-Gesetz) »tötet«. Die Gebote klagen vor Gott an. Sie ziehen ins Gericht und in die Verdammnis. Der Geist aber macht lebendig. Er schenkt das göttliche Leben, denn er schenkt Christus selbst.

Der Dienst des Apostels führt zum Leben und Heil (3,7-11)

Nachdem Paulus von seiner Eignung zum apostolischen Dienst gesprochen und bestätigt hat, dass er von Gott selbst in das Apostelamt eingesetzt worden ist, spricht er nun von der Herrlichkeit dieses Dienstes. Als Vergleichspunkt wählt er den Dienst des Mose am Volk Israel. Damit bestätigt sich die Vermutung, dass in der korinthischen Gemeinde der judenchristliche Einfluss dominierte und das Christsein dort wesentlich in Vorstellungen und Kategorien des A.T. verstanden wurde. Den Unterschied zwischen seinem und Moses Dienst stellt Paulus nicht gegensätzlich, sondern im Sinn einer Steigerung dar. Dreimal verwendet er hier die bei ihm auch sonst sehr beliebte Steigerungsargumentation (V. 8, 9 und 11).

V. 7-8: An der theologischen Deutung, dass der Dienst des Mose den Tod brachte (V. 6b), hält Paulus fest. Dieser Dienst ist ein »Todesdienst«, ein Dienst, der den Tod bringt

(diakonia tou thanatou), denn das Gesetz Gottes fordert die
Verurteilung und Verdammnis eines jeden Menschen, der
es nicht hält (vgl. dazu 5. Mose 28, 15-68; 30, 17 f.; Röm
7, 7-13). Auch mit der zweiten Kennzeichnung des Mose-
dienstes nimmt Paulus Vers 6b wieder auf. Es war ein
Dienst, der auf der Grundlage einer in Stein eingravierten
Schrift geschah (wörtlich: »in Schrift auf Steine eingegraben«). Noch einmal wird deutlich, dass Paulus hier die Ge-
setzestafeln meint, die Mose von Gott empfing (2. Mose
34). Nun kommt das Überraschende. Paulus sagt, dass
auch dieser Dienst, obwohl er den Tod brachte, schon eine
Herrlichkeit hatte (wörtlich: »in Herrlichkeit geschah«). Er
begründet dieses Urteil mit der Tatsache, dass Moses Angesicht noch von Gottes Herrlichkeit glänzte, als er vom Sinai
herabkam. In Vers 8 setzt der erste Steigerungsbeweis ein.
»Um wie viel mehr wird dann (logisches Futur) der Dienst
des Geistes *(diakonia tou pneumatos)* Herrlichkeit haben«
(wörtlich: »in Herrlichkeit geschehen«). »Dienst des Geistes« ist eine sogenannte Breviloquenz. Gemeint ist natürlich
der Dienst des Neuen Bundes, durch den der Geist Gottes
den Menschen göttliches Leben in Jesus Christus schenkt.
Man könnte in Analogie zum Dienst, der den Tod bringt,
»Dienst, der Leben schafft« übersetzen.

V. 9 - 10: Nun folgt der zweite Steigerungsbeweis. Paulus
konkretisiert hier die Begriffe »Tod« und »Leben« im Blick
auf ihre Wirkung. Der »Dienst des Todes« führt zur Verurteilung, also zur Strafe des zeitlichen und ewigen Todes.
Der »Dienst des Geistes« ist ein »Dienst der Gerechtigkeit«, er vermittelt also das Heil Gottes. Welch eine andere
Herrlichkeit trägt doch dieser Dienst an sich, will Paulus

sagen. Vers 10 unterstreicht noch einmal den gewaltigen
Unterschied: Im Blick auf die Herrlichkeit des Dienstes,
der Leben und Heil schenkt, ist die Herrlichkeit des »To-
desdienstes« im Grunde gar keine Herrlichkeit. Sie ver-
blasst, sie ist als Herrlichkeit gar nicht mehr erkennbar.
Übersetzung: »Ja, was Herrlichkeit hatte, war in Bezug auf
die übergroße Herrlichkeit gar nicht herrlich.«

V. 11: Paulus bringt abschließend den dritten Steigerungsbeweis. Die beiden Dienste werden hinsichtlich ihrer
Dauer unterschieden. Der »Todesdienst«, also der Dienst,
der die Forderungen Gottes ausruft, ist ein »vergehender
Dienst«. Das ist eine eschatologische Aussage. Dieser
Dienst hat in der neuen Welt Gottes, die bei der Wiederkunft Jesu entstehen wird, keinen Platz mehr. Dann wird es
nur noch den »Dienst des Lebens und des Heils geben«.
Übersetzung: »Und wenn das Vergehende schon durch
Herrlichkeit hindurch ging (also vorübergehend Herrlichkeit hatte), um wie viel mehr wird das Bleibende in Herrlichkeit bestehen (durch Herrlichkeit gekennzeichnet
sein).« Paulus weiß sich in einem ewig bleibenden Dienst.
Mit der Heilsoffenbarung Gottes in Christus ist ein neuer
Äon Gottes angebrochen. Jetzt lässt Gott sein Heil durch
das Evangelium verkünden. Und damit wird Gott niemals
wieder aufhören. Der »Dienst des Lebens und des Heils«
wird ewig bleiben, er ist schon jetzt durch überschwängli-
che Herrlichkeit gekennzeichnet, und er wird ewig dieses
Kennzeichen tragen.

Der Dienst des Apostels offenbart
die Herrlichkeit Christi (3,12–18)

Der Apostel bleibt bei den Unterschieden der Herrlichkeit
des Mose-Dienstes und des Paulus-Dienstes nicht stehen.
Bis jetzt hatte er die Herrlichkeit seines Dienstes nur argu-
mentativ im Sinn des Schlussverfahrens a minore ad majus,
sozusagen als Postulat erhoben. Aber beschrieben hatte er
sie noch nicht. Dies ist nun das Ziel des Abschnitts 3, 12 bis
18. Der Höhepunkt liegt hier zweifellos in Vers 18.

V. 12: Paulus setzt ähnlich wie in Vers 4 ein. Er greift zentrale Behauptungen auf und erläutert ihre geistliche Bedeutung und Konsequenz. In Vers 4 ff. hatte er seine Gewissheit damit begründet, dass er die notwendige Eignung für
den Aposteldienst von Gott selbst bekommen habe. Jetzt
greift er auf seine in Vers 11 geäußerte Gewissheit zurück,
dass der apostolische Dienst eine in Ewigkeit bleibende
Herrlichkeit hat. Er nennt diese Gewissheit hier nicht » Vertrauen, Zuversicht« (wie in V. 4), sondern »Hoffnung«,
denn ihr Inhalt ist eschatologisch, auf die Ewigkeit bezogen. Diese seine Hoffnung schenkt ihm einen großen Freimut *(parresia)* im Verkündigen. Die gewisse Hoffnung, in
einem Dienst zu stehen, der eine bleibende, unzerstörbare
Herrlichkeit hat, der also in Gottes Augen Ewigkeitswert
trägt, ist in der Tat außerordentlich Mut machend. Wir
können diese geistliche Logik des Apostels gut verstehen.
Aber Paulus meint mit dem Stichwort »Freimut« hier nicht
nur sein persönliches Auftreten, sondern auch die Wirkung
seines Dienstes auf andere. Die Gewissheit, einen von Gott
beglaubigten, ewigkeitsbedeutsamen Dienst zu tun, moti-

viert ihn persönlich auf das Stärkste. Aber diese Gewissheit hat auch geistliche Folgen. Christus selbst ist an ihm erkennbar und ablesbar, und diese Tatsache ist entscheidend für seinen Dienst. Er ist als Apostel transparent für Christus. Wer ihn hört und erlebt, steht sozusagen vor Christus selbst. Im Folgenden führt Paulus diese seine Gewissheit näher aus, zunächst so, dass er Mose als Negativbeispiel anführt, also als Verkündiger, der die Herrlichkeit Gottes nicht öffentlich widerspiegelte, und dann positiv, wie er selbst (und alle Christen, die mit Christus leben) die Herrlichkeit Christi offenbart.

V. 13: Paulus bezieht sich auf den Bericht in 2. Mose 34, 29-35, wonach Mose eine Decke auf sein Gesicht legte, wenn er im Auftrag Gottes mit dem Volk Israel sprach. Paulus deutet diesen Vorgang heilsgeschichtlich. Mose habe sein Antlitz verborgen, damit das Volk nicht das Aufhören des Glanzes auf seinem Gesicht wahrnehmen sollte. Für Paulus ist dieses Ende des Glanzes paradigmatisch. Damit wollte Gott Mose zeigen, dass auch die Zeit des Mose-Dienstes — die Aufrichtung des Gesetzes Gottes in Israel — einst zu Ende gehen wird. Dadurch, dass Mose aber sein Gesicht bedeckte, konnte Israel das Nachlassen des Glanzes nicht bemerken.

Der weitere Zusammenhang in unserem Abschnitt verdeutlicht, dass Paulus dieses Verbergen als ein Straf- und Gerichtsgeschehen Gottes an Israel deutet. Letztlich sollte Israel gar nicht verstehen, dass die Zeit des Mose-Dienstes, also die Zeit, wo Gott Israel das zur Verdammnis führende Gesetz verkündigen lässt, zu Ende gehen wird.

V. 14 - 15: Das *alla* (»aber«, »sondern«) ist auf diese Absicht Gottes zu beziehen. Die Israeliten sollten die Herrlichkeit auf Moses Antlitz nicht sehen, sondern Gott wollte sie verstocken. Paulus greift hier eine fundamentale Tatsache im heilsgeschichtlichen Handeln Gottes an seinem Volk Israel auf. Gott verstockt sein Volk, nachdem es sich ihm gegenüber verschließt und sich nicht zum Glauben führen lässt (zum Verstockungshandeln Gottes an Israel vgl. Jes 6,10; 63,17; Joh 12,40; Röm 11,7-10). Übersetzung: »Sondern ihre Gedanken wurden verstockt.« Dieses Verstockungshandeln Gottes an Israel hält an. »Bis heute liegt diese Decke über der Verlesung des alten Bundes.« Israel hat das Wort Gottes im A.T., es hört dieses Wort, es liest dieses Wort, aber Gott hat eine unsichtbare Decke darüber gelegt. Deswegen ist Israel nicht in der Lage, die Herrlichkeit Gottes, wie sie sich in Christus offenbart, wahrzunehmen. Paulus gibt uns hier einen ganz wichtigen Einblick in das göttliche Handeln an seinem Eigentumsvolk Israel. Israel ist göttlich verstockt, aber es ist eine zeitweilige Maßnahme. Sie wird ein Ende haben. Jetzt ist die Decke noch »unaufgedeckt«. Warum? »Weil sie nur von Christus weggenommen werden kann.« Erst wenn Israel Christus im Glauben annimmt, wird diese Decke weggenommen. Dann erst wird das Eigentumsvolk Gottes die Herrlichkeit Gottes wahrnehmen können (vgl. Mt 23,39). Vers 15 ist parallel zu Vers 14 gemeint, ein zweiter Anlauf, um die Folge dieser Verstockung zu beschreiben. Paulus wendet das Bild der Decke hier ein wenig anders an. Sie liegt nicht nur über der Verlesung und Verkündigung des A.T., sondern gleichzeitig auch auf dem Herzen Israels.

V. 16: Hier wiederholt der Apostel die Ankündigung von Vers 14b, dass die Zeit der Verhüllung zu Ende geht, wenn sich Israel zu Christus bekehrt. Vers 16 ist von Paulus in loser Anlehnung formuliert, wobei die Aussage jetzt von Israel gilt und das Abnehmen der Decke passivisch, also als eine Tat Gottes, geschildert wird. Gleichzeitig bereitet der Begriff *kyrios* (»Herr«) die fundamentalen Aussagen von Vers 17 und 18 vor.

V. 17: Paulus lenkt zurück zur Schilderung seines eigenen Dienstes. Sein Dienst ist ein »Dienst des Geistes« (V. 8), ein Dienst, in dem Gottes schöpferischer Geist wirksam ist. Auf diese Sicht lenkt Paulus hin. Vers 17a ist abgekürzt formuliert. Paulus will sagen: Wer sich aufgrund des »Dienstes des Geistes« zum Herrn bekehrt, wer im Glauben Jesus Christus als Herrn und Heiland annimmt, der empfängt den Geist Gottes und im Geist den Herrn selbst. Und dieser Geist ist kraftvoll und schöpferisch, er nimmt die Decke des Unverständnisses von den Augen und vom Herzen, und dann vermag der Mensch die Herrlichkeit des Herrn zu erkennen. »Der Herr ist der Geist« heißt also: Der Herr selbst ist im Geist anwesend und wirksam. »Wo der Geist des Herrn ist, ist Freiheit« bedeutet: Der Geist befreit aus Verstockung, der Geist befreit aus geistlicher Blindheit, der Geist befreit aus der Todesverfallenheit, in die das Gesetz die Menschheit hineinzieht, und der Geist Gottes befreit uns schließlich auch von der alten, vergänglichen Leiblichkeit.

V. 18: Hier haben wir die Spitze der ganzen Argumentation dieses Abschnitts vor uns. Paulus entfaltet das Wesen

der Herrlichkeit. Er spricht jetzt nicht mehr nur von seinem
Aposteldienst. Es gilt für »alle« *(pantes)* Christen, was er
hier — förmlich triumphierend — feststellt. »Wir alle, die
wir ein aufgedecktes Angesicht haben (denen also die
«Decke» des Mose weggenommen wurde durch die Wirksamkeit des Geistes), spiegeln die Herrlichkeit des Herrn
wider (wir stehen unmittelbar vor dem Herrn und empfangen seine Herrlichkeit), und wir werden dadurch zu seinem
Bild (wörtlich: zu diesem Bild) umgewandelt, von Herrlichkeit zu Herrlichkeit, wie es vom Herrn gewirkt wird,
der im Geist gegenwärtig ist.« Ein ganz außerordentlicher
Satz! Christen haben ein »aufgedecktes Angesicht«. Die
Decke der Gottesblindheit ist von ihnen genommen. Die
Herrlichkeit Jesu Christi spiegelt sich auf ihnen. Welch eine
Aussage! Wer den Herrn im Glauben anblickt, wer auf ihn
aufsieht (Hebr 12, 2), empfängt seine Herrlichkeit, d. h.
sein Wesen, seinen Charakter. Und er wird umgewandelt.
Der Heilige Geist nimmt ihn in einen großen Veränder-
rungsprozess hinein. Die »Frucht des Geistes« (Gal 5, 22 f.)
wächst ihm zu. Der Geist führt ihn »von Herrlichkeit zu
Herrlichkeit« und schließlich in die ungeteilte, nicht mehr
von der alten Leiblichkeit gekennzeichnete »herrliche Freiheit der Kinder Gottes« (Röm 8, 21), d. h. in die uns verhei-
ßene neue Leiblichkeit. In einem Satz gelingt es hier dem
Apostel, die wichtigsten Tatsachen der Wirksamkeit des
Heiligen Geistes in der Existenz des Christen zusammen-
zufassen. Eine großartige Beschreibung der »Herrlichkeit«
christlicher Existenz, und ein großartiger Ausblick auf die
noch ausstehenden Wirkungen des Heiligen Geistes!

Der Freimut und die Kraft des Apostels trotz Bedrängnis und Verfolgung (4,1-18)

Paulus fährt fort mit der Beschreibung seines apostolischen Dienstes. Der Abschnitt schließt sich nahtlos an Kapitel 3 an. Die Konsequenzen von 3,12 hatte Paulus noch nicht ausgeführt. Den Mosedienst hatte er zwar dargestellt, aber seinen eigenen, den Paulusdienst, noch nicht näher beschrieben. Dies geschieht nun in diesem Abschnitt.

V. 1-2: Paulus beschreibt im Blick auf 3,12 die *parresia*, die innere Freiheit und Furchtlosigkeit, die sein Dienst ihm schenkt. Er formuliert wie im 3. Kapitel im Plural, aber er meint seinen eigenen apostolischen Dienst. »Weil wir also nach Gottes Barmherzigkeit in einem solchen Dienst stehen ...« Im 3. Kapitel hatte Paulus seinen Auftrag »Dienst des Geistes« genannt (3,8), also einen Dienst, durch den Gottes Geist am Menschen wirkt und ihm »Gerechtigkeit«, Gottes Heil vermittelt (3,9), so dass er die Herrlichkeit Christi sehen kann (3,11). Jetzt begründet er mit diesem Dienst die Art seiner Verkündigung und seines Auftretens. »... sind wir nicht ängstlich und verzagt.« Das Verb *egkakoumen* wird meist mit »müde sein« übersetzt. Doch der weitere und der unmittelbare Zusammenhang (V. 2) zeigt, dass Paulus hier den Mut zur öffentlichen Proklamation des Evangeliums meint. Die Berufung durch den erhöhten Herrn schenkt ihm den »Freimut« (3,12) zur öffentlichen Verkündigung in Synagogen, auf Marktplätzen und wo immer es möglich ist.

In Vers 2 beschreibt er sein öffentliches Auftreten. Zunächst bezeugt er, welche Mittel und Methoden er nicht einsetzt. Er hat sich erstens von aller verdeckten, heimlichen Beeinflussung anderer Menschen losgesagt. Was er will und was er zu sagen hat, das sagt er offen und direkt. Er arbeitet nicht hinter dem Rücken anderer. Wir haben hier einen wichtigen Grundsatz für einen dauerhaft gesegneten christlichen Dienst vor uns. Wer einen Auftrag vom Herrn zu einem solchen Dienst hat, empfängt innere Freiheit und Furchtlosigkeit für ein offenes und öffentliches Auftreten. Zweitens verzichtet der Apostel auf listige Manöver und unehrliche Machenschaften, um sich Einfluss zu verschaffen oder zu erhalten. Er täuscht niemand, er spricht nicht eine doppelte Sprache. Jeder weiß, woran er mit ihm ist. List und Verschlagenheit sind immer ein Zeichen innerer Schwäche und Unfreiheit. Wer aber für den Herrn arbeitet, hat solche Mittel nicht mehr nötig. Und drittens verfälscht Paulus das Wort Gottes nicht. Die Botschaft des Evangeliums wird verfälscht, wenn sie auf Kosten der Wahrheit dem Hörer angepasst wird, wenn der Verkündiger falsche Rücksichten nimmt, um nicht »anzuecken«. Eine solche verfälschende Anpassung kennt Paulus nicht, weder gegenüber Juden noch gegenüber Heiden. Seine »Empfehlung« besteht nicht in einer angepassten und damit wirkungslosen Botschaft, sondern in öffentlicher Proklamation der Wahrheit. *Phanerosis* meint die öffentliche »Bekanntmachung« des Evangeliums.

Nun folgt noch ein interessanter doppelter Zusatz. Paulus verkündigt das Wort »vor jedem menschlichen Gewissen«, und zwar »im Angesicht Gottes«. Apostolische Verkündigung sucht das Gewissen. Nicht im Intellekt und auch nicht im Gefühl fällt die Entscheidung, dem Evangelium und damit Christus zu vertrauen, sondern im Gewissen. In seinem Gewissen trägt der Mensch die Maßstäbe für sein Leben und Handeln. Deswegen muss im Gewissen die Bereitschaft geweckt werden, das Leben mit Christus zu wagen. Verkündigungs- und Seelsorgearbeit ist Gewissensarbeit. Dies hat auch der bekannte und gesegnete Prediger Charles H. Spurgeon seinen Schülern immer wieder eingeschärft. Seine Arbeit tut Paulus »im Angesicht Gottes«. Er steht im Urteil Gottes, nicht der Menschen. Das macht ihn unabhängig von menschlicher Meinung. Ob Menschen seinem Dienst zustimmen oder ihn ablehnen, das ist ihm letztlich gleichgültig. Er weiß sich von Christus beauftragt, und deswegen steht er direkt vor ihm. Wir haben hier den letzten und eigentlichen Grund für die Vollmacht im christlichen Dienst. Nur wer sich direkt vor Gott stehend sieht, hat Vollmacht. Solange einem Mitarbeiter im Dienst des Herrn noch Menschenmeinung über Gottesmeinung geht, hat er noch nicht die geistliche Souveränität, die er für eine gesegnete Arbeit braucht. »Wir stehen nicht im Urteil der Menschen, sondern im Urteil Gottes« (Heinrich Kemner).

V. 3 - 4: Paulus rechnet damit, dass seine Botschaft nicht von jedem Hörer angenommen wird, und er hat das oft genug auf seinen Reisen erfahren. Wie erklärt er sich die Ablehnung des Evangeliums, obwohl er es doch offen und öffentlich verkündigt und das Gewissen der Menschen sucht? Die Antwort ist theologisch und seelsorgerlich gleichermaßen wichtig. Wenn das Evangelium bei Menschen, die es hören, »verdeckt« ist — Paulus benutzt hier wieder Begriffe und Bilder aus dem 3. Kapitel —, dann liegt das nicht am Evangelium, das ja gerade nicht »verdeckt«, sondern offen und öffentlich verkündigt wird. Vielmehr ist die Ursache beim jeweiligen Hörer zu suchen. Wer das Evangelium, wenn es offen, öffentlich und in geistlicher Vollmacht verkündigt wird, nicht als den Weg aus Sinnlosigkeit, Vergänglichkeit und Schuld begreift, gibt damit zu erkennen, dass er in der großen Gefahr steht, ein »verlorener« Mensch zu sein. Ein »Verlorener« ist ein Mensch, der die im Evangelium bezeugte Errettung vor dem Zorn Gottes am »Tag des Zorns« nicht erfahren wird (vgl. Röm 1, 16 bis 3, 20).

Paulus beleuchtet dieses erschütternde Geschehen in Vers 4 näher. Was vollzieht sich bei einem solchen Menschen? Es sind nicht nur zwischenmenschliche Kommunikationsstörungen oder psychologische Barrieren beim Hörer am Wirken, sondern in all diesen Vorgängen ist Satan selber am Werk. Er ist der »Gott dieser Weltzeit« *(ho theos tou aionos)*. Er hat Zugang zur Gedankenwelt des Menschen, zu den *noemata* (vgl. Eph 6, 16). Er vermag bei den »Ungläubigen« die Gedanken so zu vernebeln, dass sie das Evangelium nicht verstehen. Man muss diese Aussage in Vers 4 sehr sorgfältig hören. Paulus vertritt hier keineswegs eine »doppelte Prädestination« dergestalt, dass alle Menschen, die verloren gehen, von Gott dem Teufel preisgegeben worden wären. So ist es nicht. Vielmehr hebt Paulus ausdrücklich hervor, dass Satan sein Vernebelungs- und Verblendungswerk nur an den »Ungläubigen« verrichten kann, also an denen, die nicht glauben wollen bzw. in ihrem Unglauben beharren wollen. Der Satz ist folgendermaßen zu übersetzen: »Wenn aber unser Evangelium verdeckt ist, dann ist es verdeckt bei denen, die verloren gehen werden, bei den Ungläubigen, denen der Gott dieser Weltzeit die Gedanken verblendet hat.« Mit der nochmaligen Anführung der »Ungläubigen« in Vers 4 verdeutlicht Paulus also, dass es sich bei denen, die verlorengehen, um Menschen handelt, die nicht an Jesus Christus glauben. Wer sein Leben selbstbezogen leben will, wer ohne den Heiland leben und ihn nicht annehmen will, der setzt sich selber der Vernebelungs- und Verblendungstaktik des Teufels aus. Die Eigenverantwortlichkeit des Menschen zur Annahme oder Ablehnung des Evangeliums bleibt also hier erhalten. Dazu noch ein Zitat von E. Schnepel aus seiner Auslegung des 2. Korintherbriefs: »Der kluge, moderne Mensch, der Gott und Christus leugnet, um ihnen nicht untertan werden zu müssen und in seinem eigenen Lebensstil bleiben zu können, ist dämonischen Gewalten zum Opfer gefallen, die ihn auf der ganzen Linie für das blind gemacht haben, was ihm das Leben bringen könnte. Der Mensch, der von allen unsichtbaren, göttlichen Gewalten frei sein wollte, ist damit in eine unheimliche Abhängigkeit von jenseitigen Gewalten geraten, die sein Leben ruinieren, wie die ganz moderne Geschichte deutlich macht« (E. Schnepel, *Der zweite Korintherbrief*, 2. Aufl. 1972, S. 94 f.).

Was ist die Folge dieses satanischen Handelns an der menschlichen Gedankenwelt? Der Mensch vermag dann nicht den Lichtschein wahrzunehmen, der ihm durch das Evangelium vermittelt wird, nämlich das Licht, das vom Herrlichkeitsglanz Christi herkommt. Im griechischen Text stehen hier drei Genitive, ein typischer Hebraismus, der aufgelöst werden muss. Der »Lichtschein des Evangeliums der Herrlichkeit Christi« ist der Lichtschein vom Glanz Christi, der durch die Verkündigung des Evangeliums auf diejenigen fällt, die Christus im Glauben annehmen. Mit einer Apposition wird nun noch von Paulus die Herkunft der Herrlichkeit Christi angedeutet. Christus ist

das »Ebenbild« Gottes (vgl. Hebr. 1, 3). Gottes Herrlichkeit ist seine Herrlichkeit. Wer Christus annimmt, bekommt Zugang zur Herrlichkeit Gottes, jetzt im Glauben,
dann im Schauen.

V. 5: Nun begründet der Apostel den Schluss von Vers 4.
Das Evangelium, das Paulus verkündigt, vermittelt denen,
die an Christus glauben, einen hellen Schein vom Herrlichkeitsglanz Christi als des Ebenbildes Gottes, weil dieses
Evangelium Christus als den Herrn über Himmel und Erde
bezeugt, als *kyrios*, als Gott. Die Proklamation Christi als
Gott offenbart allen, die an ihn glauben, die Herrlichkeit
Gottes. Sie empfangen letzte Antworten auf ihre Fragen,
sie werden getröstet, ihnen wird göttlicher Frieden und
göttliche Freude zuteil. Wenn Paulus also in Vers 3 von »seinem« Evangelium spricht (wörtlich »unserem«), so ist damit nicht sein persönliches Verständnis, seine persönliche
Fassung des Evangeliums gemeint, sondern das ihm anver-
traute authentische Evangelium vom Sterben und Auferstehen des Gottessohnes Jesus Christus. Er verkündigt sich
nicht selbst, er selbst spielt im Inhalt seiner Botschaft überhaupt keine Rolle. Er selbst ist nichts anderes als Bote Jesu
und Diener der Heiden »um Jesu willen«.

V. 6: Dies ist ein Lobpreis Gottes für die Erweckungstat,
die Paulus an seinem eigenen Leben erfahren hat, als der erhöhte Herr ihn vor Damaskus mit Lichtglanz erfüllte. Dieses Schlüsselerlebnis kann man in seiner Bedeutung für
Paulus gar nicht hoch genug veranschlagen. Es hat Lebens-
sinn und Lebensziel, Charakter und Wesen des Apostels total verändert. Seine einmalige Opferbereitschaft und Ein-

satzfreude, seine Demut und Dankbarkeit sind von diesem Damaskusereignis her begründet und bestimmt. Es hat für ihn eine so gewaltige Bedeutung, dass er sie nur mit der Erschaffung der Welt vergleichen kann. Wie Vers 5 den Schluss von Vers 4 begründet, so begründet Vers 6 den Schluss von Vers 5. Paulus ist ein Diener der Heiden geworden, weil Gott sein eigenes Leben hell gemacht hat. »Denn Gott, der sprach: Licht leuchte auf aus der Finsternis, der leuchtete in unseren Herzen auf …« Der Plural ist auch hier nur formal-rhetorischer Natur. Paulus meint sich selbst. Dies wird ganz deutlich aus der sich nun anschließenden Zweckbestimmung. *Pros photismon* nimmt 4b wieder auf: »hinsichtlich, für, zum Zweck des Lichtscheins«. Wie in 4b folgt wieder ein dreifacher Genitiv, der im Deutschen nur aufgelöst wiedergegeben werden kann. Paulus will den folgenden Gedanken ausdrücken: »… damit (sc. durch mein Evangelium unter den Heiden) ein Lichtschein entsteht durch die Erkenntnis der Herrlichkeit Gottes auf dem Angesicht Jesu Christi.« Die Vorstellung dabei ist diese: Wer das Evangelium hört und Jesus Christus im Glauben annimmt, erfährt eine Erleuchtung durch Gottes Herrlichkeit, indem er das Angesicht Jesu mit den inneren Augen des Glaubens erblickt und ihn als Herrn und Heiland erkennt. So kann Paulus also seinen Dienst zusammenfassen: als Vermittlung der Herrlichkeit Gottes in das Leben eines Menschen, der in der Finsternis seiner Selbstbezogenheit und Vergänglichkeit gelebt hat. Das Wort Gottes ist der Träger der Herrlichkeit. Der an Jesus Christus Glaubende wird durch das Angesicht Jesu, das die Herrlichkeit Gottes widerspiegelt und das er im Glauben erkennt, von dieser Herrlichkeit erleuchtet.

V. 7: Paulus fährt fort mit seiner großen Darstellung seines apostolischen Amtes und Dienstes. Bisher hatte er vom Wohlgeruch der Erkenntnis Gottes und von der Herrlichkeit Christi gesprochen, die er in seinem Dienst vermittelt (Kap. 2, 14 bis 3, 18). Dann hatte er seinen Freimut zur öffentlichen Evangeliumsverkündigung unterstrichen, der in seiner einzigartigen Berufung und in seinem einzigartigen Auftrag begründet liegt (4, 1-6). Nun spricht er von der Kraft, die Gott ihm in seinem anfechtungsreichen Dienst schenkt. Der »Schatz« ist sein besonderer Auftrag. Es ist wahrlich ein besonderer Schatz, den der Apostel zu verwalten und einzusetzen hat: der gesamten heidnischen Welt das Evangelium zu bezeugen und ihr damit den Weg zur Gottesherrschaft zu eröffnen. Die »tönernen Gefäße« sind ein Bildwort für seine äußere, leibliche Existenz. Ton galt im Altertum als das billigste, unscheinbarste und vergänglichste Material (vgl. die aus verschiedenen Materialien zusammengesetzte Statue in Dan 2). Wenn Paulus sich hier in seiner äußeren, leiblichen Existenz mit brüchigem und vergänglichem Ton vergleicht, dann will er auf sein gefährdetes, von leiblicher Schwachheit gekennzeichnetes Leben hinweisen. Es ist dabei übrigens auffällig, dass er diese Hinweise auf seine persönliche Schwachheit und auf seine Anfechtungen im Dienst ausgerechnet den Korinthern gibt (1. Kor 1, 27; 9, 22; 2. Kor 12, 9 f.). Offensichtlich waren sie es, die daran am meisten Anstoß nahmen.

Aber Paulus stellt diese persönlichen Schwachheiten hier nicht einfach kommentarlos fest. Er erkennt vielmehr dahinter einen gottgewollten Sinn. Gott hat ihn nicht trotz, sondern wegen dieser Schwachheiten berufen. Vers 7b gibt die Erklärung. Gott will mit der Berufung eines leiblich schwachen Menschen und mit dessen gefährdetem Leben vor aller Welt klar herausstellen, dass dieses immense Werk, im ganzen damaligen Römischen Reich das Evangelium zu verbreiten, unmöglich mit menschlichen Möglichkeiten vorankommen konnte. Jeder soll sofort erfassen, dass Gott selbst hier am Werk ist. Gott duldet es nicht, dass seine Ehre auf Menschen fällt. Er selbst ist es, der die Heiden ruft und sich ihnen gnädig zuwendet. Um das herauszustellen, bedient er sich eines gefährdeten und schwachen Menschen.

V. 8 - 9: Paulus verwendet hier eine in der damaligen Popularphilosophie geläufige rhetorische Figur, einen sogenannten Peristasenkatalog. Solche Listen beschrieben widrige Lebensumstände, in denen sich der Mensch bewähren sollte. Paulus hat an widrigen Lebensumständen wahrlich viel zu bieten. In Kapitel 11, 23 bis 29 wird er davon berichten. Aber die Erwähnung dieser Umstände hat bei ihm eine ganz andere Bedeutung als in der Philosophie. Dort sollen sie die Tugenden und eigenen Kräfte des Menschen mobilisieren. Bei Paulus zeigt sich in ihnen Gottes Kraft. In Vers 8 und 9 werden je zwei unmittelbar zusammenhängende Lebenssituationen angeführt. In Vers 8 Bedrängnis und Ausweglosigkeit, und in Vers 9 Verfolgung und Schläge. Aber nun kommt die gewaltige Aussage von Vers 7 zum Tragen. In beiden Doppelsituationen ist Gott am Werk. In Bedrängnissen bewahrt er vor einem In-die-Enge-Getrieben-Sein und in Ausweglosigkeiten vor Verzweiflung. In Verfolgungen bewahrt er vor Verlassensein und bei Schlägen vor dem Umkommen. In jeder erwähnten Lebenslage des Apostels hat sich Gott als der Stärkere erwiesen und wird sich auch in Zukunft — das ist hier die spürbare Gewissheit — als der Stärkere erweisen.

V. 10: Dieser Vers deutet die von Gottes Kraft umschlossenen Schwachheitssituationen christologisch. Der Dienst für das Evangelium ruft Bedrängnisse und Verfolgungen hervor. Das kann nicht anders sein. Die Ungläubigen verschließen sich vor der Liebe Gottes und stellen sich ihr entgegen. An der Bedrängnis- und Verfolgungssituation, die Paulus jahrzehntelang erlitten hat, kann man lernen, dass die Menschheit, für die der Sohn Gottes sein Leben gelassen hat, durchaus nicht auf die Vergebung ihrer Schuld und ein neues, vom Selbstbezug befreites Leben wartet. Im Gegenteil. Genauso wie Jesus selbst von den Juden verkannt und von den Heiden verspottet wurde und von beiden, Juden und Heiden, dem Kreuzigungstod ausgeliefert wurde, so muss bis heute die Verkündigung der Liebe Gottes mit Hass und Abwehr durch ungläubige Menschen rechnen. Für Paulus ist dies jedenfalls eine innere Gesetzmäßigkeit. Er weiß, dass ihn in diesen Bedrängnissen und Verfolgungen das »Gestorbensein« Jesu ereilt *(nekrosis)*. Das ist ein seltsamer Begriff. Er ist aus der Glaubensüberzeugung des Apostels zu verstehen, dass der Auferstandene in ihm lebt und durch ihn handelt. So wie der irdische Jesus Ablehnung, Hass und den gewaltsamen Tod erlitt, so erfährt nun auch sein Apostel, durch den der auferstandene Jesus handelt, Ablehnung und Hass. Und da Paulus weiß, dass dies im Grunde Jesus selbst gilt, nennt er diese lebensgefährlichen Situationen das »Totsein Jesu«. Dieses »Totsein« seines Herrn trägt er andauernd an sich, denn andauernd ist er im Einsatz für seinen Herrn, und damit provo-

ziert er Bedrängnisse und Verfolgung durch die Ungläubigen. So wie Jesus unter Schmerzen in seinen Tod eingewil-
ligt hat (vgl. Hebr 5, 8), so findet auch Paulus sein Ja zu dieser Dauersituation. Er weiß, dass so und nur so das Auferstehungsleben Jesu an seinem Leben deutlich wird (V. 10b).
Der auferstandene Herr verleiht ihm in den ausweglosesten
Lagen neue Kraft und dokumentiert sich auf diese Weise als
der Herr, der inmitten aller menschlichen Ausweglosigkeit
wirkt und zu seinen großartigen Zielen kommt. Wir lernen
hier eine wichtige Lektion. Jesus Christus bewahrt die Seinen nicht vor Krisen, Nöten und Anfechtungen. Im
Gegenteil, ein konsequentes Leben mit ihm führt in diese
Nöte hinein. Aber der Herr bewahrt die Seinen in den Krisen, indem er ihnen neue Kraft schenkt und in der Ausweglosigkeit überraschend neue Wege eröffnet.

V. 11 - 12: Um Jesu willen, d. h. um seines großen Auftrags willen, sieht sich Paulus also andauernd »in den Tod«
gegeben, damit an seiner vergänglichen, sterblichen Existenz das Auferstehungsleben Jesu, die Kraft Gottes, sichtbar und wirksam werden kann. Das sind paradoxe Formu-
lierungen, aber gerade als solche unerhört eindrücklich.
Als »Sterbender« bezeugt er den »Lebenden«. An seiner
Schwachheit und Anfechtung wird die Stärke seines Herrn
erkennbar. So ist seine ganze Existenz, nicht nur seine Verkündigung, eine Predigt des Evangeliums. Vers 12 bildet
eine Zusammenfassung. »Also wirkt an mir (wörtlich «an
uns») der Tod, aber an euch das Leben.« Auch dies ist noch
einmal paradox ausgedrückt. Paulus fasst den ganzen Abschnitt 4, 1 - 12 zusammen. Freimut und Kraft prägen seinen Dienst. Aber das sind nicht seine eigenen Möglich-

keiten. Das sind Wirkungen Gottes, die in seiner Schwachheit und Bedrängnis zu wirken beginnen. Weil er sich so
vorbehaltlos dem Dienst für Jesus Christus hingegeben hat,
muss er die ganze Ablehnung, die sein Herr selber erleiden
musste, ebenfalls erleiden. Der »Tod« hat ihn im Griff.
Aber gerade dadurch wird Christus, der Auferstandene, in
ihm und durch ihn wirksam. Gerade dadurch empfängt er
Freimut und Kraft und kann seinen Dienst in so erstaunli-
cher und überzeugender Weise tun und das »Leben«, d. h.
das Auferstehungsleben Jesu unter den Heiden bezeugen.

V. 13 - 15: Die in diesen Versen folgenden Aussagen erscheinen zunächst unmotiviert und zusammenhanglos.
Doch bei genauerem Hinsehen erweisen sie sich als Ausführungen zu Vers 12b. Paulus weiß sich als Diener der
Heiden (V. 5b). Was er empfangen hat, das hat er für seinen
Dienst unter den Heiden empfangen. Was er erleiden muss,
das erleidet er im Dienst für sie. Die langen Ausführungen
über sein Apostelamt und sein Selbstverständnis im 2. Korintherbrief wären missverstanden, wenn man sie als Wich-
tigtuerei deuten wollte. Gewiss, er spricht etliche Kapitel
nur über sich, aber nur deswegen, damit die Korinther ihn
als ihren Diener kennen lernen. Nicht er als Apostel, sondern sie als Gemeinde stehen im Mittelpunkt. Dies wird gerade im vierten Kapitel sehr deutlich (V. 5 f.12.13 - 15). Vers
13 führt also näher aus, wie das »Leben« zu den Heiden
kommt. »Denn mich (wörtlich Plural) bewegt derselbe
Geist des Glaubens, wie es geschrieben steht: ›Ich habe geglaubt, darum habe ich geredet.‹ Genauso glaube auch ich
(wörtlich wieder Plural) und rede.« Der lebendige Glaube
ist es also, der Paulus zu seinem Dienst motiviert und in

seine entbehrungsreiche Verkündigungsarbeit hineinstellt. Es ist derselbe Glaube, der den Beter von Psalm 116 zum Zeugnis bewegt hat und auf den sich Paulus hier bezieht. Es ist ein Glaube, der durch Bedrängnisse und Verfolgungen hindurchgegangen ist und der gestählt wurde durch die erfahrene Hilfe Gottes. Und vor allem, es ist ein Glaube, der den Mund öffnet, der zum anderen hinführt, der Liebe für alle hat, die Gott noch nicht kennen. Der Glaube, der Paulus beseelt, ist Auferstehungsglaube. Er bindet sich an den Auferstandenen und hat sein Ziel in der Auferstehung. Und es ist ihm ein tiefes Anliegen, die Auferstehungshoffnung zu bezeugen und weiterzugeben. In der Satzkonstruktion hängt Vers 14 durch das Partizip *eidotes* (»wissend«) eng an Vers 13. Es muss also übersetzt werden: »Genauso glaube auch ich und rede, durchdrungen von der Gewissheit, dass der, der den Herrn Jesus auferweckt hat, auch mich (wörtlich Plural) zusammen mit Jesus (d. h. genauso wie Jesus) auferwecken und mit euch (erst hier schließt sich Paulus mit den Korinthern zusammen) vor sich hinstellen wird.« Paulus bezeugt hier also zunächst seine persönliche Auferstehungsgewissheit und dann — in einem Atemzug — die Überzeugung, dass Gott ihn zusammen mit den Gläubigen in Korinth nach der Auferstehung vor sich versammeln wird zu ewiger Gemeinschaft in Gottes Herrlichkeit. In diesem Vers klingt die große Herrlichkeitsgewissheit des »Hohenliedes der Hoffnung« von Römer 8, 18-30 an.

Vers 15 ist ein typisch paulinischer »Überschwangsatz«. Paulus findet kaum Worte, um das großartige Endziel seines apostolischen Dienstes zu charakterisieren. »Das alles« *(ta panta)*, nämlich sein ganzer Dienst, geschieht um euretwillen. Dieses »euretwillen« ist ganz umfassend auf

die Heiden zu beziehen. Um der Heiden willen arbeitet
Paulus. Und welches göttliche Ziel verfolgt er dabei? »Damit die Gnade, die durch so viele (sc. gläubig Gewordene)
ihre große Fülle erhält, die Danksagung überreich werden
lässt zur Ehre Gottes.« Das ist das letzte Ziel aller christlichen Missionsarbeit: Viele Menschen, erneuert durch den
Glauben an Jesus Christus, sollen Gott durch ihr Leben
und ihr Lob Dank sagen, damit Gott die Ehre erhält, die
ihm gebührt. Paulus ist sich bewusst, dass er, bevollmächtigt durch Gott, einen entscheidenden Anteil daran hat,
dass dieses gewaltige Ziel erreicht wird.

V. 16: Dieser Abschnitt hat zusammenfassenden Charakter. Der Apostel rekapituliert seine Aussagen über seinen
Freimut und seine Kraft in allen Bedrängnissen und Verfolgungen und lenkt gleichzeitig zum nächsten Abschnitt
über, wo er seine Auferstehungsgewissheit näher beschreibt. Zunächst wiederholt Paulus seine schon in 4, 1 gemachte Aussage, dass er, getragen von seinem großartigen
Auftrag, nicht verzagt oder mutlos wird. Im Gegenteil!
Auch wenn er, leiblich gesehen (»äußerer Mensch«), geschlagen, gesteinigt und gejagt wird, so wird er doch, was
sein Inneres betrifft, seine Seele, also sein Denken, Wollen
und Fühlen (»innerer Mensch«), täglich erquickt und erneuert. Wodurch? Hier ist an 3, 18 zu denken. Mit seinem
vom Heiligen Geist bewegten Denken, Wollen und Fühlen
sucht er Christus, sieht er Christus an, ergreift Christus und
wird auf diese Weise täglich mit neuem Frieden, neuer
Freude und neuer Kraft ausgestattet. Der »äußere Mensch«
ist also der Körper, der »innere Mensch« die Seele (vgl.
Röm 7, 22).

V. 17: Wieder ein »Überschwangsatz«, ganz ähnlich wie Röm 8, 18. Gemessen an der unendlich wertvollen und alle Vorstellungen sprengenden Gottesherrlichkeit, auf die der Gläubige zugeht, ist alle irdische Bedrängnis »kurz« und »bedeutungslos«. Der Satz will Vers 16b begründen. Darin liegt nämlich die große tägliche geistliche Erquickung, die Paulus erfährt, dass ihm immer wieder neu die Herrlichkeit Gottes groß wird und immer mehr sein ganzes Leben durchstrahlt.

V. 18: Alle Aussagen hier gelten für Paulus. Es ist sein Glaubensleben, das er hier beschreibt. Er will Vorbild sein für die Gemeinde. Solch ein Glaubensleben, will er sagen, steht jedem offen, der Jesus Christus konsequent nachfolgt. Aber dies ist wichtig: Nicht auf das Sichtbare fixiert sein (*skopein* ist das auf ein Ziel orientierte Sehen), sondern auf das Unsichtbare. Christus gilt es anzuschauen, die Herrlichkeit Gottes auf seinem Antlitz gilt es zu entdecken. Dann erfährt der Christ die gleichen Segnungen und Erquickungen, die Paulus erfahren hat. Die Augen und damit die Lebensorientierung dürfen nicht im Irdischen und Vergänglichen haften bleiben, sondern der Christ muss seinen Blick emporheben auf das Himmlische und Unvergängliche.

Die Sehnsucht des Apostels nach dem Herrlichkeitsleib (5, 1-10)

Dieser Abschnitt knüpft eng an 4, 16 bis 18 an. Dort hatte Paulus, ähnlich wie in Röm 8, 18, die Bedrängnisse des irdischen Lebens mit der ewigen Herrlichkeit verglichen, die

dem Christen verheißen ist, und er hatte sich als jemand bezeichnet, der schon jetzt und hier, inmitten aller Bedrängnis, den Glaubensblick auf das Unsichtbare lenkt. Dieser
Blick auf die künftige Herrlichkeit ist ihm so wichtig, dass
er ihn nun in einem eigenen Abschnitt näher beschreibt.
Was führt ihn zu dieser Hoffnung? Mit der Antwort auf
diese Frage setzt Paulus ein.

V. 1: Er hat eine ihm geschenkte geistliche »Gewissheit«
(*oidamen*, »wir wissen«; der Plural ist wieder nur auf Paulus zu beziehen). Der Herr hat sie ihm vermittelt. Er weiß,
dass, wenn sein irdischer Leib zerstört wird, ein von Gott
geschaffener ewiger Herrlichkeitsleib auf ihn wartet. Die
Aussage in 5, 1 ist in mehrerer Hinsicht sehr beachtlich. Besonders muss auf die Wortwahl geachtet werden. Zunächst
fällt auf, dass der irdische Leib nur ein »Zelt« genannt wird
(genitivus appositionis), während der himmlische Leib
»Bauwerk« heißt. Das ist eine Qualitätsaussage, die den
irdischen Leib als vergänglich, den himmlischen Leib als
bleibend charakterisiert. Dann ist das Verb *katalyo* zu bedenken. Es bezeichnet öfters einen gewaltsamen Auflö-
sungs- bzw. Vernichtungsvorgang. Offensichtlich denkt
Paulus hier an die Möglichkeit eines gewaltsamen vorzeiti-
gen Märtyrertods. Dies würde jedenfalls ganz in der Konsequenz des Abschnitts 4, 7 - 15 liegen. Und schließlich stellt
sich die Frage, ob der Satz eine Antwort auf das »Wann«
des neuen Leibes enthält. Erwartet Paulus unmittelbar nach
dem Tod den Herrlichkeitsleib? Man darf die Aussage »wir
haben einen Bau von Gott« nicht pressen. Eine Zeitbestim-
mung liegt hier nicht vor. Die Frage, wann der Christ mit
dem Herrlichkeitsleib bekleidet wird, hat Paulus schon im

1. Korintherbrief beantwortet. Nach 1. Kor 15, 23 geschieht das dann, wenn Christus wiederkommt. Paulus will
also hier in 5, 1 nur die Gewissheit aussprechen, dass er
einen Herrlichkeitsleib erwartet, falls ihm ein gewaltsames
Ende widerfährt.

V. 2: Nach diesem Herrlichkeitsleib seufzt er und sehnt er
sich. Der Ausdruck »überkleidet werden« meint den Vorgang, dass die Gläubigen (die Gestorbenen und die dann
Lebenden) bei Jesu Wiederkunft den Herrlichkeitsleib
empfangen. Die verbreitete Auslegung, Paulus hoffe hier
auf die Parusie noch zu Lebzeiten, ist vermutlich nicht richtig. Die Ausdrücke »überkleidet bzw. bekleidet werden«
entspringen seiner hebräischen Vorstellung, dass es einen
leiblosen Zustand gar nicht gibt, d. h. dass auch der Verstor-
bene noch über seinen — wenn auch, irdisch gesehen, schon
zerstörten — Leib verfügt, und der Herrlichkeitsleib demzufolge wie ein göttliches Kleid übergestreift wird. Der Vers
drückt also seine Sehnsucht nach der Wiederkunft des
Herrn und nach dem damit verbundenen Überkleidetwerden mit dem Herrlichkeitsleib aus, nicht unbedingt eine
Hoffnung auf das Wiederkommen schon zu Lebzeiten.

V. 3 - 4: Nun konkretisiert er diese Sehnsucht. »... da ich
dann als ›Bekleideter‹ (sc. vor dem Herrn) nicht nackt gefunden werde.« Der irdische Leib ist keine vor Gott wür-
dige Bekleidung. Er ist ein »Zelt«, »armselig« und »nied-
rig« (1. Kor 15, 43). Paulus hat tiefe Sehnsucht nach voller
Gemeinschaft mit dem erhöhten Herrn. Aber er weiß, dass
er im irdischen Leib nicht vor ihm erscheinen kann. Das
wäre für ihn ein »Nacktsein«. Und so seufzt er im Heiligen

Geist und wartet auf den großen Tag der Wiederkunft Jesu,
an dem er mit seinem neuen Leib bekleidet werden wird,
um damit vor dem Herrn erscheinen zu können. Vers 4 ist
eine Zusammenfassung von Vers 1 bis 3. »So sind wir also,
solange wir noch im ›Zelt‹ sind, mit Lasten beschwert, und
seufzen (sc. nach dem himmlischen Leib), weil wir nicht
entkleidet, sondern überkleidet sein wollen, und dann das
Vergängliche vom Leben verschlungen wird.« Die Lasten
entstehen durch die Bedrängnisse, und sie ziehen zu Boden. Aber gleichzeitig vermittelt der Heilige Geist die Gewissheit auf die himmlische Herrlichkeit in Gottes Nähe,
und so seufzt der Christ sehnsuchtsvoll nach dem Tag der
Einlösung dieser Verheißungen. Die Wendung »wir wollen
nicht entkleidet, sondern überkleidet sein« drückt denselben Gedanken wie Vers 2 aus. Paulus weiß, dass er ohne
himmlisches Kleid, also »entkleidet«, nicht vor dem Herrn
erscheinen kann. Er will nicht entkleidet, nackt sein, wenn
der Herr wiederkommt. Der Schluss von Vers 4 ähnelt
1. Kor 15, 53. Wenn Christus kommt und den Gläubigen
das neue Kleid anzieht, dann wird er selbst (»das Leben«)
alles Vergängliche (also den bisherigen Vergänglichkeitsleib)
austilgen (»verschlingen«). Nichts Vergängliches, nichts
Irdisches, nichts Sündhaftes wird uns dann noch anhaften.

V. 5: Nun folgt eine kleine Doxologie. Paulus gibt Gott die
Ehre. Gott hat die Auserwählten dazu geschaffen, dass sie
in einer neuen Leiblichkeit ungeteilte Gemeinschaft mit ihm
haben sollen. Wörtlich: »Der uns aber dafür zugerüstet hat
(sc. für dieses gewaltige Bekleidetwerden), ist Gott . . .« Und
wie in Röm 8, 23 fügt Paulus an, dass Gott als Angeld bzw.
Anzahlung auf dieses große Ereignis den Heiligen Geist

verliehen hat. Die Taufe ist hier nicht im Blick, wie manche Ausleger es vermuten. Paulus bindet den Geistempfang nicht an die Taufe, sondern an die Gnade Gottes und den Glauben dessen, der das Evangelium hört und Christus vertraut.

V. 6 - 8: Paulus kommt jetzt wieder auf seinen apostolischen Dienst zu sprechen. Der Ausblick auf das großartige eschatologische Geschehen der Überkleidung mit dem Herrlichkeitsleib am Tag der Wiederkunft Jesu verleiht ihm Mut und Festigkeit. »So sind wir nun allezeit getrost und stark ...« Nun fügt Paulus noch eine polemische Aussage gegen die Gefahr eines Schwärmertums an, das die Unmittelbarkeit mit dem Herrn schon jetzt haben möchte. »Im vollen Bewusstsein (eidotes), dass wir, solange wir im (irdischen) Leib unsere Heimat haben, fern vom Herrn sein müssen (wörtlich: sind).« Vers 7 ist eine eingefügte Parenthese. »Denn wir wandeln (sc. jetzt) im Glauben *(dia pisteos)*, nicht im Sichtbaren *(dia eidous)*.« Zu dieser Aussage ist Kol 3, 3 und 4 zu vergleichen. Was Christen sind und haben, wird erst offenkundig, wenn sie aus der alten Leiblichkeit erlöst worden sind, was bei Jesu Wiederkunft geschehen wird.

Vers 8 ist Zusammenfassung des ganzen Abschnitts 5, 1-7. »Wir sind also (sc. im Blick auf die Bedrängnisse) getrost und gefestigt, aber (sc. im Blick auf den künftigen Herrlichkeitsleib) möchten lieber fern sein vom (sc. irdischen) Leib und beim Herrn unsere Heimat haben.« Beides stimmt. Paulus ist getrost in allen Verfolgungen, ja er vermag auch dem Märtyrertod ins Auge zu blicken, denn er weiß, dass ein Herrlichkeitsleib auf ihn wartet. Und er seufzt sehnsuchtsvoll nach dem Tag der Wiederkunft Jesu, wenn er, bekleidet mit Herrlichkeit, vor dem Herrn erscheinen darf zu ewiger und ungeteilter Gemeinschaft.

V. 9: In den Versen 9 und 10 stößt Paulus in eine neue Dimension seiner Argumentation vor. Bisher (in 5, 1 - 8) beschrieben seine Worte die sehnsuchtsvolle Vorfreude auf den himmlischen Leib und seine Glaubensfestigkeit angesichts der Bedrängnisse. Nun stellt er sich selbst und die Korinther (und damit alle Christen) in die ethische Konsequenz dieser vom Heiligen Geist geschenkten Gewissheit. Zur Gabe tritt die Aufgabe. Wer von der Vorfreude auf den neuen Leib und die Begegnung mit Christus durchdrungen ist, der will so leben, dass der Herr ihm dann auch ein Lob aussprechen und den entsprechenden Lohn aushändigen kann. Das dio (»Deshalb«) am Anfang von Vers 9 nimmt Bezug auf die Gewissheit, einen Herrlichkeitsleib empfangen zu dürfen. »Deswegen setzen wir unsere ganze Ehre und Kraft ein, um ihm zu gefallen.« Interessant ist der beigefügte Nebensatz: »Ob wir nun hier noch im irdischen Leib unsere Heimat haben oder dann außerhalb des irdischen Leibes sein werden.« Nicht nur hier, zu Lebzeiten, in dieser irdischen Welt, will Paulus seinem Herrn gefallen, sondern auch dann, wenn er in einer neuen, verklärten Leiblichkeit im Himmel Christus dient. Die neue Existenz in der Unmittelbarkeit beim Herrn ist also für den Apostel keineswegs von Untätigkeit geprägt, sondern von neuen Aufgaben und neuem Dienst.

V. 10: Bis jetzt hat Paulus immer nur von sich selbst gesprochen (trotz der rhetorischen Pluralformen!). Jetzt weitet sich der Blick auf die Korinther und damit auf die ganze Christenheit. Seine eigene Leidenschaft, in allem Tun und Lassen dem Herrn zu gefallen, wird Paulus zum Auslöser für den mahnenden Hinweis auf die Entlohnung, die Christus bei der Wiederkunft jedem Christen zuteil werden lässt. »Wir alle (sc. alle Christen) müssen offenbar werden vor dem Richterthron Christi, damit jeder empfängt entsprechend dem, was er bei Leibesleben getan hat, es sei gut oder schlecht.« Die eschatologische Tatsache einer Entlohnung der Christenheit durch den wiederkommenden Herrn ist den Korinthern nicht fremd. Paulus hatte schon im 1. Korintherbrief darauf mahnend hingewiesen (1. Kor 3, 8-15; 4, 4 f.). Auch in Röm 14, 10-13 und 1. Thess 2, 19 wird der Tag der Entlohnung der Christen benannt. Der Lohngedanke ist auch dem irdischen Jesus geläufig gewesen. Einige Gleichnisse und Verheißungen sprechen ihn deutlich aus, z. B. Mt 19, 27-30; 25, 14-30; Lk 12, 35-44. Aus diesem Gesamtzeugnis ergibt sich als fester Bestandteil christlicher Hoffnung die Erwartung einer Entlohnung durch Christus bei seinem Kommen. Maßstab wird dann sein, wie der Christ die ihm geschenkte Gnade und die ihm geschenkten Gaben für das Reich Gottes eingesetzt hat. Die Stelle 1. Kor 3, 8 bis 15 nötigt dabei zu dem Schluss, dass Christen bei dieser Entlohnung auch leer ausgehen können, also zwar die Errettung vor dem Zorn Gottes erfahren, aber ohne Lohn bleiben. Wichtig ist in diesem Zusammenhang die Feststellung, dass die Entlohnung der Christen am Tag der Wiederkunft Jesu, die hier in 5, 10 angesprochen ist, nicht verwechselt werden darf mit dem Gerichtshandeln Christi an der ungläubigen und gottlosen Menschheit. Christen, die mit ihrem Herrn gelebt haben

und gestorben sind, haben durch den Glauben ewiges,
göttliches und unzerstörbares Leben empfangen und kommen nicht in das Gericht (Joh 5, 24).

Die Liebe Christi —
das bestimmende Motiv für den
Verkündigungsdienst des Apostels (5,11-21)

Dieser Abschnitt ist einer der theologischen Höhepunkte
der paulinischen Briefe. Wir finden in ihm die apostolische
Versöhnungsbotschaft kompakt dargestellt, und zwar sowohl was ihren zentralen Inhalt als auch was den daraus re-
sultierenden apostolischen Versöhnungsdienst betrifft.

V. 11: Paulus knüpft an seinen Hinweis auf den großen
»Lohntag« bei Christi Wiederkunft an. Die Gewissheit,
dass Christus ihn danach beurteilen wird, wie er die Aufgabe ausgeführt hat, die mit der Gabe der Berufung zum
Heidenapostel verbunden war, führt ihn zur »Furcht des
Herrn«. Damit ist keine Angst gemeint, sondern Demut
und Ehrfurcht. In dieser inneren Haltung verrichtet er seinen Dienst, Menschen für ein Leben unter Gottes Herrschaft zu gewinnen. Er nennt seine Arbeit hier eine »Überzeugungsarbeit« *(peitho,* »überzeugen«). Luthers Übersetzung »suchen wir Menschen zu gewinnen« trifft die Aussage gut. Das ist das große Ziel des Apostels, Menschen für
Gott zu gewinnen. Egoistische Nebenabsichten verfolgt er
nicht. Er weiß sich darin vor Gott offenbar (vgl. 1. Kor 4, 1 -
5). Ob aber auch die Korinther von der Uneigennützigkeit
seines Dienstes überzeugt sind, das ist ihm fraglich. Er

»hofft«, dass er vor ihren Gewissen genauso offenbar ist wie vor Gott. D.h. er hofft, dass sie seine lauteren Motive ebenfalls erkennen. Hier klingt deutlich das Spannungsverhältnis an, das er immer noch gegenüber der Gemeinde spürt.

V. 12: Auch in diesem Vers spürt man die Spannung. Paulus muss die Aussage von Vers 11 sofort vor Missverständnissen schützen. »Damit will ich mich keineswegs wieder bei euch ins rechte Licht rücken« (wie ihm das von einigen unterstellt wird). Vielmehr möchte er der Gemeinde Veranlassung *(aphorme)* geben, sich seinetwillen zu rühmen, d. h. vor Gott sich dankbar zu zeigen, dass sie seinen Dienst empfangen durfte und darf. Und er will ihr zweitens eine Hilfestellung geben, gegenüber seinen Kritikern aufzutreten und gegen sie vorzugehen. Paulus nennt diese Leute Menschen, »die sich ihres Auftretens rühmen« (wörtlich »die sich des Äußeren rühmen«), aber »ihres Herzens nicht rühmen (sc. können)«. Gemeint sind Gemeindeglieder, die gewandt und redestark auftreten, aber keine innere Beauftragung und keine Vollmacht haben. Ab Kapitel 10 wird sich Paulus mit ihnen noch besonders auseinander setzen.

V. 13: Nun geht Paulus offensichtlich auf einen besonderen Kritikpunkt ein, den diese Leute gegen ihn anführten, und zwar den, dass er keine ekstatischen Erlebnisse mit Gott habe. Auch darauf wird Paulus in Kapitel 12 noch eingehen. Hier wehrt er diese Kritik in einer souveränen Art kurz und bündig ab. »Wenn ich außer mir war, so geht das allein Gott etwas an.« Darüber ist er niemand Rechenschaft schuldig. »Aber was ich mit meinem Verstand unternehme (und das ist ja sein ganzer Dienst und Einsatz), das gilt einzig und allein euch.« Sein ganzes Leben ist seinem Auftrag verpflichtet. Ein »Privatleben« kennt Paulus nicht mehr. Vers 13b kann als Leitwort für die ganzen beiden Abschnitte 5, 11 bis 21 und 6, 1 bis 10 verstanden werden.

V. 14: Nun folgt die Begründung für diese fundamentale Aussage. Paulus ist frei gemacht von sich selbst. Er hat eine umstürzende Erfahrung gemacht, die sein ganzes Leben grundlegend verändert hat. Christus ist in sein Leben getreten und hat alle Maßstäbe verändert. Das biographische neunte Kapitel im 1. Korintherbrief klingt hier an. Auch dort hatte er seinen Einsatzwillen für Gottes Sache mit der inneren Verpflichtung erklärt, die er seit seiner Bekehrung in sich trägt. Hier bezieht sich Paulus auf die Erkenntnis der Liebe Christi, die ihn durch und durch motiviert und bewegt. »Die Liebe Christi (gen. subj.) bestimmt uns« (der Plural ist auch in diesem Abschnitt fast durchgehend rhetorisch und meint allein den Apostel). *Synecho*, eigentlich »zusammenhalten«, nimmt hier die Bedeutung des ihn ganz und gar beherrschenden Motivs an. Die Liebe, die Christus durch seinen Tod auf Golgatha sichtbar dokumentiert hat, lässt Paulus nicht wieder los. Sie ist die Antriebskraft für sein ganzes Tun und Lassen. Und sie bestimmt auch sein theologisches Denken. »Und mein einziges Urteil ist dies *(krinantas touto)*: Einer starb für alle, und so hat er an ihrer Stelle den Tod erlitten.« Hier drückt Paulus die Bedeutung des stellvertretenden Todes Christi aus. Christus ist unseren Tod gestorben, d. h. den Tod, den wir wegen unserer Sünde vor Gott erwirkt und verdient haben. Gott hat unsere Sünden auf seinen Sohn geladen, und unsere Sünden haben ihm den Tod gebracht. Sünde bringt Tod. Das ist eine biblische Tatsache (Röm 6, 23). Und diesen Tod, den alle Menschen verdient haben, stirbt Christus am Kreuz. Damit ist die Schuld aller Menschen aller Zeiten vor Gott gesühnt. Jeder Mensch kann Zugang zu dieser Tatsache bekommen, wenn er im Glauben Jesus Christus als Herrn und Erlöser annimmt. Das ist die Grundlage der biblischen Versöhnungsbotschaft. Sie ist schon vom irdischen Jesus ausgedrückt worden, etwa in Mk 10, 45 oder in der Einsetzung des Abendmahls (Mt 26, 28).

V. 15: Dieser Vers gehört elementar zur Versöhnungsbotschaft hinzu. Vers 14 beschrieb den Grund der Versöhnung: Christi stellvertretenden Tod zur Sühnung der Menschenschuld. Vers 15 weist dagegen auf das Ziel der Versöhnung: Christus ist deswegen für alle gestorben, »damit diejenigen, die durch den Glauben an Christus göttliches Leben empfangen *(hoi zontes)*, nicht mehr sich selbst zu Gefallen leben, sondern für den, der für sie gestorben und auferstanden ist«. Die Entsühnung der Schuld durch das Sterben Christi ist die Grundlage der Versöhnung, die Erneuerung des menschlichen Wesens in der Kraft des Heiligen Geistes ist die Folge. Beides gehört unlösbar zusammen. Christus ist für uns gestorben, und er ist auch für uns auferstanden (vgl. Röm 4, 25). Ohne die Auferstehung und Erhöhung zum Vater könnte Christus nicht durch den Heiligen Geist in einem Menschen Wohnung nehmen und ihn von sich selbst befreien und ihm ein neues Leben schenken. So könnte man sagen, dass in Vers 14b und 15 die komplette biblische Versöhnungsbotschaft enthalten ist.

V. 16 - 17: Paulus zieht daraus nun weit reichende Konsequenzen. Beide Aussagen sind koordiniert und gleichrangig, eine erläutert die andere. Vers 16 ist in der Auslegung umstritten. Gemessen am sonstigen paulinischen Sprachgebrauch, ist *kata sarka* (wörtlich »dem Fleisch, d. h. dem alten Wesen gemäß«) zu den Verben wissen bzw. erkennen und nicht zu Christus zu ziehen. Aber was will Paulus hier ausdrücken? Ganz bestimmt will er nach den grundlegenden Aussagen von Vers 14 und 15 hier eine grundsätzliche Konsequenz ziehen, die seinen ganzen apostolischen Dienst umfasst. Es geht ihm hier um die radikale Veränderung, die er durch die Begegnung mit Christus in seiner Einstellung gegenüber den Menschen erfahren hat. Früher beurteilte er die Menschen *kata sarka*, d. h. nach den üblichen menschlichen Maßstäben, nach Sympathie und Antipathie, nach ihrer Nationalität, nach Nutzen und Schaden usw. Der Maßstab lag bei ihm selber und in seinem Judesein. Zu den Heiden zu gehen und ihnen von Gottes Wesen und Plan zu berichten, wäre ihm nicht in den Sinn gekommen. Wie anders ist das jetzt geworden. Jetzt beurteilt er niemand mehr nach den alten Maßstäben, nach den Maßstäben dieser Welt. Und auch Christus, den er vor seiner Bekehrung in seinem Anspruch und seinen Worten und Taten falsch beurteilt, abgelehnt und verfolgt hat, sieht er jetzt ganz anders. Paulus begründet also in Vers 16 seine ganz neue Einstellung gegenüber der Menschheit. Jetzt sieht er die Menschen als von Gott geliebt an, als Menschen, die dringend die Versöhnungsbotschaft hören müssen, um zu einem sinnerfüllten Leben in Zeit und Ewigkeit zu gelangen. Jetzt ist er von der »Liebe Christi bestimmt« (V. 14), die ihn zu den Menschen hinzieht, um ihnen das errettende

Wort zu sagen. Dazu A. Schlatter: »Sein Wissen von den Menschen entsteht nicht unter dem Antrieb und mit den Mitteln des Fleisches, wird nicht vom natürlichen Vermögen hervorgebracht und hat nicht in der Befriedigung seiner Eigensucht seinen Zweck … Nun führt ihn der Geist zu den Menschen und zeigt ihm, was in ihnen ist, und vereinigt ihn mit den anderen und macht aus allen die eine Gemeinde, den einen Leib« (*Paulus der Bote Jesu*, S. 560). Nach O. Michel handelt es sich hier geradezu um eine »feierliche Absage« an jüdische Bindungen und Denkformen, die Paulus in Vers 16a vollzieht (O. Michel, »Erkennen dem Fleisch nach«, in: *Dienst am Wort*, 1986, S. 118).

Vers 17a steht parallel zu Vers 16 und beschreibt noch einmal die Folgen des stellvertretenden Sühnetodes Jesu Christi, diesmal aber nicht persönlich zeugnishaft wie in Vers 16, sondern generalisierend für alle, die an Christus gläubig sind. Jeder Mensch, der im Glauben mit Jesus Christus verbunden ist (en Christo, in Christus), ist ein neues Geschöpf. Wenn ein Mensch im Glauben Christus als seinen Herrn und Heiland annimmt, dann geschieht ein Wunder, das Wunder eines schöpferischen Handelns Gottes an ihm. Gott erschafft etwas Neues. Er macht aus einem Sünder ein Kind Gottes (Joh 1, 12 f.), indem er ihm den Heiligen Geist verleiht (Röm 8, 14). Der Heilige Geist verankert die Liebe Gottes in ihm (Röm 5, 5). Die Liebe Gottes verändert ihn (Gal 5, 22 f.). Die »neue Kreatur« (Luther Übersetzung z. St.) ist der in Christus verborgene, neue geistliche Mensch (Kol 3, 3), der durch den Heiligen Geist sein Leben hat und im »Herzen«, d. h. im Persönlichkeitszentrum des irdischen, geschaffenen Menschen und natürlich auch in dessen Leib auf eine wunderbare Weise existiert. Dieser neue Mensch gehört schon zur neuen Welt, die Gott nach der Wiederkunft Christi erschaffen wird. Es ist nun die Aufgabe des an Christus Gläubigen, diesen neuen Menschen »anzuziehen« (Gal 5, 24 - 26; Kol 3, 12 ff.), d. h. ihm Geltung zu verschaffen im alltäglichen Leben.

Vers 17b ist wahrscheinlich im Anschluss an Jes 43, 18 f. formuliert. Paulus sieht diese Verheißung, die Gott seinem Volk Israel gegeben hat, im Christusgeschehen bei allen, die an Christus glauben, als erfüllt an. Das »Alte« ist vergangen. Was ist damit gemeint? Vers 14 und 16 zeigen die Richtung. Das »Alte« ist die vom »Fleisch«, vom ichbezogenen Wesen bestimmte Lebenshaltung, die, geistlich gesehen, »Tod« ist und Tod bringt. Dieses alte Wesen wird von Christus in den Tod gegeben (Röm 6, 6), d. h. es wird ihm die Macht gebrochen. Statt dessen ist nun durch den Heiligen Geist ein »Neues«, nämlich ein neuer Mensch da, der, von der Liebe bestimmt, eine auf Gott und den Nächsten ausgerichtete Lebenshaltung praktizieren will. Dieser neue Mensch beansprucht, das gesamte Denken, Wollen und Fühlen neu auszurichten. In dem Maße, in dem der Christ dieses Erneuerungswerk seinem »neuen Menschen« erlaubt, wird er die geistliche Tatsache von Vers 17 an sich erfahren.

V. 18 - 21: Diese Verse hängen kunstvoll, nämlich in einem großen Chiasmus, miteinander zusammen und müssen als ein Ganzes ausgelegt werden. In drei Schritten fasst Paulus hier die Versöhnungstat Gottes und seinen eigenen Versöhnungsdienst zusammen, und zwar in Vers 18b und c, 19, 20 und 21. Vers 18a ist die Überschrift, die dem ganzen Komplex den Charakter einer Doxologie, eines Gotteslobs ver-

leiht: »Alles kommt von Gott.« Das ganze Versöhnungsge-
schehen ist einzig und allein Gottes Werk. Es ist sein Plan,
der aus seiner Liebe geboren wurde. Der Mensch hat die
Versöhnung mit dem lebendigen Gott nicht gesucht. Er ist
an ihm vorbeigegangen und wäre dem ewigen Zorn Gottes
unrettbar preisgegeben, wenn Gott nicht von sich aus sein
großes Versöhnungswerk unternommen hätte.

1. Schritt (V. 18b und c): Gott versöhnte uns durch
Christus (d. h. durch seinen stellvertretenden Sühnetod)
mit sich selbst (Versöhnungstat).Und er gab uns den Dienst
der Versöhnung (d. h. den Dienst, der die Versöhnung predigt: Versöhnungsdienst).

2. Schritt (V. 19): Paulus behält dieselbe Struktur wie
beim ersten Schritt bei, beschreibt aber sowohl die Versöhnungstat Gottes als auch seinen Versöhnungsdienst näher.
»Und zwar versöhnte Gott die Welt (d. h. die Menschheit)
mit sich, indem er ihnen (d. h. den Menschen) ihre Übertre-
tungen nicht anrechnete.« (Versöhnungstat). Die Versöhnung besteht also darin, dass Gott die Schuld der Menschen
auf Christus legte und dessen Tod als stellvertretenden Sühnetod für die Schuld aller Menschen ansieht. Gott hat also
durch Christus die Sünde aller Menschen aller Zeiten vergeben. »Und er hat in uns das Wort von der Versöhnung gesetzt« (Versöhnungsdienst). Versteht man Vers 19 als parallel zu Vers 18b und c aufgebaut, so ergibt sich wie dort als
Verständnis das Berufungserlebnis des Apostels: Paulus ist
zum »Dienst der Versöhnung« berufen, und Christus hat
ihm das »Wort der Versöhnung« gegeben, ins Herz gelegt.

3. Schritt (V. 20 und 21): Hier wird der Chiasmus
wirksam. Paulus beginnt diesen 3. Schritt mit dem ihm auf-
getragenen Versöhnungsdienst. »Für Christus sind wir also

Botschafter, und Gott ermahnt durch uns. Für Christus bitten wir: Lasst euch versöhnen mit Gott.« Paulus beschreibt hier seine apostolische »Überzeugungsarbeit« (V. 11). Er ermahnt, tröstet und bittet. Es fällt auf, dass Paulus gerade diese Verben verwendet. Er versteht seinen Dienst als Proklamation der Liebe Gottes, als Mitarbeiter beim großen, erdkreisumspannenden Triumphzug Gottes, wo er den Wohlgeruch der Erkenntnis Gottes verbreiten will (vgl. 3, 14 ff.). Dazu passt kein Befehlston, sondern nur das dringliche, liebende Werben. Vers 21 beschreibt abschließend noch einmal Gottes Versöhnungstat. Paulus wählt dazu ganz starke, auch bei ihm völlig singuläre Wendungen. »Gott hat den, der keine Sünde kannte, für uns zur Sünde gemacht (sc. indem er die ganze Menschheitsschuld auf ihn legte), damit wir in ihm Gottes Gerechtigkeit und Heil würden.« Das Gegensatzpaar »Sünde« und »Gerechtigkeit Gottes« ist aufschlussreich. Es entzieht einem rein forensischen Verständnis des Rechtfertigungsgeschehens die Grundlage. *Dikaiosyne* (»Gerechtigkeit«, »Heil«) ist der wirkliche Gegensatz zu *hamartia* (»Sünde«). Das bedeutet, dass wie die Sünde das Fehlverhalten des Menschen aufgrund seines heillosen Wesens meint, die »Gerechtigkeit Gottes« das Wohlverhalten des Menschen aufgrund seines geheilten Wesens bedeuten muss. Die »Gerechtigkeit Gottes« ist also Gottes Heil, das den Menschen heilt, verändert und ihn zu einem neuen, von Gottes Liebe geprägten Verhalten führt. »Seine Gerechtigkeit macht er an uns offenbar; sie formt uns innen und außen, gibt uns den Willen und das Schicksal, macht uns mit Gottes Willen eins und gibt uns Anteil an seinem Leben« (A. Schlatter, *Paulus der Bote Jesu*, S. 568 f.).

Die Liebe Christi — das bestimmende Motiv
im Alltagsleben des Apostels (6,1-10)

Paulus kommt in diesem Abschnitt an das Ende der mit
2,14 begonnenen großen Darstellung seines apostolischen
Dienstes. Der enge Zusammenhang mit dem vorigen Abschnitt 5,11-21 ist zu beachten. Dort hatte Paulus seinen
ganzen Verkündigungsdienst auf das Motiv der Liebe
Christi zurückgeführt und die Korinther aufgefordert, seinen Gegnern zu widerstehen, die nicht aus dieser geistlichen Motivation handeln. Nun stellt er ihnen zusammen-
fassend seinen ganzen entbehrungsvollen und doch geistlich so reichen Dienst als Ausdruck und Auswirkung der
Liebe Christi dar. Sie sollen an seinem Leben die Echtheit
und Kraft dieser Liebe ermessen, die Hohlheit im Auftreten
seiner Gegner erkennen und neues Vertrauen zu ihm als
den von Christus eingesetzten und beglaubigten Apostel
fassen.

V. 1 - 2: Paulus beginnt diese Zusammenfassung mit einer
grundlegenden geistlichen Ermahnung. Dabei beruft er
sich auf die höchste Autorität, auf Gott selbst. Anknüp-
fend an 5,20 bezeichnet er sich als »Mitarbeiter« (sc. Gottes). Das deutet auf das besondere Gewicht hin, das er in
seine Ermahnung hineinlegen will. Die Korinther sollen aufpassen, dass sie die Gnade Gottes nicht »vergeblich« empfangen haben (wörtlich: »leer, wirkungslos«). Die Gnade
Gottes hat sie erreicht in Gestalt des Apostels Paulus. Die
von ihm verkündigte Versöhnungsbotschaft ist die von
Christus selbst für die Heiden bestimmte Form des Evangeliums. Diese Botschaft vermittelt, wenn sie im Glauben

angenommen wird, neues, ewiges Leben in Jesus Christus
(5, 17). Aber dieses neue, göttliche Leben soll nun praktiziert werden. Sein Hauptkennzeichen, die Liebe, soll angewendet werden. Paulus hat die tiefe und berechtigte Sorge,
dass die Korinther an dieser Nahtstelle des geistlichen Lebens z. T. versagen könnten. Sie haben sich z. T. den Gegnern des Paulus geöffnet, die sein Apostolat bestreiten und
seinen ganzen Dienst in Frage stellen. Wenn diese Leute, die
mit ihrem glanzvollen Auftreten und ihrer Berufung auf
besondere ekstatische Erlebnisse die ganze Gemeinde ver-
wirren, in Korinth maßgeblich werden sollten, dann bekä-
men die Korinther keine Anleitung zu echtem geistlichen
Wachstum. Dann würde ihr Glaubensleben verkümmern,
dann bliebe die ihnen widerfahrene Gnade ohne Auswirkung für ihr praktisches Leben. Diese Gefahr bedeutet für
Paulus Alarmstufe eins.

So erklärt sich das energische Wort der Aufrüttelung
in Vers 2. Paulus erinnert mit ihm die Korinther an das Geschenk aller Geschenke, wenn Gott einem Menschen im
Evangelium seine Gnade anbietet. Der Tag der Gnade ist
seitens des Menschen nicht verfügbar. Das ist allein Gottes
Sache. Die Korinther haben diesen Gnadentag unter der
Verkündigung des Paulus und Apollos erlebt, und sie sind
durch die geistliche Neugeburt, die sie erfahren haben, in
Gottes ewiges Heute hineingenommen worden. Sie dürfen
nun als Gottes Kinder leben, Vergebung empfangen und
Freude und Frieden unter Gottes Herrschaft erleben. Paulus will die Korinther aufrütteln. »Worauf wartet ihr noch?
Ihr habt Gottes Gnade empfangen. Er hat euch geholfen
aus Sünde, Tod und Macht des Teufels. Ihr lebt nun im göttlichen Jetzt *(nyn)*. Nun lasst euch doch endlich von der

Liebe Christi bestimmen. Erkennt doch endlich, dass die Botschaft, die ich euch gebracht habe, die Kraft zur Veränderung des Menschen enthält, denn sie bezeugt die Liebe Gottes in Christus. Lest doch die Kraft dieser Botschaft an meinem Leben ab. Und stellt euch endlich gegen diejenigen unter euch, die sich in ihrer Verblendung Kritik an meiner Berufung anmaßen.« Die Verse 6, 3 bis 10 — im Urtext ein einziger Satz! — bilden den letzten Höhepunkt der ganzen Ausführungen über das Apostelamt. Paulus führt sowohl alle äußeren Lebensumstände seines Dienstes als auch den ganzen Reichtum innerer geistlicher Hilfe an, den er dabei von Christus erfährt. Der ganze Abschnitt ist ein Musterstück geistlicher Apologetik. Paulus beschreibt sein Leben als Apostel, um es den Korinthern geistlich transparent zu machen. Sie sollen erkennen, dass ein solches Leben nur jemand führen kann, der aus der Kraft der Liebe Christi lebt (5, 14a). Und sie sollen Argumente bekommen gegen die korinthischen Gegner des Paulus. Der Abschnitt kann beim flüchtigen Lesen als menschlicher Selbstruhm missverstanden werden. Aber wenn man sich in den Text vertieft, dann strahlt er den äußersten Einsatzwillen, die absolute Hingabe an Christus und die tiefe Dankbarkeit des Apostels für alle erfahrene Gotteshilfe wider. Stilistisch gesehen haben wir wieder einen sogenannten Peristasenkatalog vor uns (wie in 4, 8 - 11), also eine Liste aller Lebensumstände, in denen sich der Christ bewähren soll und kann.

V. 3 - 4 a: Vers 3 und 4a haben Überschriftscharakter. Paulus ist tief durchdrungen vom einmaligen Wert und der einmaligen Bedeutung seines Auftrages und seines Dienstes. Dass der auferstandene Herr ihn als Apostel für die ganze

heidnische Welt eingesetzt hat, das ist für ihn ein unfassbar
großes Ereignis. Da kann er gar nicht anders, als nun sein
ganzes Wollen und Sein diesem Auftrag unterzuordnen. Er
soll die Liebe Gottes predigen, also muss er selber Liebe
üben. Er soll die Menschen zur Demut führen, also muss er
selber demütig sein. Er soll Gottes Kraft bezeugen, also
muss sie in seinem Leben erkennbar sein. Er soll das Leben
unter Gottes Herrschaft als ein von Freude und Frieden ge-
tragenes Leben verkündigen, also muss er selber aus Freude
und Frieden leben. Sein Leben darf die einzigartige Botschaft, die er verkündigen soll, in gar keiner Weise schmälern oder in Frage stellen. »Niemand geben wir (der Plural
meint wieder Paulus allein) in irgendeiner Hinsicht einen
Anstoß, damit der Dienst nicht verlästert (wörtlich: geta-
delt) wird.« Niemand – also Christen und Nichtchristen.
Im Gegenteil: Paulus erweist sich in jeglicher Hinsicht als
Gottes Diener, d. h. er führt ein Leben, wie es dem in 5, 20
beschriebenen Auftrag entspricht. So selbstbewusst kann
nur ein realitätsferner »Schwachsinniger« – oder eben Paulus reden, der die innere Freiheit hat, sich den Korinthern
als geistliches Vorbild, als Glaubensvater in jeglicher Hinsicht zu empfehlen.

Der erste Begriff ist – wie oft bei Paulus – der Leitbegriff, dem die folgenden Begriffe unter- und zugeordnet
sind. *En hypomone polle*, »mit großer Tragkraft« (Geduld),
die Christus ihm schenkt, meistert Paulus sein Leben. Alles,
was in Vers 4 bis 7a an Einzelzügen dieses Lebens aufgeführt wird, ist von dieser Tragkraft bestimmt.

V. 4b- 10: Die nun folgende Fülle von Begriffen ist rhetorisch meisterhaft in zwei Abschnitte strukturiert (4b-7a

und 7b-10). Die erste Dreiergruppe des ersten Abschnitts (V. 4b) bilden synonyme Begriffe, die bedrängende Lebensumstände meinen (»Bedrängnisse, Zwangslagen, Drangsale«). Die zweite Dreiergruppe (V. 5a) nennt von anderen zugefügte Leiden (»Schläge, Gefangenschaften, Tumulte«). Hier ist vor allem der Plural »Gefangenschaften« interessant, weil er die Tatsache mehrerer Gefangenschaften des Apostels ausspricht. Die Tumulte sind Volksaufläufe und Empörungen gegen ihn (z. B. Apg 13, 50; 14, 19; 16, 19 f.; 17, 5 ff.13; 19, 23). Die dritte Dreiergruppe des ersten Abschnitts (V. 5b) beschreibt schließlich Leiden, die Paulus um seines Dienstes willen freiwillig auf sich nimmt (»Mühen, schlaflose Nächte, Nahrungsmangel«). Zu den schlaflosen Nächten ist 1. Thess 2, 9b zu vergleichen, zum Nahrungsmangel bzw. Hunger 1. Kor 4, 11. Alle diese neun widrigen Lebensumstände vermag der Apostel mit Gottes Hilfe auszuhalten (und zwar dank der »Tragkraft«; siehe V. 4). Aber dabei handelt es sich nicht um ein apathisches Durchhalten, sondern um ein Annehmenkönnen durch geistliche Tugenden und Fähigkeiten. Das machen Vers 6 und 7a deutlich.

Nach den drei Dreiergruppen folgen jetzt zwei Vierergruppen. Lauterkeit (Unbescholtenheit), Erkenntnis (hier auf Menschen zu beziehen), Langmut (gegenüber schwierigen Menschen) und Güte werden als christliche Tugenden aufgeführt, mit denen Paulus die widrigsten Angriffe und Situationen trägt und bewältigt. Die zweite Vierergruppe nennt die Quellen dieser Haltung: durch den Beistand des Heiligen Geistes, durch ungeheuchelte, aufrichtige Liebe, durch das Wort der Wahrheit (Paulus empfängt aus dem Evangelium Stärkung), durch Gottes Kraft.

Nun kommen drei mit *dia* konstruierte Begriffe. Zunächst spricht Paulus von seiner geistlichen Waffenrüstung
und dann von seinem Bild und Ruf bei anderen Menschen.
Die Waffenrüstung zur Rechten und Linken ist die Ausrüs-
tung mit dem kompletten Heil Gottes *(dikaiosyne)*. Damit
vermag Paulus bei und trotz aller Infragestellung und Verfolgung durch Menschen zu bestehen. Die geistliche »Waffenrüstung« ist wieder — wie die Tragkraft von Vers 4 — ein
Leitbegriff für alle nun folgenden Situationen (V. 8-10).
Angetan mit Gottes Heil meistert Paulus jede Lage. Nach
der Überschrift folgen zwei Gegensatzpaare. Das Leben in
Gottes Heil macht Paulus unabhängig von dem, was Menschen von und über ihn denken oder reden. Ob sie ihm
Ehre erweisen oder Schande, ob sie schlecht oder gut über
ihn reden, das ist für ihn nicht mehr entscheidend. Er lebt
aus Gottes Heil, das ihm Christus im Glauben zueignet.
Den Abschluss des Peristasenkatalogs bildet eine hochinteressante Siebenerreihe (8b-10). In ihr beleuchtet Paulus
sein Leben und seinen Dienst in doppelter Weise. Zunächst
erwähnt er den äußeren Eindruck, den er für eine äußere,
menschliche Beurteilung macht und stellt dann das geistliche Urteil daneben: 1. Er gilt als Verführer (vgl. die bösen
Gerüchte V. 8), aber er ist wahrhaftig. 2. Er gilt als unbe-
kannt (im Sinn von gesellschaftlich unbedeutend; Beispiel
für unehrenhaften Ruf), aber er ist durch und durch bekannt (nämlich bei Gott). 3. Er gilt als Todeskandidat
(»Sterbender« ; vgl. die Bedrängnisse von V. 4b), aber er
lebt. 4. Er gilt als Geschlagener (»Gezüchtigter« ; vgl. die
Schläge von V. 5a), aber er kommt nicht um. 5. Er gilt als
Leidgeprüfter (»Betrübter«, vgl. die Gefangenschaften und
Verfolgungen von V. 5a), aber er hat tiefe geistliche Freude.

6. Er gilt als arm (vgl. den Nahrungsmangel von V. 5b), aber er ist überreich an geistlichen Reichtümern. 7. Er gilt als ein »Nichts« (eine Zusammenfassung aller menschlichen Beurteilungen), aber er hat alles. Wer Christus hat, der hat Zugang zu allen himmlischen und irdischen Gütern. Damit ist die umfassendste Darstellung des apostolischen Dienstes, die wir aus der paulinischen Briefliteratur kennen, zum Abschluss gekommen. Der Dienst an der heidnischen Menschheit, zu dem Christus den Apostel berufen hat, ist der schwerste, aber auch der schönste Dienst, den es für Paulus überhaupt geben kann. Paulus ist zutiefst durchdrungen von diesem einzigartigen Auftrag. Sein ganzes Leben ist ein einziges Staunen, dass der Herr ihn würdigt, der Hauptzeuge des Evangeliums im Heidentum zu sein. Die Radikalität seines Dienstverständnisses und seiner Lebensführung ist auf dem Hintergrund dieses Staunens und einer tiefen, bleibenden Dankbarkeit zu verstehen. Paulus ist bereit, alle nur denkbaren Entbehrungen auf sich zu nehmen, denn er ist ein von Christus unendlich reich gemachter Mensch.

Die Bitte des Apostels um Anerkennung und die Forderung nach Reinigung der Gemeinde (6,11-7,3)

Mit 6, 10 kann der erste große Hauptteil des Briefes, in dem Paulus seinen Auftrag und sein Amt als Heidenmissionar beschrieben hatte, als abgeschlossen gelten. Paulus wendet sich nun wieder (nach 1, 12 bis 2, 13) seinem Verhältnis zu den Korinthern und einigen speziellen Bitten und Anliegen

an die Gemeinde zu. Der nun folgende zweite Hauptteil
des Briefs (6, 11 bis 13, 10) lässt sich unterteilen in die Abschnitte 6, 11 bis 7, 16 (Werben um die Gemeinde), 8, 1 bis
9, 15 (Geldsammlung für die Jerusalemer Gemeinde) und
10, 1 bis 13, 10 (Auseinandersetzung mit seinen Gegnern).
Der erste Abschnitt 6, 11 bis 7, 16 lässt sich wiederum in
zwei Teile gliedern (6, 11 bis 7, 3 und 7, 4 bis 16). Der erste
Teil trägt deutliche Züge einer liebevollen Werbung um die
Korinther, die von einer genauso deutlichen Warnung vor
heidnischen Verhaltensweisen umschlossen ist. Der zweite
Teil drückt Freude und Erleichterung über die Nachrichten
aus, die Paulus von Titus erhalten hat.

V. 11: Paulus blickt zurück auf den ganzen ersten Hauptteil, wo er in großer Offenheit sein Selbstverständnis als
Heidenapostel beschrieben hat. Er hat sich damit der Gemeinde ausgeliefert. »Mein Mund hat sich euch gegenüber
weit geöffnet, ihr lieben Korinther.« Der Mund drückt aus,
was das Herz empfindet. »Mein Herz ist weit.« Ein weites
Herz hat viel Platz. Paulus will ausdrücken, dass die Korinther in seinem Herzen Wohnrecht haben und er ihnen von
Herzen verbunden ist.

V. 12 - 13: »Ihr seid nicht eingeengt bei mir.« Paulus hat
sich 1 1/2 Jahre um die Gemeinde in Korinth bemüht.
Keine Gemeinde hat ihm solche Sorgen bereitet wie die Korinther, keine hat sich so über seine Anweisungen hinweg-
gesetzt. Aber trotz allem Kummer trägt er sie weiterhin im
Herzen. Er weiß sich als ihr geistlicher Vater, und er sieht
sich damit in einer Verantwortung vor Gott, die ihm niemand abnehmen kann. Ganz anders ist das allerdings bei

den Korinthern. Vers 12b: »In eurem Inneren aber ist es eng.« Offensichtlich denkt Paulus an den mangelnden Raum, den er bei ihnen hat, d. h. die mangelnde Autorität, die er und seine Worte bisher bei ihnen hatten. Vers 13 ist eine herzlich gemeinte Bitte: »Werdet doch nun auch ihr weit«, und zwar als »Gegengabe«, wie Paulus sich ausdrückt. Paulus bittet ernst und dringlich, aber doch unverkennbar aus Liebe und Demut, ohne jegliche Drohung, dass die Gemeinde ihn doch endlich als Autorität annimmt und anerkennt. Dabei kämpft er nicht um sich selbst, sondern um Christus, der ihm diese Autorität übertragen hat.

Der nun folgende Absatz 6, 14 bis 7, 1 gibt einige Rätsel auf. Unvermittelt kommt Paulus von der Bitte zur Ermahnung. Die Warnung vor den Ungläubigen geschieht recht überraschend. Und zunächst wird auch gar nicht klar, was Paulus eigentlich mit dieser Warnung meint. Manche Ausleger halten deswegen den Absatz für nicht ursprünglich. Aber der Überlieferungsbefund ist eindeutig: wir haben keine spätere Einfügung vor uns.

V. 14a: Am Verständnis der überschriftsartigen Ermahnung »Zieht nicht am selben Joch mit den Ungläubigen!« entscheidet sich das Verständnis des ganzen Absatzes. Sind damit die innergemeindlichen Paulusgegner oder ungläubige Heiden gemeint? Der sonstige Gebrauch des Begriffs *apistoi* bei Paulus legt die zweite Übersetzungsmöglichkeit nahe. Abgeirrte Christen nennt Paulus nicht »Ungläubige«. Wie ist dann aber diese Warnung zu verstehen? Vermutlich denkt Paulus hier an Verhaltensweisen innerhalb der korinthischen Gemeinde, die heidnisch waren. Davon soll sich die Gemeinde schleunigst und endgültig trennen. Es fällt schwer, den konkreten Anlass der Warnung herauszufinden. Aber eventuell gibt 7, 1 einigen Aufschluss. Dort fordert Paulus zur Reinigung von Befleckung des Leibes und des Geistes auf. Die Befleckung des Leibes legt die Annahme sexueller Verfehlungen nahe. Bei der Befleckung des Geistes ist an die Teilnahme an götzendienerischen Handlungen gedacht. Einige Beobachtungen zum Text 6, 14 bis 18 können diese Annahmen noch untermauern.

V. 14b- 16a: Paulus formuliert nun fünf rhetorische Fragen, die alle zur Konsequenz einer endgültigen Scheidung von den angesprochenen heidnischen Verhaltensweisen hinführen sollen: 1. Christen leben in der Wirklichkeit des göttlichen Heils *(dikaiosyne)*. Ihr Verhalten darf nicht mehr von Gesetzlosigkeit gekennzeichnet sein. 2. Sie leben im Licht. Heimlichkeiten, die im Dunkeln gehalten werden, dürfen nicht mehr zu ihrem Lebensstil gehören. Zu den »Werken der Finsternis« gehören vorrangig die sexuellen Verfehlungen (vgl. Röm 13, 12 f.; Eph 5, 3 - 12). 3. Christen leben mit Christus und sind damit der Verfügung durch Satan entrissen. 4. Sie sind an Christus gläubig geworden und unterscheiden sich damit grundsätzlich von ungläubigen Menschen. 5. Sie sind ein Tempel Gottes. Gott selbst wohnt in ihnen (vgl. 1. Kor 3, 16; 6, 19). Wie könnten sie da noch irgendwelchen Götzen Verehrung zukommen lassen!

V. 16b- 18: Der Apostel fasst alle Fragen mit der Feststellung zusammen: »Wir sind der Tempel des lebendigen Gottes«. Das vorangestellte *hemeis* (»wir«) ist ein echter Plural. Paulus fasst sich nun mit den Korinthern zusammen. Dadurch, dass der Heilige Geist von einem Menschen

Besitz ergriffen hat und Christus durch den Geist in ihm Wohnung nimmt, ist der Mensch ein Tempel Gottes geworden. Und das muss aber die Folge haben, dass der Christ sich entsprechend verhält: Sexuelle Verfehlungen, also vor- und außerehelicher Intimverkehr sowie »götzendienerische« (wahrscheinlich ist gemeint: aus Habgier entspringende) Handlungen müssen ein für allemal überwunden und abgeschüttelt werden. Von Vers 16b bis 18 untermauert Paulus seine Paränese mit alttestamentlichen Zitaten und Anklängen (3. Mose 26, 11 f.; Hes 37, 27; Jes 52, 11; Hes 20, 34; 2. Sam 7, 14; 2. Sam 7, 8). Gott hat verheißen, dass er unter dem Volk Israel wohnen wird. Diese Verheißung ist nun im Neuen Bund erfüllt. Aber sie ist verbunden mit der Aufforderung, alle heidnischen Verhaltensweisen zu meiden und nichts Unreines mehr zu berühren. Offensichtlich wählt Paulus hier ein Zitat, das beide Warnungen (vor Unzucht und Götzendienst) in sich schließt. Und schließlich wird die Verheißung des Wohnungnehmens noch überboten mit der Zusage, dass Gott zu seinem Volk wie ein Vater und die Erlösten und Geretteten wie Söhne und Töchter sein werden. Interessanterweise fügt Paulus hier »Töchter« an, um die beiden Geschlechtern gleicherweise geltende Erlösung zu unterstreichen.

V. 7, 1: Dieser Vers bestätigt den ernsten, aber herzlichen Grundton des ganzen Abschnitts. Paulus redet die Korinther mit »Geliebte« an. Er spricht betont in der 1. Person Plural, schließt sich also mit ein. Jegliche Befleckung des Leibes und des Geistes muss geistlich bereinigt werden, und zwar durch Beichte und Vergebungszuspruch, und das Leben muss in der Furcht Gottes geführt werden. Nur so

kommt der Christ dem Ziel der Heiligung näher (wobei
Paulus mit »Heiligung« keine moralische Vollkommenheit,
sondern ein von Glaube und Liebe geprägtes Leben meint).

V. 2: Der Apostel wiederholt die schon in 6, 13b geäußerte
Bitte. »Gebt mir (sc. in euch) Raum!« Wieder meint Paulus
nicht nur seine Person, sondern auch sein Wort. Die Korinther sollen die in 6, 14 bis 7, 1 an sie ergangene Mahnung
endlich und endgültig beherzigen. In Vers 2b greift Paulus
offensichtlich noch kurz einige Vorhaltungen und Unterstellungen gegen seine Person auf, von denen er Kenntnis
erhalten hat, und weist sie entschieden zurück. Er hat niemand geschädigt (das erste Verb *adikeo* hat Überschriftscharakter), weder hat er jemand ruiniert noch sich an jemand bereichert (vgl. 1. Kor 9).

V. 3: Paulus fasst die ganze Paränese zusammen. »Dies
habe ich euch nicht gesagt, um euch zu verurteilen (im Sinn
von ›niedermachen‹).« Vielmehr ist und bleibt er der Gemeinde herzlich zugetan. Er bleibt bei dem, was er in 6, 11
ausgedrückt hat. Aber er gibt seiner Verbundenheit nun
noch einen besonderen, innigen Ausdruck: «Ihr seid in
meinem Herzen auf Tod und Leben«, d. h. im Leben und
im Sterben trage ich euch in mir, denke an euch, bete für
euch, ringe um euch. In der Tat, Paulus ist zu dieser Gemeinde wie ein Vater, der alles für seine Kinder hergibt.
Wie schmerzvoll musste es für ihn sein, dass sie so spröde
zu ihm war und seine Liebe nicht zu erfassen vermochte.

Eine dreifache Freude des Apostels (7,4-16)

Stand der vorhergehende Abschnitt (6, 11 bis 7, 3) ganz im Zeichen der Werbung um die Gemeinde oder, besser gesagt, um diejenigen Gemeindeglieder, die noch Vorbehalte gegen Paulus hegten, so gibt Paulus jetzt seiner Freude über günstige Entwicklungen in der Gemeinde Ausdruck. Der Abschnitt fungiert gleichzeitig als Überleitung zum nächsten Teil des Briefs, wo Paulus um Beteiligung an der Kollekte für die Armen in der Jerusalemer Gemeinde bittet. Bei genauerem Hinsehen lässt die Gedankenführung in 7, 4 bis 16 eine Dreierstruktur erkennen. Vers 4 gibt das Thema an: die Freude des Apostels trotz aller Bedrängnis. Die Verse 5 bis 7 geben den ersten Grund an: die guten Nachrichten aus Korinth, die Titus mitbrachte. Die Verse 8 bis 13a drücken die Freude über die Wirkungen des »Tränenbriefs« aus. Und in den Versen 13b bis 16 freut sich Paulus über den Umgang der Gemeinde mit Titus.

V. 4: Paulus bezeugt, dass sein Freimut *(parresia)* gegenüber den Korinthern stark ist. Freimut kennzeichnet seinen Dienst generell (vgl. 3, 12), weil die Herrlichkeit des apostolischen Auftrags innere Kraft und Souveränität schenkt. Aber der Freimut wächst, wenn der Dienst geistliche Frucht bewirkt. Und das erlebte Paulus, als ihm Titus die guten Nachrichten aus Korinth brachte. Damit wuchs auch die Überzeugung, dass Paulus in Korinth nicht vergeblich gearbeitet hat, und seine frohe Gewissheit vor Gott, richtig gearbeitet zu haben. Dies nennt Paulus *kauchesis*, das ist sein »Rühmen vor Gott«. Drittens äußert Paulus, dass er viel Tröstung empfangen hat *(paraklesis)*, nämlich durch

die Nachrichten, die Titus mitbrachte. Alle drei Fakten, der
gewachsene Freimut, das begründete Rühmen und die
empfangene Tröstung versetzen Paulus in eine über-
schwängliche geistliche Freude inmitten seiner aktuellen
Bedrängnisse. Was er damit meint, wird gleich in Vers 5
deutlich werden.

V. 5 - 7: Paulus berichtet nun, dass er, nachdem er in Troas
wegen der Abwesenheit des Titus keine Ruhe gefunden
hatte (2, 13), auch in Mazedonien nicht zur Ruhe kam. Der
Ausdruck »mein Fleisch« soll seine äußere, leibliche Existenz bezeichnen. Von außen kam Streit auf ihn zu. Mit *ma-
chai* sind wahrscheinlich »Streitigkeiten« mit Feinden des
Christentums gemeint. Innen trug er Ängste, vermutlich
um die Entwicklung der korinthischen Gemeinde. Aber
durch die Nachrichten von Titus sah sich Paulus inmitten
seiner angefochtenen Lage von Gott getröstet (vgl. 1, 3 ff.).
Das ist geistlicher Durchblick, wenn ein Christ im irdischen
Geschehen — hier durch die Nachrichten des Titus — Gottes direktes Handeln erkennt. Zu dem, was Titus berichtete, gehörte vor allem der Wunsch der Gemeinde, mit Paulus wieder ins Reine zu kommen. Titus konnte mitteilen,
dass die Korinther Sehnsucht haben nach der Wiederherstellung des guten Verhältnisses mit Paulus, dass sie Reue
empfinden über das Unrecht, das dem Apostel bei seinem
Zwischenbesuch oder kurz danach angetan worden war,
und dass sie eifrig sind, dieses Geschehen in Ordnung zu
bringen.

V. 8 - 13a: Der Apostel kommt nun auf seinen »Tränenbrief« zu sprechen. Er hatte ihn, wie er sagt, zunächst

bereut (8b), aber jetzt sieht er, welch positive Auswirkungen dieser Brief in Korinth hat, so dass er keinen Grund zur Reue mehr sieht. Die Korinther sind — wenn auch nur vorübergehend — durch den Brief aufgewühlt und erschüttert worden, und damit hat er seinen Zweck erreicht. Jetzt, nach den neuen Nachrichten aus Korinth, freut sich Paulus, ihn geschrieben zu haben.

Aber um Missverständnissen vorzubeugen, betont er, dass die Freude nicht darin liegt, die Korinther betrübt zu haben, sondern darin, dass der Brief eine Umkehr *(metanoia)* bewirkt hat, eine Betrübnis »*kata theon*«, »nach Gottes Willen«. So musste es nicht zu einer »Schädigung« kommen (9b). Eventuell meint Paulus damit, dass er nun durch die guten Nachrichten aus Korinth von einschneidenden Strafmaßnahmen absehen kann.

Vers 10 gibt eine allgemeine geistliche Nutzanwendung. Eine von Gott bewirkte Betrübnis führt zu einer Sinnesänderung, die man niemals mehr bereut, denn diese Umkehr führt auf den Weg zur Errettung *(soteria)*. Damit ist — wie auch sonst bei Paulus — die Errettung vor dem Gerichtsurteil Gottes am Tag des Zornes gemeint. Eine Betrübnis hingegen, die welthaft bleibt, die nicht innere Umkehr zu Gott bewirkt, wo der Mensch also im Kummer über die Verhältnisse, über Menschen oder über sein Versagen stecken bleibt, führt zur Gottestrennung und festigt sie noch (*thanatos*, »Tod«). In der korinthischen Gemeinde stellt Paulus jedenfalls eine »göttliche Traurigkeit« fest. Er begründet das mit der Beobachtung, dass sie einen großen Eifer an den Tag legen, der sich in vielfältiger Weise zeigt. Paulus wird von ihnen jetzt in Schutz genommen vor ungerechtfertigten Angriffen. Sie empören sich gegen die miss-

günstigen Vorwürfe. Sie bangen um das Verhältnis zu ihm.
Sie sehnen sich nach dessen Wiederherstellung. Sie eifern
regelrecht für ihn und fordern Bestrafung desjenigen, der
Paulus beleidigt hat. Die Korinther erweisen sich in dieser
Angelegenheit als »rein« und untadelig.

In Vers 12 rekapituliert Paulus ein zweites Mal seinen
»Tränenbrief«. Er unterstreicht, dass es ihm dabei nicht zuerst um Bestrafung des Schuldigen und um Genugtuung
für den Geschädigten (also für Paulus selbst) ging, sondern
um die ganze Gemeinde. Er wollte die Gemeinde locken
und reizen, sich für ihn zu engagieren, damit ihr Eifer für
ihn vor Gott offenbar würde. Dieses Hauptziel des Briefes
ist erreicht worden, wie Paulus nun von Titus erfahren hat.
Und das erfüllt ihn mit Trost. Paulus fügt einen dritten
Grund für seine Freude an. Er hat sich auch über die
»Freude« gefreut, die Titus selber aus Korinth mitbrachte.
Titus ist »in seinem Geist von euch allen erquickt worden«.
Die Perfektform in 13b zeigt, dass es sich dabei um eine an-
haltende Freude handelt. Vers 14 begründet diese dritte
Freude des Apostels. Paulus hatte sich Titus gegenüber vor
dessen Reise nach Korinth trotz aller Kontroversen mit der
korinthischen Gemeinde lobend über ihren Glauben ausgesprochen. Wörtlich: Paulus hat »vor ihm etwas euch zugunsten gerühmt«. Eben darin ist Paulus nun nicht beschämt worden. Der Glaube der Korinther erwies sich als
empfänglich für die Ermahnung, die Paulus im »Tränenbrief« ausgesprochen hatte. Paulus wertet diese Tatsache,
dass er trotz Bedenken an der geistlichen Verlässlichkeit der
Korinther festgehalten hat, als Bestätigung seiner Glaubwürdigkeit. »Wie ich zu euch mit Wahrheit geredet habe,
so hat sich nun auch als wahr erwiesen, was ich Titus gegen-

über über euch lobend geäußert habe.« Vers 15 gibt noch
eine Konkretisierung der Freude des Titus. »Sein Herz ist
besonders deswegen euch verbunden, weil er sich an euren
Gehorsam erinnert, wie ihr ihn mit Furcht und Zittern aufgenommen habt.« Mit der alttestamentlichen Wendung
»Furcht und Zittern« (vgl. 2. Mose 15, 16; 5. Mose 2, 25;
Ps 2, 11) beschreibt Paulus die Haltung der Ehrfurcht vor
Gott. Wer »Furcht und Zittern« empfindet, der weiß sich
unmittelbar vor dem lebendigen Gott stehend. Paulus wendet diesen Ausdruck einige Male auch auf sich selbst an
(1. Kor 2, 3; Phil 2, 12). Hier bedeutet er, dass die Gemeinde in Korinth im Kommen des Titus Gott selbst am
Werk sah. Mit Vers 16 schließt Paulus diesen Teil seines
Briefs ab, indem er in besonderer Weise um die Gemeinde
in Korinth wirbt und seiner Freude über die neue Entwicklung Ausdruck gibt. Gleichzeitig lenkt der Vers auf den
nächsten Teil über, wo Paulus die Korinther um Beteiligung
an der Kollekte für die Jerusalemer Gemeinde auffordert.
»Ich freue mich, dass ich im Blick auf euch in jeder Hinsicht voller Zuversicht bin.«

Die Aufforderung zur Kollekte (8, 1–15)

Die Kapitel 8 und 9 bilden einen eigenständigen Teil im
2. Korintherbrief. Zunächst kann es verwundern, dass Paulus der geplanten Kollekte für die judenchristliche Stammgemeinde in Jerusalem zwei volle Kapitel widmet. Wenn
man ber sein apostolisches Selbstverständnis und seine heilsgeschichtliche Deutung des Verhältnisses von Juden und
Heiden ernst nimmt, dann versteht man seinen immensen

Einsatz für die Planung, Durchführung und Überbringung dieser Kollekte. In Röm 15, 27 steht der Grundsatz, der den Apostel hinsichtlich der Kollekte bewegt: Wenn die Heidenchristen von den Judenchristen geistlichen Gewinn empfangen, so ist es recht und billig, dass sie ihren Dank mit leiblichen Gütern abstatten. Paulus will einen geistlichen Kreislauf in Gang setzen. Insofern ist die Kollekte nicht nur eine materielle Unterstützungsaktion, sondern Ausdruck der geistlichen Schuldnerschaft der Heidenchristen gegenüber denen, die ihnen das Heil gebracht haben, also den an Christus gläubigen Juden. Gleichzeitig stellt die Kollekte ein deutliches Symbol für die Einheit der Ekklesia aus Juden- und Heidenchristen dar. Und schließlich ist sie eine nicht zu übersehende Bestätigung für den Segen, den Gott in die apostolische Tätigkeit des Paulus gelegt hat.

Die Kollekte für die Jerusalemer Stammgemeinde lässt auf materielle Notstände dort schließen. Seit den Tagen des Königs Herodes Agrippa I. (41 bis 44 n. Chr.) standen die Judenchristen dort in großer Bedrängnis. Sie waren aus der Synagoge ausgeschlossen und damit im Judentum geächtet. Die normalen bürgerlichen Berufsmöglichkeiten waren ihnen damit nahezu genommen. Sie waren ganz und gar auf die Hilfe von außen angewiesen. Die dringende Aufforderung, eine Geldsammlung durchzuführen, hatte Paulus schon im 1. Korintherbrief gegeben (1. Kor 16, 1 - 4). Offensichtlich war die Gemeinde ihr aber noch nicht genügend nachgekommen. So muss Paulus das Thema noch einmal aufgreifen. Seine klare Entschlossenheit, die geistliche Begründung und die seelsorgerliche Argumentation in diesen beiden Kapiteln sind äußerst lehrreich.

V. 1: Paulus beginnt seine geistliche Ermahnung mit einem ausführlichen Hinweis auf die rege Beteiligung an der Kollekte in den mazedonischen Gemeinden, wo er sich ja gerade aufhielt. Bezeichnend ist die Wortwahl hier. Der Apostel spricht von geschenkter Gnade Gottes. Wo Christen beginnen, ihr Leben an Glaube und Liebe auszurichten, wo sie bereit werden, persönliche Opfer zu bringen, um Gott die Ehre zu geben und anderen zu helfen, dort herrscht die Gnade Gottes.

V. 2 - 3: Hier werden die näheren Umstände beschrieben, unter denen die mazedonische Geldsammlung vonstatten ging. Die Gemeinden dort haben aus einem Übermaß an Freude heraus gegeben, obwohl große Armut sie drückte. Paulus nennt ihre Situation eine durch große Bedrängnis gekennzeichnete Bewährung *(en polle dokime thlipseos)*. Ein bewährter, erprobter Glaube ist die geistliche Folge von Bedrängnissituationen (Röm 5, 3 f.). Beides, Freude und Armut, haben die Mazedonier in ihre große Freigebigkeit *(haplotes)* hineingelegt. Sie haben nicht nur nach ihrem Vermögen, sondern über ihr Vermögen gegeben, und zwar ohne Nötigung, ganz freiwillig.

V. 4: In Mazedonien war nicht der Apostel der Motor des ganzen Unternehmens, sondern die Gemeinden selber. Sie sind an ihn herangetreten »mit inständigem Ersuchen« *(meta polles parakleseos)*, um sich an diesem »gemeinsamen Hilfswerk der Gnade« zu beteiligen *(ten charin kai ten koinonian tes diakonias)*. Diese Tatsache, dass die mazedonischen Gemeinden in ihrer Armut selber die Initiative für die bedrängte Jerusalemer Stammgemeinde ergriffen hatten, musste für die Korinther beschämend wirken, die den ganzen Hilfsplan offensichtlich verdrängt oder vergessen hatten.

V. 5: Dieser Vers bringt noch eine weitere Steigerung. Paulus sieht im vorbildlichen Verhalten der mazedonischen Christen mehr als nur materielle Hingabe. »Sie haben sich selbst gegeben.« Das ist das Äußerste, was an Lob über christliches Tun gesagt werden kann, denn damit ist die Freiheit zusammengefasst, zu der uns Christus befreit hat (vgl. Röm 12, 1 f.). Diese Hingabe geschah vor allem »dem Herrn selbst«, aber dann auch für den Apostel, und in allem geschah der Wille Gottes.

V. 6: Paulus hat Titus gebeten, das Kollektenwerk in Korinth zum Abschluss zu bringen. Titus war gerade mit erfreulichen Nachrichten aus Korinth gekommen, und so sieht sich Paulus ermutigt, ihn sogleich wieder — mit zwei Begleitern (siehe 8, 16-24) — zu den Korinthern zu schicken. Titus hatte offensichtlich innere Autorität in der korinthischen Gemeinde gewonnen, und so vertraut Paulus ihm diesen wichtigen Dienst erneut an, nachdem er in dieser Angelegenheit schon eben in Korinth gewesen war.

Nun folgt in den Versen 8 bis 15 die eigentliche Aufforderung, kräftig zum Gelingen der Kollekte beizutragen. Paulus beginnt — didaktisch sehr geschickt — mit dem Hinweis auf den Reichtum der den Korinthern schon zuteil gewordenen Gnade Gottes. Dank der Gnade sind sie geistlich reich geworden, und zwar in vielfältiger Weise. »Durch den Glauben« ist wahrscheinlich Überschrift, so dass »durch das Wort« und »durch die Erkenntnis« Erläuterungen dazu sind. Der Glaube erschließt das Wort Gottes und schenkt Erkenntnis. An die Gnadengaben des Wortes ist hier wohl nicht gedacht, denn wo Paulus von den Gaben des Geistes spricht, gebraucht er den Begriff *charisma* bzw. *charismata*. Ferner betont Paulus den großen Eifer der Korinther. Hierbei ist an den in 7, 11 gemeinten Eifer zu denken, mit Paulus wieder ins Reine zu kommen. Dem korrespondierend hebt Paulus nun auch den Reichtum der ihnen durch ihn vermittelten Liebe hervor. So entfaltet sich vor unseren Augen ein umfassender geistlicher Reichtum in dieser Gemeinde. Der Glaube schließt ihnen den Reichtum des Wortes auf, so dass sie geistliche Erkenntnisse gewinnen. Die Liebe, die der Apostel ihnen gegenüber hat, wird von ihnen mit einem großen Eifer beantwortet, zu ihm wieder in ein versöhntes Verhältnis zu kommen. Zu diesem schon vorhandenen Reichtum sollen die Korinther nun auch noch den Reichtum der Gnade des Gebens bekommen: »Werdet nun auch in dieser Gnade reich!« Wie kann man in der Gnade des Gebens reich werden? Und wie kann man Christen ermutigen, freigebiger zu werden? Auf diese wichtigen Fragen antworten die nächsten Verse.

V. 8: Paulus schreibt dies den Korinthern bewusst nicht als Anordnung. Vielmehr will er mit dem Hinweis auf die Freigebigkeit der Mazedonier die Echtheit der Liebe der Korinther auf eine Probe stellen.

V. 9: Nun folgen die entscheidenden Argumente. Christen kennen die große Gnadentat Christi. Er ist als der unendlich reiche Gottessohn um unsretwillen arm geworden, damit wir durch seine Armut reich würden. Christus selbst ist

das große Vorbild der Selbsthingabe und des Gebens geworden. Im Glaubensblick auf ihn vermag der Christ, Hingabe und Freigebigkeit zu lernen. Wenn Christen zum Geben ermahnt werden müssen, dann sollte dies immer unter
Hinweis auf die durch Christus erfahrene Gnade geschehen. Das kann man bei Paulus lernen.

V. 10: Nicht eine Anordnung erlässt Paulus *(epitage)*, sondern seinen Rat will er geben *(gnome)*, und mit diesem Rat
will er helfen. In 10b knüpft Paulus an die Bereitschaft der
Korinther an, von der er erfahren hat, und die nun in die Tat
umgesetzt werden muss.

V. 11 - 12: Zum Wollen muss aber nun das Vollbringen
kommen, und zwar ganz der persönlichen finanziellen
Möglichkeit entsprechend. Paulus beugt dem Missverständnis vor, als ob man sich selbst arm machen sollte. Vers
12 betont, dass jeder in Gottes Augen wohlgefällig ist
(euprosdektos ist auf Gott zu beziehen), der das gibt, was er
zu geben vermag, unabhängig von der Größe der Gabe.

V. 13 - 15: Der Zweck der Kollekte besteht nicht etwa darin, dass der Jerusalemer Gemeinde Annehmlichkeiten *(an-
esis)* verschafft werden sollen, während die heidenchristlichen Gemeinden in Not geraten. Vielmehr soll eine »Ausgewogenheit« *(isotes)* zwischen den Gemeinden erreicht
werden. Vers 14 erläutert und konkretisiert dies heilsgeschichtlich. Jetzt dient der Überfluss der Heidenchristen
der leiblichen Unterstützung der Judenchristen in Jerusalem, damit dann ihr Überfluss zum Ausgleich des Mangels
bei den heidenchristlichen Gemeinden dienen kann. So also

stellt sich Paulus die »Ausgewogenheit« vor. Die judenchristliche Stammgemeinde war und bleibt der Ausgangs-
punkt des geistlichen Segens, den die heidnische Welt durch
die Verkündigung des Evangeliums erfährt. Als Ausdruck
dieses Segens unterstützen die heidenchristlichen Gemeinden die in Not geratenen Brüder und Schwestern in Jerusalem, so dass diese in ihrer geistlich-strategischen Schlüssel-
stellung bleiben und weiterhin für die Mission der heidnischen Welt sorgen können. Vers 15 gibt die Schriftbegrün-
dung aus 2. Mose 16, 18: »Wer viel sammelte (sc. vom
Manna), hatte keinen Überfluss; und wer nur wenig sammelte, litt keinen Mangel.«

Die Vorbereitung der Kollekte (8,16-9,5)

V. 16 - 17: Nach den grundsätzlichen Ausführungen über
den tieferen Sinn der Kollekte der heidenchristlichen Gemeinden für die Jerusalemer Stammgemeinde kommt Paulus nun auf seine vorbereitenden Maßnahmen zu sprechen.
Sie bestehen im Wesentlichen darin, dass er Titus zusammen mit zwei anderen bewährten Christen nach Korinth
schickt, um den Erfolg der dortigen Kollekte zu gewährleisten. Zunächst äußert Paulus seine Dankbarkeit Gott
gegenüber für die gute Zusammenarbeit mit Titus hinsichtlich der korinthischen Gemeinde. Er musste Titus nicht
überreden, wieder nach Korinth zu reisen, sondern Titus
war von sich aus zur selben Überzeugung gekommen, dass
es für die Korinther und für die Kollekte nützlich ist, wenn
er noch einmal hinreist. Titus stand in seinem Einsatzwillen
für die korinthische Gemeinde Paulus in nichts nach.

V. 18 - 21: Paulus stellt nun den ersten Begleiter vor. Er wird nicht namentlich genannt, aber in doppelter Hinsicht gelobt. Erstens gilt er als bewährter Diener am Evangelium, also als jemand, der als Lehrer den Dienst am Wort versah. Und zweitens haben die mazedonischen Gemeinden ihn gewählt *(cheirotonetheis)*, um als ihr Abgesandter Paulus bei der Reise nach Jerusalem zur Überbringung der Kollekte zu begleiten. Paulus wehrt sogleich den Gedanken ab, dass ihm die Gemeinden hier einen »Aufpasser« aufgenötigt haben könnten. Vielmehr bestätigt er diese Maßnahme ausdrücklich durch den Hinweis, dass damit ein möglicher Verdacht ausgeschaltet wird, er könne sich an der großen Kollekte persönlich bereichern. Dass er selbst der Überbringer ist und sein will, verdeutlicht Vers 19. Interessant ist auch die doppelte Zweckangabe des Kollektenunternehmens in diesem Vers. Sie soll vor allem zur Ehre des Herrn (das ist vorangestellt) dienen, aber auch als Dokumentation der Idee und Planung durch den Apostel *(prothymia)*. Diese Kollekte ist sein eigenes Werk. Sie ist ihm außerordentlich wichtig. Und sie wird ihm schließlich auch zum persönlichen Schicksal, wie die Apostelgeschichte in Kapitel 20 ff. bezeugt.

V. 22: In diesem Vers wird noch ein zweiter Begleiter kurz vorgestellt, auch er mit einem besonderen Lob. Bei ihm handelt es sich um einen bewährten Mitarbeiter aus dem Umkreis des Apostels (»unser Bruder«), dessen Einsatzwille sich schon vielfältig gezeigt hat und der, als er von der Aufgabe hörte, in Korinth die Kollekte zum Abschluss zu bringen, sich mit großem Eifer und Vertrauen dazu berufen ließ.

V. 23 - 24: Paulus fasst die Empfehlung zusammen und ermahnt die Korinther, auf diesen großen Aufwand, dass drei erfahrene und bewährte Brüder extra deswegen kommen, um ihnen beim Abschluss ihrer Kollekte zu helfen, mit entsprechender Liebe und Freigebigkeit zu reagieren. Die Struktur von Vers 23 ist aufschlussreich. Titus als der persönliche Vertraute des Paulus wird hervorgehoben. Die beiden Begleiter sind Abgesandte (*apostoloi* hier technisch gebraucht) der Gemeinden. Alle drei sind eine »Ehre Christi«. Vers 24 ist der erste Höhepunkt des ganzen Abschnitts. Paulus ermahnt die Gemeinde, vor diesen Männern nicht zu versagen. Er hat die Liebe der Korinther ihnen gegenüber und in den mazedonischen Gemeinden gerühmt. Nun gilt es, diese Liebe praktisch zu zeigen, in der Art und Weise, wie sie die drei Abgesandten aufnehmen und in der Gabe, die sie zusammenlegen.

9, 1 - 5: Diese Verse sind auf den Zweck und die Notwendigkeit der Kollekte zu beziehen. Dies ist den Korinthern bekannt. Paulus braucht darüber nicht noch einmal zu schreiben. Die Bereitschaft der Korinther, sich an der Kollekte zu beteiligen, ist ihm schon seit dem Vorjahr bekannt. Er hat davon in Mazedonien, wo er sich gerade befindet, mit Dankbarkeit berichtet, und hat damit die Mazedonier anspornen können. Gleichwohl sendet er nun die drei in Kapitel 8 genannten Mitarbeiter, um durch sie den Abschluss der Kollekte zu gewährleisten und sein Kommen vorzubereiten. Auf keinen Fall will Paulus riskieren, dass es zu einer beschämenden Situation kommt, wenn er zusammen mit den mazedonischen Begleitern den Ertrag abholt, weder für ihn, noch für die Korinther. Paulus will erreichen, dass die Gabe eine wirkliche Segensgabe *(eulogia)* wird, also eine reiche Gabe, welche die geistlichen Segnungen widerspiegelt, die Gott der korinthischen Gemeinde schon geschenkt hat. Um dieses Ziel zu verwirklichen, fügt der Apostel nun noch einen speziellen Abschnitt an.

Über den Segen der Freigebigkeit (9,6-15)

V. 6: Seinen Aufruf zu einer reichen Gabe beginnt Paulus mit einer Verheißung, die an Sprüche 11, 24 erinnert. Die Ernte hängt von der Saat ab. So ist es auch im geistlichen Leben. Wer dort geizig ist, wo Gott von ihm ein Opfer erwartet, kann auch von Gott keine reichen Segnungen erwarten. Wer aber »im Segen« gibt (wörtlich »aufgrund von Segen«, *ep' eulogias)*, also im dankbaren Blick auf die von Gott empfangenen himmlischen und irdischen Güter, der darf auch wieder reiche Segnungen erwarten.

V. 7: »Ein jeder (ergänze: soll geben), wie er es sich in seinem Herzen vorgenommen hat.« Im Herzen wohnt Christus durch den Heiligen Geist. Wer im Glaubensgehorsam auf Christus hört, bekommt die richtige Anleitung. »Ohne Unwilligkeit« und »nicht aufgrund von Nötigung«, also positiv ausgedrückt, gern und freiwillig. Nun folgt ein direktes Zitat aus Sprüche 22, 8a (Septuaginta): »Einen fröhlichen Geber hat Gott lieb.«

V. 8: Paulus konkretisiert diese Verheißung. Gott ist jederzeit in der Lage *(dynatei)*, jegliche (d. h. geistliche und irdische) Art von Gaben *(pasan charin)* überreich zu geben, so dass der von ihm so gesegnete Mensch in jeglicher Hinsicht *(panti)* allezeit *(pantote)* volle Genüge *(pasan autarkeian)* hat für jegliches gute Werk *(eis pan ergon agaton)*. Fünfmal verwendet Paulus hier in meisterhafter Rhetorik das Wort *pas* (»alles«), um Gottes unbegrenzte Möglichkeiten, einen Menschen zu segnen, adäquat auszudrücken. Aber auch hier folgt er dem geistlichen Grundsatz, dass alle Segnungen uns nur zum Weitergeben gegeben werden. Gott macht uns reich, damit wir andere reich machen. Niemand darf meinen, er würde nur für sich selbst gesegnet.

V. 9: Um diesen großartigen und Mut machenden Blick auf den so reich segnenden Gott zu schärfen, bringt der Apostel zwei weitere Schriftzitate aus Ps 112,9 und Jes 55,10, wodurch die Gebefreudigkeit Gottes noch einmal unterstrichen wird.

V. 10-11: Dieser Gott wird auch den Korinthern reichlich »Samen« geben, also sie geistlich und irdisch segnen, und er wird aus diesen Segnungen Erträge (wörtlich »Erzeugnisse«) ihrer Frömmigkeit (wörtlich »Gerechtigkeit«) wachsen lassen. Bedenken, selber zu kurz zu kommen, wenn man reichlich gibt, sind also fehl am Platze. Wer in der Gewissheit gibt, von Gott reich gesegnet zu sein, der wird viel Segen bewirken können. Vers 11 bekräftigt diese Verheißung. Gott wird die Korinther in jeglicher Hinsicht reich machen, so dass sie eine große Freigebigkeit walten lassen können, die dann wiederum bei vielen eine Danksagung an Gott auslösen wird. Darauf zielt alles bei Paulus ab: Gott soll gepriesen werden. Er soll die Ehre bekommen. Das sind die »Erträge«, von denen Paulus in Vers 10 gesprochen hat.

V. 12 - 13: Paulus kommt nun noch ausdrücklich auf
diese Erträge zu sprechen. Die Kollekte soll nicht nur den
leiblichen Mangel der Jerusalemer »Heiligen« mindern,
sondern dieser Dienst der Unterstützung *(diakonia tes lei-
tourgias tautes)* bewirkt auch und vor allem einen geistlichen
Reichtum vor Gott durch die vielen Danksagungen, die er
auslösen wird. Vers 13 und 14 schildern nun diesen Reichtum, auf den Paulus so großes Gewicht legt, noch näher.
Die Menschen, die »durch das Bewährungszeichen dieser
Kollekte« *(dia tes dokimes tes diakonias tautes)* erfreut und
gesegnet wurden, werden erstens »Gott preisen für den
Gehorsam eures Bekenntnisses (wörtlich: für die Unterordnung eures Bekenntnisses) zum Evangelium von Christus«, und zweitens »für die Freigebigkeit, die in diesem
Gemeinschaftswerk zum Ausdruck kommt« *(haploteti tes
koinonias)*, und zwar »ihnen und allen gegenüber«. Aber
nicht nur darin, dass die Jerusalemer Heiligen Gott preisen
werden, besteht der geistliche Reichtum, den die Kollekte
bewirken wird, sondern auch in einer ganz persönlichen,
zwischenmenschlichen Konsequenz. Diese führt Vers 14
aus.

V. 14: Ferner »werden sie auch in ihrer Fürbitte für euch
(auton deesei hyper hymon) Sehnsucht nach euch empfangen wegen der überschwänglichen Gnade Gottes, die auf
euch ist«. Auch dieser geistliche Ertrag ist für den Apostel
sehr wichtig. Ihm liegt sehr viel an der Einheit der Kirche
aus Judenchristen und Heidenchristen. Er weiß als christus-
gläubiger Jude, und der erhöhte Herr hat ihm in einem
besonderen Maß diese Schau geschenkt, dass die Arbeit in
der heidnischen Welt weitgehend von der Fürbitte der Ju-

denchristen abhängt. »Das Heil kommt von den Juden.«
Das hatte Jesus zur Samariterin gesagt (Joh 4, 22). Dieser
Grundsatz bleibt bestehen, solange es Völker gibt, denen
Gott sein Heil zuwenden will. An Christus gläubige Juden
bewegen die Mission unter den Völkern. So ist es bis heute
geblieben. Was durch die judenchristlichen Apostel in Wort
und Schrift gesagt und getan wurde, ist bis heute Grundlage
und Motor aller Mission geblieben. Paulus weiß dies, ja es
macht sein Selbstbewusstsein als Heidenmissionar aus. Das
ist der tiefere Grund dafür, dass er sich so energisch für das
Gelingen der Kollekte für die Jerusalemer Stammgemeinde
einsetzt.

V. 15: Dieser Vers kann als Zusammenfassung der beiden
Kollektenkapitel 8 und 9 gelten. Gott hat Christus der
Menschheit geschenkt. Er hat ihr die Sünde vergeben, indem er die Strafe für ihre Sünde auf Christus gelegt hat. Er
bietet ihr Anteil an der Vergebung und die Kraft zu einem
neuen gottgefälligen Leben im Evangelium an. Und er verwirklicht sein Heil in jedem Menschen, der dem Evangelium glaubt, und verleiht ihm den Heiligen Geist als Siegel
der ewigen Herrlichkeit, die jeder Gläubige empfangen
wird, wenn Christus wiederkommen wird. Christus selbst
ist die »unaussprechliche Gabe«, für die Paulus abschließend Gott Dank sagt.

Paulus rüstet sich zum geistlichen Kampf mit seinen Gegnern (10,1-6)

Mit Kapitel 10 beginnt der Schlussteil des 2. Korintherbriefes (Kap. 10-13). Paulus widmet sich in diesen Kapiteln der Auseinandersetzung mit seinen Gegnern im Süden Griechenlands. Es handelt sich bei diesen Leuten vermutlich um christusgläubige Juden (11, 22), die eigenmächtig, also ohne Beauftragung durch Paulus oder die übrigen Apostel, in der Provinz Achaja umherziehen und in den von Paulus gegründeten Gemeinden gemeindeleitende Dienste wahrzunehmen versuchen. Paulus nennt sie »falsche Apostel« (11, 13). Sie intrigieren gegen ihn und untergraben seine Autorität als von Christus eingesetzter Heidenapostel. Im Einzelnen denunzieren sie Paulus als egoistisch (10, 2), durchsetzungsschwach (10, 1.10) und redeunfähig (10, 10; 11, 6). Sie werfen ihm vor, dass er in Achaja keine Unterstützung durch die dortigen Christen angenommen hat (11, 10). Nach dem Urteil des Apostels verkündigen diese seine Gegner ein »anderes Evangelium« (11, 4), sie nutzen und beuten die Gemeinden aus (11, 20), sie machen sich selbst zum Maßstab ihres Handelns (10, 12), und sie schreiten nicht gegen unmoralische Zustände in der Gemeinde ein (12, 21). Wege zu einer Verständigung sieht Paulus offensichtlich nicht mehr. Vielmehr rüstet er sich für die kommenden Auseinandersetzungen. Es ist seine Absicht, den Hochmut und die Auffassungen seiner Gegner völlig zu demaskieren und zu überwinden sowie diejenigen in der korinthischen Gemeinde zu bestrafen, die sich von den falschen Aposteln haben betören lassen.

V. 1: Mit einem betonten »Ich aber, Paulus« beginnt der Apostel seine Kampfansage. Vorher hatte er über die drei Abgesandten gesprochen, die er jetzt nach Korinth schicken will, um die Kollekte zum Abschluss zu bringen. Nun kündigt er sein eigenes Kommen an. »Ich ermahne euch« *(parakalo hymas).* Paulus spricht in der Gegenwartsform, weil seine Ermahnung schon mit diesem Brief beginnt. Aber im Wesentlichen wird er, wenn er wieder in Korinth ist, die Gemeinde ermahnen, sich endlich von seinen Gegnern zu distanzieren. Er wird dies konsequent tun, aber durch »die Sanftmut und Milde Christi«. Biblische Ermahnung ist immer auch Trost und Ermutigung, und biblischer Trost ist immer auch Ermahnung. Die Korinther sollen nicht befürchten, dass er als Tyrann kommen will. Vers 1b nimmt die Meinung der Gegner und der ihnen hörigen Gemeindeglieder auf, die ihn für einen »Papiertiger« halten, stark in schriftlichen Worten, aber schwächlich im Auftreten. Es zeugt von der inneren Größe und Souveränität des Apostels, dass er sich nicht scheut, die Beleidigungen, die sich seine Gegner und die kritischen Gemeindeglieder erlauben, zu zitieren.

V. 2: Es liegt an den Korinthern, wie sich Paulus bei seinem geplanten Besuch ihnen gegenüber verhalten wird. In jedem Fall wird er mit seiner ganzen apostolischen Autorität diejenigen aus der Gemeinde maßregeln, die seiner Verunglimpfung durch die Gegner zugestimmt und ihn als einen ungeistlich handelnden Egoisten angesehen haben. Paulus bittet die Gemeinde ernsthaft, sich aus aller Verunsicherung über seine Person zu lösen und alle heimliche oder offene Bestreitung seines Apostelamts aufzugeben. Sonst sieht er sich gezwungen, bei seinem Besuch »fest aufzutreten« *(tharresai)*.

V. 3: Paulus nimmt hier den Vorwurf auf, er würde *kata sarka* auftreten, also »nach dem Fleisch«, in ungeistlicher, selbstbezogener Weise. Ein schlimmer Vorwurf, der letztlich das ganze Christsein des Apostels in Frage stellt. Aber Paulus ereifert sich nicht. Er pariert mit einem Wortspiel. Zwar lebt er, genau wie alle anderen Christen, *»en sarki«*, d. h. in den Bedingtheiten der vergänglichen Welt einschließlich eines vergänglichen Leibes, in dem sündhafte Begierden wohnen, aber *kata sarka* lebt er nicht (ausgerichtet an welthaftem Verhalten), und auch seine Auseinandersetzungen führt er nicht mit Mitteln und Methoden von Weltmenschen. Dabei ist zu denken an Selbstrechtfertigung, Denunziation, falsche Versprechen, Brutalität, Eigenlob, Manipulation u. ä. Verhaltensmuster. Paulus hat dies alles nicht nötig. Er gedenkt, seinen Kampf mit geistlichen Mitteln und Methoden zu führen (im Folgenden »Waffen«, *hopla* genannt).

V. 4 - 6: Paulus gibt hier nun eine hochinteressante Darstellung seiner Kampfesweise. Sie darf über ihren ursprünglichen Bezug hinaus als vorbildlich für nötige Auseinandersetzungen mit Gegnern gelten, die innerhalb der christlichen Gemeinde mit weltlichen Mitteln die Autorität von Leitern zu untergraben versuchen. Paulus stellt zunächst fest, dass die Waffen seines Kampfes nicht weltlicher Natur sind *(ou sarkika)*. Er verzichtet bewusst darauf, sich selbst und seine Botschaft mit Macht und Manipulation durchzusetzen (vgl. Sach 4, 6). Seine Waffen sind geistlicher

Natur. Was bedeutet das? Schon in Kapitel 6, Vers 7 hatte er von den »Waffen der Gerechtigkeit zur Rechten und zur Linken« gesprochen, die ihn beschützen in allen Anfechtungen seines Dienstes und ihm siegreiche Angriffe ermöglichen. Das ist zunächst der Schutz, den der auferstandene und gegenwärtige Herr ihm gibt. Die Feind- und Gegnerschaft Satans und persönlicher Feinde bringt ihn nicht aus dem Gleichgewicht. Der Heiland trägt und umgibt ihn mit seinem Heil (»Gerechtigkeit«). Das Evangelium schenkt ihm einen Tiefenblick für die Hohlheit der gegnerischen Argumente und Unterstellungen. Und er hat zweitens im Wort Gottes ein scharfes Schwert, das über alle Fehldeutungen und Einwände gegen das Evangelium triumphal siegen wird. Die Waffen des Apostels sind also, kurz gesagt, Glaube, Hoffnung und Liebe. Diese Waffen sind wirksam *(dynata)* durch Gott. Gott selber kämpft durch sie, deswegen sind sie unschlagbar. Die Siegeszuversicht, die gerade diesen Abschnitt kennzeichnet, hat hier ihre Begründung.

Was können diese Waffen in den anstehenden Auseinandersetzungen ausrichten? Sie zerstören »Festungen«. Paulus lässt zunächst offen, an welche Festungen er denkt, fügt dann aber gleich die näheren Erklärungen an. Im griechischen Text folgen drei Bevollmächtigungen, die der Apostel durch diese geistlichen Waffen empfängt: 1.) Er vermag mit ihnen dem Evangelium feindliche Gedankengebilde zu zerstören, 2.) er kann diese Gedanken gefangen nehmen und unter die Herrschaft Christi ausliefern, und 3.) er ist mit diesen Waffen in der Lage, Ungehorsam zu bestrafen. Die Verse 4 bis 6 können demnach so übersetzt werden: »Die Waffen unseres Kampfes stammen nicht von

dieser Welt, sondern sie sind wirksam durch Gott zur
Zerstörung von Festungen, so dass wir Gedankengebilde
zerstören können, nämlich alle überheblichen Einbildun-
gen, die sich gegen die Erkenntnis Gottes erheben, ferner
dass wir jeden Gedanken gefangen nehmen und Christus
ausliefern, um ihm gehorsam zu werden, und schließlich
dass wir in der Lage sind, jeden Ungehorsam zu bestrafen,
wenn euer Gehorsam wiederhergestellt sein wird.«

Nun zu den einzelnen Aussagen. Die geistlichen Waffen versetzen Paulus erstens in die Lage, »Gedankengebilde« zu zerstören *(logismous)*. Zunächst ist dies ein neu-
traler Begriff. Dem menschlichen Herzen entspringen Vorstellungen, Überzeugungen und Vorurteile, die das Leben
des Einzelnen bestimmen. Das ist seine »Festungsanlage«,
mit der er sich umgibt. Das Evangelium ist in der Lage, die
Nichtigkeit aller selbstproduzierten »Gedankengebilde«
aufzudecken und zu zerstören. Das gilt in der evangelisti-
schen Verkündigung bei Nichtchristen, in der Seelsorge
und in der Auseinandersetzung mit Christen, die vom Weg
des Evangeliums abgewichen sind. Immer gilt es, diese
»Festungen« des menschlichen Herzens zu schleifen, damit
Christus der Herr werden bzw. als Herr proklamiert werden kann. In Vers 5a charakterisiert Paulus diese »Gedankengebilde« noch näher. Es sind »Höhen« bzw. »Türme«,
also letztlich Hochmutsgedanken, die sich in diesen Festungen verschanzen und sich aufbäumen und die sich erheben gegen die wahre Gotteserkenntnis. Damit demaskiert
Paulus in ganz grundsätzlicher Weise die menschlichen
Grundeinstellungen, aus denen der Mensch seine Lebensphilosophie bezieht, als aufsässig gegen Gott, als hochmütig. Sie sind nicht neutral, auch dort nicht, wo sie »religiös«

sind, sondern immer selbstbezogen. Der Mensch stellt sich immer in den Mittelpunkt des Weltgeschehens, er entwickelt immer ein Anspruchsdenken gegen Gott und die Welt, und er ist damit de facto immer »gottlos«. Er lebt nicht aus Glaube und Liebe, sondern aus seinen »Gedankengebilden«. Erst wenn Christus in ihn einzieht bzw. wenn er sich wieder neu Christus unterstellt, kommt er zu neuen Grundeinstellungen.

Paulus spricht in 5b die zweite Bevollmächtigung an, die er durch die geistlichen Waffen, also durch Gott selbst empfängt. Er ist in der Lage, die gottfeindlichen Gedanken gefangen zu nehmen und sie Christus auszuliefern. Paulus ist sich völlig gewiss, dass in der Konfrontation mit seinen Gegnern und den Gemeindegliedern, die gegen ihn aufgehetzt worden sind, das Evangelium siegen wird. Die Gedanken und Argumente der Gegner werden gegenüber dem Wort Gottes nicht bestehen können. Sie werden in ihrer Weltförmigkeit, in ihrem Hochmut, in ihrer Unlogik offenbar werden. Paulus wird sie zu »Gefangenen Christi« machen. Er wird diese Gedanken an Christus ausliefern, damit sie dort Gehorsam lernen. Paulus behandelt die Gedanken hier wie feindliche Soldaten. Er wird mit ihnen seinen Triumphzug schmücken (vgl. 2, 14 ff.), und Christus wird den Sieg behalten.

Und drittens schließlich weiß sich Paulus bevollmächtigt, unter Berufung auf die geistlichen Waffen, die Gott ihm schenkt, auch diejenigen in der Gemeinde zu strafen, die sich vom Blendwerk des Auftretens und der Argumente der Gegner faszinieren ließen (V. 6). Über die Art der Bestrafung sagt Paulus hier nichts. Aber sie wird dergestalt sein, dass die Bußwilligen zur Umkehr geführt und die

Unbußfertigen aus der Gemeinde bzw. vom Herrenmahl
ausgeschlossen werden. Diese Bestrafungen wird Paulus
aber erst dann durchführen, wenn die Gemeinde insgesamt
wieder zur geistlichen Festigkeit und Eindeutigkeit, auch in
ihrem Verhältnis zu ihm, zurückgefunden hat.

Paulus brüstet sich nicht seines Apostelamtes (10,7-18)

V. 7: Paulus fordert nun die Korinther auf, genau zu beobachten, was er unternehmen wird, wenn er kommt. Seine
Gegner, die von sich behaupten, Christus zu gehören und
in seinem Namen zu handeln, sollen zur Kenntnis nehmen,
dass er, Paulus, schon längst Christus gehört (die Plural-
form bezieht sich hier wieder auf Paulus allein).

V. 8: Paulus steigert seine Argumente. Er wäre auch dann
kein Lügner (wörtlich: er käme auch dann nicht zu Schan-
den), wenn er sich maßlos seiner einmaligen Bevollmächtigung rühmte, die ihm der Herr verliehen hat, nämlich um
die Gemeinde Jesu im Glauben zu festigen und nicht zu
zerstören. Diese Nebenbemerkung »nicht zu zerstören« ist
ein deutliches und hartes Drohwort gegen seine Gegenspie-
ler in Korinth. Sie treiben ein Zerstörungswerk, indem sie
gegen ihn intrigieren und ein »anderes Evangelium« verkündigen (11, 4).

V. 9: Dieser Vers ist ein bewusst abgekürzt verfasster
Satz, den man ergänzen muß. Vermutlich will Paulus ausdrücken, dass er auf solche massiven Hinweise bezüglich

seiner besonderen Vollmacht verzichtet, um nicht den Eindruck zu erwecken, er wolle die Korinther einschüchtern.

V. 10: Schon jetzt unterstellen ihm seine Gegner, »wuch-
tige« und »mächtige« Briefe zu schreiben, und erklären
dann gleichzeitig, dass sein äußeres Auftreten »schwächlich« und »kläglich« sei, wobei sie sich dabei wohl auf den
kurzen Zwischenbesuch des Apostels in Korinth beziehen,
von dem in 2,1-4 die Rede war.

V. 11: Wieder folgt eine ernste Drohung (wie schon in
V. 6). Paulus hat die feste Absicht, so »wuchtig« und
»mächtig«, wie angeblich seine Briefe es sind, auch seinen
Gegnern gegenüber aufzutreten. Man darf sich aber unter
dieser Ankündigung keine öffentliche Auseinandersetzung
vorstellen. Vielmehr vertraut Paulus voll und ganz, so wie
er es in den Versen 4 bis 6 dargelegt hat, auf die Kraft seiner
»geistlichen Waffen«, also auf die Kraft des Evangeliums.
Das will er, wenn er kommt, kräftig bezeugen. Und dann
werden die hohlen Phrasen der falschen Apostel zusam-
menstürzen wie ein Kartenhaus.

V. 12a: Paulus wird jetzt ironisch. Nein, er »wagt« es
nicht, sich mit seinen Gegnern zu vergleichen, die sich mit
ihren Empfehlungsschreiben am laufenden Band selber den
Gemeinden empfehlen (vgl. 3,1). Deshalb verzichtet er darauf, seine besondere Legitimation zum Apostelamt herauszustellen.

V. 12b: Hier wird er wieder ernst. Die falschen Apostel
messen sich an sich selber. Sie haben keinen Auftrag und

damit keine Legitimation für ihre Arbeit (wörtlich: sie haben keinen Maßstab), und sie zeigen damit, dass sie kein geistliches Verständnis haben.

V. 13: Paulus dagegen hat bei seiner Berufung durch den erhöhten Herrn einen festen Maßstab für seine Arbeit empfangen. Wenn er sich dessen rühmt, dann ist es ein »maßvolles« Rühmen. Und worin besteht sein »Maß«? Es ist unfassbar groß. Es ist sein Auftrag, die ganze damalige Welt des Römischen Reichs mit dem Evangelium bekannt zu machen. Man kann nur mit größtem Staunen dieses ihm zugemessene gewaltige Maß betrachten und nur mit größter Hochachtung an diesen Mann denken, der es gewagt hat, im Vertrauen auf die Führung Gottes diese übermenschliche Arbeit zu beginnen. Weil er der vom Herrn berufene Heidenmissionar ist, gehört auch Korinth zu seinem Aufgabenfeld. Hier haben wir die eigentliche Begründung für seinen Kampf gegen die falschen Apostel. Sie greifen unberechtigterweise in seine Verantwortung ein.

V. 14: Deswegen maßt sich der Apostel keineswegs zu viel an, wenn er Korinth zu seinem Wirkungsbereich zählt. Wörtlich sagt er, dass er sich keineswegs »über seine Grenzen ausstreckt«, wenn er jetzt wieder kommen wird. Schließlich war er ja bei ihnen bereits 1 ½ Jahre gewesen, viel früher als die falschen Apostel, und hat ihnen das »Evangelium Christi« gebracht. Der Ausdruck »Evangelium Christi« ist vermutlich ein genetivus subiectivus, d. h. Christus ist hier selber der Evangelist. Paulus predigt das »Evangelium des Christus«, in seiner Verkündigung spricht der erhöhte Herr selbst (vgl. 1. Thess 2, 13).

V. 15 a: Keineswegs will er sich — wie es seine Gegner tun — »der Mühen anderer rühmen«, also in fremde Arbeitsgebiete eingreifen. Paulus verstand sich während seiner ganzen apostolischen Tätigkeit als Pioniermissionar. Er versuchte, wo immer ihm Gott Türen öffnete, Neuland für das Evangelium zu finden (Röm 15, 20 f.). Mit Gemeinden, die andere gegründet hatten, suchte er nur, wenn besondere Umstände es erforderlich machten, den persönlichen oder brieflichen Kontakt. So erforderte es z. B. die zentrale Lage und Bedeutung der römischen Gemeinde, dass die Christen dort das ihm geoffenbarte und aufgetragene Evangelium aus seinem Munde hörten.

V. 15 b: Der Apostel will strikt bei seinem Auftrag bleiben. Er hat aber die Hoffnung, dass sich sein Wirkungskreis — innerhalb der Grenzen seines Auftrags — in dem Maß erweitert, in dem die Gemeinden im Glauben wachsen und fest werden. Es wird gleich im nächsten Satz deutlich, wie Paulus das meint.

V. 16: Seine missionarische Leidenschaft greift weit über Griechenland hinaus. Es drängt ihn, nach Italien, Gallien und Spanien zu ziehen. Noch einmal betont er, dass ihn dabei nicht die Absicht leitet, sich »in gemachte Nester zu setzen« und sich so der Arbeit, die andere gemacht haben, zu rühmen.

V. 17: Weder fremder Arbeit noch seiner eigenen Leistungen will er sich rühmen, sondern allein des Herrn, der ihm bei der Erfüllung seines Auftrags beisteht. »Nur das Geschenkte zählt in der Ewigkeit« (Heinrich Kemner). Diese

Demut des Apostels war die Ursache seiner unerhörten
missionarischen Schaffenskraft und der von Gott geschenkten übergroßen Beglaubigung seiner Arbeit.

V. 18: In der Arbeit für den Herrn zählt allein das Lob des
Herrn. Nicht diejenigen, die sich selber empfehlen, sondern diejenigen, die vom Herrn bestätigt werden, sind die
wahrhaft bewährten Arbeiter im Reich Gottes. An dieser
Tatsache hat sich bis heute nichts geändert.

Die aufgezwungene Narrenrede (11,1-12,10)

Paulus greift in der folgenden langen Rede zu einem außergewöhnlichen Stilmittel, um die Korinther wegen ihrer
leichten Verführbarkeit zu beschämen, sie vor den falschen
Aposteln zu warnen und zur apostolischen Lehre zurück-
zuholen. Weil die Korinther den falschen Aposteln bereit-
willig folgen, die im Urteil des Apostels nichts anderes als
»Narren« sind, nämlich eigensüchtige und eingebildete
Menschen, schlüpft er nun selbst in die Rolle eines Narren
und verhält sich so wie seine Gegner. Ein drastischeres
pädagogisches Mittel, um die verirrte Gemeinde wieder auf
den Boden des apostolischen Evangeliums zu stellen, ist
schwer vorstellbar. Weil sie so gern Narren folgt, soll sie
nun auch dem »Narren« Paulus wieder folgen.

V. 1 - 4: Paulus beginnt seine verblüffende Rede mit dem
Wunsch an die Korinther, von ihm ein wenig Torheit zu er-
tragen. Das ist hintergründige Ironie. Er, der Gründer und
erste Lehrer der Gemeinde, der allen Grund hätte, sie

scharf maßzuregeln, bittet sie darum, einmal als ein Narr zu ihr reden zu dürfen, und er fügt sogleich die Überzeugung an, dass sie ihn in dieser Rolle erträgt. Doch bevor er mit der eigentlichen Narrenrede beginnt, bekennt er offen, dass die letzten Motive für diese Rede in seiner Liebe zur Gemeinde und in seinem gottgewirkten Eifer um sie liegen. Er hat mit seinem langen Dienst in Korinth viele für Christus gewonnen. Er hat sie »verlobt mit einem einzigen Mann«. Aber jetzt muss er erleben, dass die Verlobte anderen Männern folgt. Um dieses Bild richtig zu verstehen, muss man die Bedeutung der Verlobung im Umkreis des Neuen Testaments kennen. Ein Kenner des damaligen jüdischen Rechts, Paul Billerbeck, sagt dazu: »Durch die Verlobung wurde die Verbindung eines Mannes und einer Frau zur Ehe nach jüdischer Anschauung in jeder Hinsicht perfekt« (*Kommentar zum NT aus Talmud und Midrasch*, Bd. 2, S. 393). Verlobte durften sich keinesfalls noch mit weiteren Personen des anderen Geschlechts einlassen. Genau dies taten aber im übertragenen Sinn die Korinther. Sie wandten sich von dem Jesus ab, den ihnen Paulus verkündigt hatte, und einem anderen Jesus zu, den die falschen Apostel vor Augen hatten.

Worin ihr »anderes Evangelium« bestand, kann nur vermutet werden, da ihnen Paulus nicht die Ehre antut, ihre Irrtümer ausführlich zu zitieren. Aber auf dem Hintergrund der »Narrenrede«, deren durchgehendes Thema die »Schwachheit« des Apostels ist, und im Blick auf das selbstherrliche Auftreten der Gegner kann man erschließen, dass ihr Jesusbild nicht vom leidenden Gottesknecht aus Jes 53 geprägt war, sondern vom Wunschbild eines starken und redegewandten Propheten und göttlichen Wun-

dertäters. Wünschten sie sich doch von Paulus Redege-
wandtheit und Kühnheit (V. 6 und 21b) sowie Zeichen und
Wunder (12, 12).

Paulus nimmt als Seelsorger die Verführungspotenz
eines solchen »anderen Jesus« sehr ernst. Die ausschließli-
che und reine Hingabe an Christus wird durch falsche
Jesusbilder zerstört. Der Christ verliert die Demut und das
Bewusstsein der eigenen Sündhaftigkeit und Schwachheit.
Der Glaube bekommt Haarrisse, die eines Tages zum Glau-
benszerfall und -abfall führen können. Vers 4 begründet die
in Vers 3 ausgesprochene Befürchtung, dass die Verführer
in Korinth Erfolge haben könnten. Die Gemeindeältesten
haben bis jetzt dem Treiben der falschen Apostel tatenlos
zugesehen. Ein »anderer Jesus« wird geduldet. Damit hält
ein »anderer Geist« Einzug. Damit hat ein »anderes Evangelium« in der Gemeinde sein Zerstörungswerk begonnen.
Dieser erste Abschnitt der Narrenrede ist unerhört aktuell.
Falsche Bilder von Jesus, die seine Person im sozialen, poli-
tisch-revolutionären, psychologischen, rationalistischen,
synkretistischen, emanzipatorischen, feministischen oder
sogar okkulten Sinn verzeichnen, werden innerhalb und
außerhalb der Kirchen verbreitet. Die Gemeinde Jesu muss
sehr auf der Hut sein. Die Warnungen des Paulus in seiner
»Narrenrede« können ihr helfen, in der ersten Liebe und in
der radikalen Hingabe an den Christus zu bleiben, den die
Apostel verkündigt haben.

V. 5 - 12: Die eigentliche »Narrenrede« nimmt ihren Anfang. Paulus beginnt — ganz in der Art seiner Gegner — sich
zu rechtfertigen und seine Vorzüge herauszustellen. Vers 5
kann als Überschrift gelten. In jeglicher Hinsicht vermag er

es mit seinen Widersachern aufzunehmen. In ihrer Kennzeichnung als »Überapostel« steckt eine gehörige Ladung Spott. Zunächst geht er auf zwei Vorwürfe ein, die von der gegnerischen Seite gegen ihn erhoben werden. Der erste bezieht sich auf seine mangelnde Rhetorik (V. 6). Ihm gegenüber stellt er fest, dass die Erkenntnis das Wichtigere ist, und dass er es in punkto Erkenntnis durchaus mit den »Überaposteln« aufnehmen kann. Eigentlich erwartet man hier noch eine kräftigere Antwort, denn niemand unter den Aposteln wurde von Gott mit einer so umfassenden geistlichen Erkenntnis wie Paulus ausgestattet. Diese umfassenden Einblicke in Gottes Wesen und Gottes Plan hat er aber nicht für sich selbst bekommen, sondern um sie an die Gemeinden weiterzugeben. Dementsprechend fügt Paulus hinzu, dass er alles, was Gott ihm gezeigt hat, in umfassender Weise weitergegeben hat.

In den Versen 7 bis 12 geht er auf den zweiten Vorwurf ein, den wir schon aus 1. Kor 9 kennen. Seine Gegner nahmen daran Anstoß, dass er in Korinth bisher keinerlei finanzielle Unterstützung von der Gemeinde angenommen hatte. Er wollte niemand zu Last fallen (V. 9). Aber der eigentliche Grund liegt tiefer. Sein unentgeltlicher Dienst ist sein »Ruhm« bei Gott (V. 10). Das darf man nicht missverstehen. Ruhm (kauchesis) bedeutet bei Paulus nicht der gute Ruf vor Menschen, sondern vor Gott. Der Apostel möchte vor Gott ein total dankbarer Mensch sein. Er hat Gott unendlich viel zu verdanken, vor allem dass ausgerechnet er als extremer Christenverfolger gewürdigt worden ist, das Evangelium den Heiden zu bringen. Seitdem liegt ein heiliges »Muss« auf seinem Leben. Er kann gar nicht anders, er muss und er will sich nun ganz für Gott ein-

setzen (vgl. 1. Kor 9, 16). Jeder irgendwie geartete Anspruch — und ein Entgelt wäre ein solcher — würde ihn dabei stören und die Entschiedenheit seiner Hingabe verletzen. Eine Verletzung der Liebe ist das nicht, ganz im
Gegenteil, es ist die höchste Form der Liebe (V. 11). Auch
weiterhin gedenkt er, bei dieser Linie zu bleiben und kein
Geld für seine Reich-Gottes-Arbeit zu nehmen. Damit
wird er auch weiterhin die falschen Apostel beschämen, die
überall Gelegenheit suchen, sich bei den Gemeinden Anerkennung und Ansehen zu verschaffen. Denn aus einer solchen Dankbarkeit heraus wie er tun sie ihren Dienst nicht.
Und deswegen verzichten sie auch nicht auf das Entgelt für
ihre Arbeit.

V. 13 - 15: Diese Verse sind eine radikale und endgültige
Demaskierung seiner Gegner in Korinth. Sie verstellen sich
als Apostel Christi. Mit ihrem selbstherrlichen Anspruch
und ihrer angemaßten Autorität haben sie sich selbst zu
Dienern Satans gemacht, welcher der »Vater der Lüge« ist
(vgl. Joh 8, 44). Sie geben vor, »Diener der Gerechtigkeit«
zu sein, also Mitarbeiter am Reich Gottes und seines Heils,
aber in Wirklichkeit sind sie unberufene Eindringlinge und
Wölfe im Schafspelz. Paulus scheut sich nicht, ihnen das
Strafgericht Gottes anzukündigen. Auch dieser Abschnitt
ist heute hochaktuell. Hermann Bezzel hat die Gefahr des
Überhandnehmens der selbstberufenen Mitarbeiter in Kirche und Gemeinde schon am Anfang unseres Jahrhunderts
scharf gesehen, als er die Warnung aussprach: »Die Kirche
kann nicht an ihren äußeren Feinden zugrunde gehen,
wohl aber an ihren vielen unberufenen Dienern.« Die
Gemeinde Jesu ist gut beraten, wenn sie alle, die mit dem

Anspruch des Evangeliums auftreten, an ihrer Treue zur apostolischen Lehre misst.

V. 16 - 33: Paulus kommt zur zweiten Gedankenfolge seiner »Narrenrede«. Hatte er sich im ersten Anlauf mit Vorwürfen gegen seine Person auseinandergesetzt, so kommt er jetzt auf seine zahlreichen Leiden und Entbehrungen in seinem apostolischen Dienst zu sprechen. Auch diese Auflistung ist ihm persönlich zuwider, aber sie wird ihm durch die Situation aufgezwungen. Er beginnt, ähnlich wie in Vers 1 f., mit der Feststellung, dass er sich keineswegs mit den törichten Hochstaplern vom Schlage der falschen korinthischen Apostel verwechseln lassen möchte. Dann fügt er wieder eine ironische Bitte an, dass man ihm doch bitte für den Fall, dass man ihn doch für einen Narren halten sollte (also ihn wie die falschen Apostel ernst nehmen sollte), auch den nun folgenden Selbstruhm abnehmen möge. Vers 17 ist — wie Vers 2 — eine ernsthafte Zwischenbemerkung. Der nun folgende Selbstruhm ist eines Christen nicht würdig *(ou kata kyrion)*. Er ist, geistlich gesehen, eine Torheit und Sünde, denn er nimmt dem Herrn die ihm allein gebührende Ehre (10, 17). Aber Paulus muss notgedrungen töricht reden, denn Torheit ist die Konsequenz des Selbstruhms. Er ist ja gezwungen, denen nachzueifern, die er bekämpfen will, weil die Gemeinde in Korinth die angeberischen Eindringlinge so schätzt (V. 18 f.). Mit bitterer Ironie fügt er hinzu, dass die Gemeinde es offensichtlich schätzt, »geknechtet, ausgenutzt, gefangen genommen, erniedrigt und ins Gesicht geschlagen zu werden«. Diese harten Worte zeigen, wie tief der Apostel an der Verführbarkeit »seiner« Korinther leidet. Um keine andere Gemeinde hat er sich so lange und so intensiv gekümmert. Und nun muss er erleben, wie ein paar selbst ernannte judenchristliche Wanderlehrer seine ganze Arbeit gefährden. Das war für ihn unerhört bitter. Die »Narrenrede« ist, so gesehen, ein Aufschrei seines Leidens und seiner ungebrochenen Liebe zu den Korinthern.

Noch eine weitere bittere Ironie fügt er an (V. 21a): So selbstherrlich, so autoritär, so manipulativ, wie die falschen Apostel vorgegangen sind, dazu fehlte ihm allerdings die Kraft. Nun folgt der eigentliche Ruhm seiner Leiden und Entbehrungen (V. 21b-29). Die »Kühnheit« (wörtlich: Wagemut) zu diesen Aussagen nimmt sich Paulus genauso wie seine Gegner. Der Katalog ist rhetorisch ausgefeilt aufgebaut und lässt sich in einzelne Rubriken untergliedern. Zunächst weist er alle möglichen Infragestellungen seiner Herkunft weit von sich. Wie seine Gegner ist Paulus von Geburt an Hebräer, also kein Proselyt. Wie sie trägt er den Ehrennamen »Israelit« (vgl. Röm 9, 3 f.). Wie sie steht er damit unter den Abrahamsverheißungen.

Nun folgt ab Vers 23 die eigentliche Leidens- und Entbehrungsliste. Als wahrer »Knecht Christi« hat er hier in jeder Hinsicht mehr als seine Kontrahenten aufzuweisen. Drei Kategorien zählt er auf: die Strapazen, die Gefangenschaften und die damit verbundenen Peinigungen sowie die Todesnöte. Nun werden diese drei Rubriken einzeln durchgenommen (V. 24-26): Zuerst werden drei Beispiele für Gefangenschaften genannt, die mit Schlägen und Peinigungen verbunden waren: Von der Synagoge ausgesprochene Züchtigungen; Schläge durch heidnische Beamte und eine Steinigung (Apg 14, 19). Es grenzt an ein Wunder, dass Paulus diese ganzen Drangsale überlebt hat. Dann folgen drei Beispiele für Todesgefahren: Schiffbrüche, Reisegefahren und Hinterhalte durch falsche Brüder. Und in Vers 27 nennt er noch drei besondere Strapazen: Schlaflose Nächte, Hunger, Durst und oftmaliger Nahrungsmangel sowie Kälte in unzureichender Kleidung. Als ob dies alles in seinem Katalog der Leiden noch nicht reicht, fügt Paulus noch die täglichen Sorgen um die ganzen von ihm gegründeten Gemeinden an, und zwar besonders um die von ihm sogenannten »Schwachen« im Glauben, die durch liebloses Verhalten von »Starken« in ihrem Glauben gefährdet werden (V. 28 f. vgl. dazu als Beispiel Röm 14 und 15).

In Vers 30 zieht Paulus aus diesem Leidenskatalog ein Fazit. Ja, er wollte sich mit dieser Liste rühmen, notgedrungenermaßen. Aber der Inhalt seines Ruhms sind nicht seine Stärken, sondern seine »Schwachheiten« *(astheneiai)*, also seine Nöte und Niederlagen. Damit erweist sich dieser Teil der »Narrenrede« in den Augen seiner Gegner als echte Verrücktheit. Wie kann man sich mit einer Negativliste schmücken? Aber genau darauf zielt Paulus ab. Wenn er sich schon zwingen lässt, sich selber zu rühmen, um die Korinther zu beschämen, dann will er sich wenigstens mit dem Inhalt seines Selbstlobs keine Ehre verschaffen. Die Leiden in seinem Dienst wertet der Apostel nicht als »Betriebsunfälle« oder »unvermeidbare Konzessionen an die Gefahren der Arbeit«. Für ihn gehören sie elementar zu seiner Reich-Gottes-Arbeit dazu. Hatte ihm doch der erhöhte Herr nach seinem Damaskuserlebnis durch Hananias sagen lassen, dass er noch viel um Jesu Namen willen leiden müsse (Apg 9, 16). Es sind »Leiden des Christus«, die er erleidet. Davon ist Paulus überzeugt. Der erhöhte Herr, der in seiner Gemeinde gegenwärtig ist, leidet mit, wenn seine

Glieder um seinetwillen leiden (vgl. 1, 5). So gesehen, bekommt dieser Katalog eine ganz andere Wertigkeit. Für den
Apostel ist all sein Dienstleiden ein Anteilbekommen am
großen Leiden Christi durch Unglauben und Hochmut der
gottlosen Menschheit. Er glorifiziert es nicht, aber er
spricht ein volles Ja zu ihm. Und er ruft feierlich den lebendigen Gott als Zeugen für seine Wahrhaftigkeit in der Aufzählung seiner Leiden an (V. 31). Es sind ja eigentlich
»Christusleiden«, und im Blick auf sie ist größte Wahrhaftigkeit oberstes Gebot.

Die Verse 32 f. bilden noch einen kurzen Anhang zur
Rubrik »Todesgefahr«. In Damaskus hatte Paulus, wahrscheinlich zwischen 37 und 39 n. Chr., also einige Jahre
nach seiner Bekehrung, noch eine besondere »Schwach-
heitserfahrung«. Er wurde, ähnlich wie unmittelbar nach
seiner Bekehrung (Apg 9, 23 ff.), verfolgt und wäre beinahe
gefangen genommen worden, wenn ihm nicht durch eine
besondere Fügung die Flucht durch ein Fenster in der
Stadtmauer geglückt wäre.

Im dritten und letzten Abschnitt der »Narrenrede«
kommt Paulus auf seine persönlichen Christusoffenbarun-
gen zu sprechen (12, 1-10). Auch dieses Thema hätte er
von sich aus nicht angesprochen, und unsere Stelle hier ist
auch die einzige in der gesamten paulinischen Briefliteratur,
wo er solche intimen Geschehnisse aus seinem Leben erwähnt. Es ist unverkennbar, dass er an diese Schilderungen
widerwillig herangeht. Gleichzeitig wird aber auch an diesem Abschnitt deutlich, dass er seiner Grundabsicht treu
bleibt, sich — wenn überhaupt — nur seiner Schwachheiten
zu rühmen.

V. 1: Gleich am Anfang wiederholt Paulus, dass ihm die ganze »Narrenrede« mit ihrem Selbstruhm aufgenötigt worden ist. Er ist sich bewusst, dass eine solche Ruhmrede der Gemeinde nichts nützt, d. h. nicht zu ihrer Festigung im Glauben, in der Hoffnung und in der Liebe beiträgt. Gleichwohl setzt er sie gezwungenermaßen fort. Offensichtlich gehörte es zu den Selbstempfehlungen der falschen Apostel in Korinth, dass sie sich bestimmter Visionen himmlischer Dinge rühmten. Und offensichtlich waren die Korinther davon besonders fasziniert. Ihre Hochschätzung des besonderen Charismas des Gebets in fremden Sprachen (vgl. die Ausführungen des Apostels in 1. Kor 14) deutet ebenfalls in diese Richtung. So unternimmt nun Paulus den Versuch, sich auch in dieser Hinsicht mit seinen Gegnern zu messen, gleichzeitig aber seinem Grundsatz treu zu bleiben, sich nur eigener Schwachheiten zu rühmen. Ein schwieriges Unterfangen. Die beiden Begriffe »Erscheinungen bzw. Visionen« und »Offenbarungen des Herrn« sind vermutlich ein Hendiadyoin, denn inhaltliche Unterschiede sind nicht festzustellen.

V. 2 - 4: Die Formulierung zeigt sofort, wie Paulus das Problem löst. Er spricht von sich in der 3. Person. Dass er sich so genau an dieses Erlebnis erinnert und das Jahr (etwa 40 n. Chr.) angeben kann, darf als ein Hinweis darauf angesehen werden, dass es ganz außergewöhnlich gewesen sein muss. Paulus spricht von einer Christusoffenbarung, die so intensiv war, dass er nicht angeben kann, ob er im Leib oder außerhalb des Leibes gewesen ist. Es handelte sich um eine Entrückung aus der diesseitigen in die jenseitige Welt, ähnlich wie sie Stephanus bei seiner Steinigung erlebte (Apg 7, 55 f.) oder Johannes erfuhr, als ihm Christus auf Patmos erschien und ihm den Himmel öffnete (Offb 1, 9 - 11). Paulus blieb dabei im vollen Besitz seiner geistigen und seelischen Kräfte. Keineswegs war er in einem Trancezustand oder ekstatisch verzückt. Er hörte Worte, und er wusste auch, wo er sich befand. Das »Paradies« bzw. der »dritte Himmel« ist nach Lk 23, 43 der Raum, wohin die in Christus Gestorbenen nach ihrem Abscheiden von der diesseitigen Welt kommen. Auch in Lk 16, 19 ff. ist von diesem Ort die Rede. Christus sprach zu ihm dort Worte, die er nicht weitersagen darf. Warum? In Lk 16, 27 ff. berichtet Jesus von einem namenlosen reichen Mann, der im Paradies Abraham bittet, Lazarus aus der jenseitigen in die diesseitige Welt zurückzuschicken, um dort bei den Brüdern des reichen Mannes Buße zu bewirken. Abraham verweigert diese Bitte unter Hinweis auf Mose und die Propheten. Dies bedeutet, dass Gott der Menschheit über sein Wort hinaus keine weiteren Offenbarungen zuteil werden lässt. Mit dem Erscheinen Jesu Christi auf Erden ist sein Offenbarungshandeln abgeschlossen. Alles, was der Mensch wissen muss, um vor dem Gericht Gottes errettet zu werden, ist durch die Schriften des Alten Testaments und durch die apostolischen Lehren gesagt. Weitere Offenbarungsworte des erhöhten Christus werden dem Menschen nicht gegeben. Wer sie dennoch erhält, so wie Paulus, dem wird verboten, davon zu sprechen. So genannte prophetische Botschaften des erhöhten Herrn, die da und dort in christlichen Gemeinden weitergegeben werden, sind also abzulehnen.

V. 5 bis 7a: Hier bekräftigt Paulus, dass er sich mit der Erwähnung dieses Erlebnisses nicht brüsten will, ganz im

Gegenteil zu seinen Gegnern, die gerade ihre Visionen zum Ausweis ihrer Vertrauenswürdigkeit machten. Warum verzichtet Paulus auf diesen Selbstruhm? Nicht weil seine besonderen diesbezüglichen Erfahrungen nicht wahr wären, sondern weil er nicht will, dass ihn »wegen des Übermaßes der Offenbarungen« der Nimbus eines besonderen Visionärs umgibt. Der Apostel hat sich entschlossen, nichts anderes zu verkündigen als den gekreuzigten Christus (1. Kor 2, 2). Dabei bleibt er. Durch nichts anderes will er Menschen zu Christus rufen als nur durch die Kreuzesbotschaft.

V. 7b-9a: Nun berichtet der Apostel noch von einem zweiten Offenbarungserlebnis. Es steht in einem engen Zusammenhang mit seiner »Schwachheit«. Paulus trägt nämlich einen »Pfahl für das Fleisch«. »Der Pfahl befindet sich nicht im Leib, sondern der Leib befindet sich am Pfahl« (Schlatter, *Paulus der Bote Jesu*, S. 666). Paulus erlebt diesen Pfahl bzw. diesen Kreuzesstamm in Form von andauernden Schlägen eines bösen Engels. Auch darüber hat er den Korinthern gegenüber und auch sonst nicht gesprochen. Was waren dies für »Schläge«? Meist wird eine bestimmte, ihn lähmende Krankheit vermutet. Schlatter und de Boor denken an die quälenden Erinnerungen an seine Zeit als Christenverfolger. Überzeugend ist dies alles nicht, denn über Krankheiten hat sich der Apostel sonst sehr nüchtern geäußert, und böse Erinnerungen bzw. Gewissensbisse wegen seiner früheren Taten zu vermuten, hieße ja an dieser Stelle die Macht der Vergebung gering zu schätzen. Wenn man die Antwort des Herrn in Vers 9 bedenkt, kann man eher zu dem Schluss kommen, dass Paulus mit den »Faust-

hieben« die besonderen Drangsale meint, in die ihn sein
Dienst immer wieder führte und von denen er einige in
11, 24 bis 33 aufgezählt hat. Diese Peinigungen, Extrement-
behrungen und Todesgefahren scheinen es — sehr verständ-
licherweise — gewesen zu sein, die ihn zu der dreimaligen
flehentlichen Bitte an den Herrn veranlasst haben, helfend
und schützend einzuschreiten. Nach dem dritten Flehen
hat Paulus dann eine Offenbarung des Herrn erfahren. Der
erhöhte Christus erschien ihm und sprach zu ihm: »Meine
Gnade reicht aus für dich, denn meine (wörtlich: die) Kraft
kommt durch deine (wörtlich: die) Schwachheit zur vollen
Wirksamkeit.«

V. 9b: Paulus sagt nicht, wann er dieses Offenbarungserlebnis hatte. Vermutlich stand es wie auch das andere
(V. 2 - 4) am Anfang seiner Aposteltätigkeit. Es war eine Bestätigung der Leidensankündigung durch Hananias. Paulus
hat daraus tief greifende Konsequenzen gezogen. Er hat
gelernt, alle Drangsale, die ihm widerfuhren, aus Gottes
Hand anzunehmen und nicht mehr um Bewahrung *vor*
der Not, sondern *in* der Not zu bitten. Diese Erfahrung
mit dem erhöhten Christus hat ihn zum »Apostel der
Schwachheit« gemacht. Seitdem weiß er, dass er schwach
sein muss, damit Christus sein Werk durch ihn zum Ziel
führen kann. Seitdem ist er in der Lage, sich seiner
Schwachheiten zu rühmen, denn er weiß, dass Christus
gerade diese vielen Ausweglosigkeiten nutzt, um seinen
Dienst zu beglaubigen.

V. 10: Deswegen konnte und kann er den zahlreichen
Entbehrungen und Verfolgungen ins Auge blicken und sie,

wenn sie ihn treffen, aus Gottes Hand annehmen (*eudoko* hier so viel wie »bejahen«). Er weiß, dass dann Christus selbst am Wirken ist. Er weiß, dass ihm gerade dann die unüberwindliche Kraft Gottes beigelegt wird. »Wenn ich schwach bin, dann bin ich stark.«

Paulus ist mit seiner aufgezwungenen »Narrenrede« zu Ende gekommen. Er ist mit ihr einen riskanten Weg gegangen. Er hat sich nicht nur auf die Themen, sondern auch auf das selbstbezogene Wesen seiner Gegner eingelassen und sich damit der Gefahr des Missverständnisses ausgesetzt, er wolle sie an Selbstlob übertreffen. Doch es ist ihm gelungen, in dieser verfremdeten Form den Korinthern eine Spiegelbild ihrer Anfälligkeit für Verführung vorzuhalten und gleichzeitig vor ihnen ein Bekenntnis zu seinen Schwachheiten abzulegen. Er ist in die Rolle eines Törichten geschlüpft, der sich selber lobt und bestätigt. Aber bei genauerem Hinsehen konnte jeder merken, dass er gar nicht seine Vorzüge, sondern seine Ausweglosigkeiten rühmte und hinter ihnen die Kraft Christi. So gesehen ist die »Narrenrede« das meisterhafte Zeugnis eines tiefen Lobpreises auf Jesus Christus.

Schlussermahnungen (12,11-13,10)

V. 11 - 13: Die Verse 11 bis 13 von Kapitel 12 kann man als eine Art Epilog zur »Narrenrede« verstehen. Paulus blickt auf die Korinther. Er ist jetzt wieder ganz ihr Lehrer und Seelsorger. »Ihr habt mich dazu gezwungen, dass ich mich soeben vor euch wie ein Törichter aufführen musste.« Und er fügt, nicht ohne Traurigkeit, hinzu, dass es eigentlich ihre

Aufgabe gewesen wäre, ihm zu danken und ihn vor den falschen Aposteln zu loben. Denn Grund genug hätten sie dafür gehabt. Alles, was sie an den Eindringlingen so fasziniert, das hätten sie auch an ihm entdecken können, aber
eben ohne den selbstherrlichen Bezug, der die Gegner diskreditiert. Aber, so seufzt er ironisch, er gilt ja leider nichts
in ihren Augen. Besonders beeindruckend fanden die Korinther anscheinend bestimmte Wunder- und Krafttaten
der Paulusgegner (V. 12). Wir wissen davon nichts Konkretes. Vielleicht haben sie Kranke geheilt oder Dämonen aus-
getrieben. Paulus geht auf die Anfälligkeit der Gemeinde
für solche außerordentlichen Geschehnisse noch einmal
speziell ein. Er stellt fest, dass doch auch durch ihn Wun-
der- und Krafttaten geschehen sind. Wir wissen, dass Paulus in bestimmten Situationen das Charisma des Berge versetzenden Glaubens empfing und bestimmte Krafttaten
vollbringen konnte, z. B. heilte er in Lystra einen gelähmten
Mann (Apg 14, 8 ff.), gebot in Philippi dem Wahrsagegeist
der Magd (Apg 16, 16 ff.) und erweckte in Troas einen tödlich verletzten Mann zum Leben (Apg 20, 9 ff.). Auch in
Korinth hat Paulus durch Bevollmächtigung des Geistes
Zeichen und Wunder getan, wie unser Vers bezeugt. So
kann er mit Fug und Recht die Frage stellen, worin die Korinther sich gegenüber anderen Gemeinden benachteiligt
fühlen, und er fügt ironisch hinzu: »außer dass ich euch
finanziell nicht zur Last geworden bin«, wofür er ironisie-
rend um Vergebung bittet (V. 13).

V. 14: In diesem Vers kündigt der Apostel seinen dritten
Besuch in Korinth an (nach dem 1 ½-jährigen Gründungsaufenthalt und dem kurzen Zwischenbesuch). Er sieht sich,

geschürt durch seine Gegner, dem Verdacht ausgesetzt, als ob er nur deswegen kommen wolle, um seine Idee der Kollekte für die judenchristlichen Gemeinden in Jerusalem und Umgebung endlich zu verwirklichen. Vielleicht wurden sogar noch weiter gehende Verdächtigungen kolportiert, dass es ihm letztlich nur darum gehe, persönlich an Geld zu kommen. Paulus ist davon tief getroffen. »Ich suche nicht das Eure, sondern euch«, muss er beteuern. Er ist doch der geistliche Vater der Gemeinde. Wie sollte er da auf die Idee verfallen, die Korinther, seine geistlichen Kinder, als bloße Geldgeber für seine Ideen zu missbrauchen oder sich gar an ihnen zu bereichern? Um diesem Verdacht die Spitze zu nehmen, kündigt er an, dass er wiederum von ihnen keinerlei finanzielle Unterstützung anzunehmen bereit ist.

V. 15: Ganz im Gegenteil, fügt er an, er will sich ihnen ganz geben. Das kann nur heißen, dass er sich bis zum Letzten für sie zur Verfügung stellen will. Nun folgt eine aufrüttelnde Frage: »Soll ich denn, der ich euch so über alles liebe, desto weniger Liebe von euch empfangen?« Der Apostel ringt bewegend um die Gegenliebe der Korinther. Auch dies kann missverstanden werden, als ob er auf ihre Liebe angewiesen wäre. In Wirklichkeit sind natürlich sie es, die ihn brauchen, und die erkennen müssen, was Gott ihnen durch den Apostel geschenkt hat.

V. 16 - 18: Nachdem er auf die unguten Verdächtigungen seiner Person eingegangen ist, muss Paulus nun noch eine besonders gemeine Unterstellung aufgreifen. Es wurde nicht nur behauptet, dass er die Korinther finanziell ausbeute und womöglich sogar in die eigene Tasche wirtschafte, sondern auch, dass er hinterlistig seine Mitarbeiter für seine unlauteren Pläne einsetze. Vers 16a drückt entweder ein erhofftes Zugeständnis der Korinther aus (»Das gebt ihr mir ja wohl zu, dass ich euch nicht zur Last gefallen bin«) oder ist als wiederholende Bekräftigung gemeint (»Nehmt das doch zur Kenntnis, dass ich euch nicht zur Last gefallen bin«). Im Blick auf den durch *alla* (»aber«) eingeleiteten Gegensatz in Vers 16b ist die erste Möglichkeit zu bevorzugen: »Aber ich bin ja durchtrieben und habe euch mit Hinterlist gefangen.« So lautete der Vorwurf, der in Korinth umlief. Paulus weist ihn in Frageform zurück (V. 17): »Habe ich euch denn durch jemand, den ich geschickt habe, übervorteilt?« Vers 18 nimmt den Vorwurf noch einmal konkret auf. Er bezog sich auf Titus und seinen Begleiter, die Paulus nach Korinth geschickt hatte (vgl. 8, 6.16-18), um die Kollekte vorzubereiten. »Hat euch etwa Titus übervorteilt?« Verdächtigungen müssen offen angegangen werden. Das kann man hier bei Paulus lernen. Der Vorwurf wird kategorisch zurückgewiesen, wieder in Frageform. »Wandeln wir (sc. Paulus und Titus) nicht im selben Geist, gehen wir nicht in denselben Spuren?« Beide, der Apostel und sein Mitarbeiter, sind dem Heiligen Geist Gottes verpflichtet. Beide folgen Jesus nach. Die Unterstellung, sie könnten die Kollekte für eigene Zwecke missbrauchen, ist absurd. Damit lässt es Paulus bewenden.

V. 19: Den ganzen Schlussteil des 2. Korintherbriefs ab dem 10. Kapitel kann man schnell als Verteidigungsrede eines Menschen, der in Frage gestellt wird, missverstehen. Das spürt Paulus deutlich. Deswegen weist er nüchtern und selbstbewusst darauf hin, dass seine Motivation ganz anders ist. Es kommt ihm nicht auf seine Person und auf seine Ehre an. Er kämpft nicht für sich selbst. Bei seinem Ringen um die gefährdete korinthische Gemeinde steht er »vor Gott« und redet »in Christus«. Das heißt, dass sein Ziel der Aufbau des Reiches Gottes ist und dass er sich in Übereinstimmung mit Christus weiß, der durch den Heiligen Geist in ihm wohnt. Es geht nicht um ihn, es geht um die *oikodome*, um den »Bau« der Gemeinde. Wir dürfen bei diesem Begriff nicht an das zahlenmäßige Wachstum der Gemeinde in Korinth denken, wie das heute beim Stichwort »Gemeindeaufbau« üblich geworden ist. »Bau« der Gemeinde im neutestamentlichen Sinn ist ihr inneres Wachstum am Glauben, in der Hoffnung und in der Liebe. Das Ziel des »Baus« ist die geistliche Reife der Gemeinde in Form der vollen Erkenntnis Christi und in einem von der Liebe Gottes geprägten Miteinander. Verantwortlich für den »Bau« sind die Leiter bzw. Ältesten der Gemeinde (vgl. dazu Eph 4, 11-16). In seinem ganzen Bemühen um die Gemeinde in Korinth geht es dem Apostel einzig um diese geistliche Förderung, um dieses Ziel und um die Wahrnehmung dieser Verantwortung.

Der Apostel äußert im Blick auf seinen geplanten dritten Besuch in Korinth eine doppelte Sorge: Zunächst befürchtet er, dass er die Gemeinde nicht in dem Zustand vorfinden wird, wie er es als ihr Lehrer und Seelsorger wünschen muss. Zum anderen, dadurch bedingt, befürchtet er, dass auch die Korinther ihn nicht so erleben werden, wie sie es gern wollen (V. 20a). In Vers 20b und 21 führt er die erste Sorge aus, in 13, 1 bis 4 die zweite.

V. 20b-21: Nach den Nachrichten, die Paulus vorliegen,

herrschen in der Gemeinde immer noch »Zank« und »Eifersucht« vor (diese beiden Begriffe bilden vermutlich die Überschrift, da nur sie im Singular stehen, während die anderen Laster mit einem Plural bezeichnet werden). Es hat sich also, seitdem Paulus den ersten Brief an die Korinther schrieb, an der leidvollen inneren Zerrissenheit der Gemeinde nichts geändert (vgl. 1. Kor 1, 11 ff.). Sie war immer noch an der Frage der Leitung gespalten. Die vorhandenen vier Gruppen orientierten sich an unterschiedlichen Leitern, nämlich an Paulus, Apollos, Petrus und — vermutlich — am irdischen Jesus, und alle vier »Parteien« standen nun mehr oder weniger unter dem Einfluss der »falschen Apostel«. Diese Situation lässt Paulus ein hohes Ausmaß von »zornigen Auseinandersetzungen«, »egoistischem Gebaren«, »Verleumdungen und Flüstereien«, »Angebereien« und »Verwirrungen« befürchten. Ebenso befürchtet er, von denjenigen Gemeindegliedern enttäuscht zu werden, die er wegen ihres unzüchtigen Verhaltens zur Umkehr aufgefordert hatte. Nach dem, was er aus Korinth wusste, musste er davon ausgehen, dass die Betreffenden noch keine Buße für ihr Verhalten getan haben. Paulus wählt zur Kennzeichnung der verschiedenen unzüchtigen Verhaltensweisen den Oberbegriff »Unreinheit«, den er dann mit den Konkretionen »Unzucht« und »Ausschweifung« verdeutlicht. Bei »Unzucht« kann man an Ehebruch und an Verwandtschaftsehen denken, die nach 3. Mose 18 verboten waren (vgl. 1. Kor 5, 1-13) und bei »Ausschweifung« an den Gang zur Hure (vgl. 1. Kor 6, 12-20). Paulus richtet sich also auf einen sehr schwierigen Besuch in Korinth ein.

Aber es ist interessant, wie er sich im Herzen darauf einstellt. Gemäß seiner Überzeugung, dass alle Bedräng-

nisse (»Schwachheiten«) die Kraft Christi erst richtig zur
Wirkung kommen lassen (12, 9), ist er bereit, auch diese
neuen Demütigungen aus Gottes Hand anzunehmen.

13, 1 - 4: Die zweite in 12, 20a ausgesprochene Sorge war,
dass er bei seinem erneuten Aufenthalt in Korinth Maßnahmen zur Gemeindezucht ergreifen muss. Dies wird jetzt
ausgeführt. In freier Anwendung des alttestamentlichen
Zeugenrechts (5.Mose 19, 15) bezeichnet Paulus seinen
dritten Besuch als entscheidend. Er wird endgültige Klarheit darüber bringen, wer in Korinth an Sünden festhält
und wer nicht. Dann wird er keine Nachsicht üben (V. 2).
Dann wird sich der törichte Wunsch erfüllen, den man in
Korinth immer wieder äußerte, dass sich Paulus noch einmal ganz deutlich legitimieren müsse, wirklich ein Apostel
Christi zu sein. Allerdings wird diese Erfüllung anders aussehen, als es sich die Betreffenden vorstellen (V. 3). Vers 4
gibt die theologische Begründung für das bevorstehende
schonungslose Auftreten des Apostels: So wie Christus selber in »Schwachheit« gekreuzigt worden ist und nun in der
Kraft Gottes lebt und wirkt, so wird sich auch der »schwache« Apostel in Korinth als »lebendig« erweisen, und das
heißt in der Kraft Gottes auftreten.

V. 5 - 10: Paulus kommt zum Höhe- und Schlusspunkt
seiner Ermahnungsrede. Angesichts des schlimmen geistlichen Zustands der Gemeinde (Anfälligkeit für ein »anderes« Evangelium, Zerstrittenheit, Unbußfertigkeit) und
auch angesichts seines bevorstehenden Kommens sollten
die Korinther sich ernsthaft vor Gott prüfen, ob sie überhaupt noch im Glauben stehen. Wie soll das geschehen?

Paulus gibt dazu den entscheidenden Hinweis. »Erkennt ihr, dass Jesus Christus in euch ist?« Wie können Christen erkennen, dass Jesus Christus in ihnen ist? Die Antwort ergibt sich aus dem Werk des Heiligen Geistes. Der Geist ist dazu eingesetzt, Jesus Christus zu verherrlichen (Joh 16, 14). Der Herr wird dort verherrlicht, wo die Frucht des Geistes wächst, d. h. wo Menschen zur Ehre Gottes leben (Gal 5, 22; Eph. 1, 3-14). Geistliche Frucht kann aber nur dort wachsen, wo das Eigene stirbt und in die Vergebung Gottes gegeben wird (Joh 12, 24 ff.; 15, 2b). Die Antwort lautet also: Jesus Christus wohnt in denen, die den Heiligen Geist haben und in der Wirklichkeit der Vergebung leben. Wer einem »anderen« Jesus folgt, einem Jesus, der nicht als Sühnopfer für die Sünden der Menschheit gestorben ist, und wer trotz seelsorgerlicher Ermahnung an Sünde festhält, wie es leider in Korinth der Fall war, der muss sich ernsthaft prüfen, ob er überhaupt »im Glauben« und ob Jesus Christus »in ihm« ist. Er lebt womöglich in der Gefahr frommer Selbsttäuschung und eines Scheinchristentums. Paulus nennt solche Christen »untüchtig« bzw. »unfähig« *(adokimoi)*. Sie stehen sich selbst und der Gemeinde im Weg. Sie bedürfen erfahrener Seelsorge und konsequenter Furbitte.

Paulus jedenfalls hofft, dass die Gemeinde erkennen wird, dass er nicht »untüchtig« ist. Er fügt hinzu, wieder um sich gegen den Vorwurf des Selbstlobs zu schützen, dass seine Ermahnungen an die Gemeinde nicht darin begründet sind, vor ihnen als »tüchtig« angesehen zu werden. Vielmehr will er, dass sie »tüchtig« werden und er, was seine Befürchtungen betrifft, als »untüchtig«, d. h. als irrend dasteht. Hier begründet der Apostel seinen geistlichen

Kampf um die Gemeinde, konkret seinen Wunsch, dass sie das Gute tut, aber auch seine Absicht, beim nächsten Besuch harte Maßnahmen zur Gemeindezucht durchzuführen (V. 8). Er kann nicht gegen die Wahrheit stehen. Er muss für die Wahrheit einstehen. Er muss ihr Geltung verschaffen. »Wahrheit« ist im biblischen Sprachgebrauch nicht nur ein Verhältnisbegriff, der die Übereinstimmung einer Aussage mit den Fakten benennt, sondern vor allem ein Wirklichkeitsbegriff. »Wahrheit« ist die durch Jesus Christus erschlossene Wirklichkeit (Joh 14,6). Dieser Wirklichkeit ist Paulus verpflichtet. Für sie setzt er sich mit jeder Faser seines Herzens ein.

Vers 9 bekräftigt Vers 7b. Es ist der große geistliche Wunsch des Apostels, dass die Gemeinde in Korinth »stark« im Herrn wird, d. h. fest im Glauben, in der Hoffnung und in der Liebe. Das ist sein Gebet. Er selbst will dabei gern in seinen »Schwachheiten« bleiben, wenn er damit nur ihnen hilft auf dem Weg zur geistlichen Festigkeit. Mit Vers 10 schließt Paulus seine Ermahnungen ab. Er fasst noch einmal seinen apostolischen Auftrag zusammen, für den er vom Herrn die Vollmacht erhalten hat. Er soll »bauen«, nicht niederreißen. Liebend gern möchte er auf die Gemeindezucht verzichten. Deswegen hat er auch darüber so ausführlich geschrieben. Noch haben die Korinther Zeit, ihr geistliches Leben zu überprüfen und ihr Verhalten zu ändern. Man spürt diesem letzten Satz die Liebe und die ehrliche Hoffnung ab, dass sie doch diese Chance ergreifen mögen.

Briefschluss (13,11-13)

V. 11: Mit diesem Vers fasst Paulus den ganzen ermahnen-
den Teil ab Kapitel 10 zusammen. Die Anrede »Brüder«
bringt einen herzlichen Akzent in diese letzten Sätze und
unterstreicht noch einmal die Liebe des Apostels zu seiner
Sorgengemeinde. »Lasst euch wieder zurechtbringen und
ermahnen.« Die besten Ermahnungen nützen nichts, wenn
der Wille fehlt, sie zu befolgen. »Seid eines Sinnes und hal-
tet Frieden.« Den Korinthern tut Eintracht Not. Der Zwist
innerhalb der Gemeinde muss endlich überwunden werden. Die Liebe Gottes muss Raum gewinnen. Mit Nach-
druck setzt Paulus diese dringende Bitte ganz an den
Schluss. Weil dieser Gemeinde die Liebe Gottes und sein
Frieden am meisten fehlt, verheißt Paulus ihr gerade diese
geistliche Wirklichkeit, wenn sie sich ermahnen lässt.

V. 12: Die Aufforderung an die Gemeinde, den »heiligen«
Kuss als Zeichen der Liebe und der Verbundenheit zu praktizieren, rundet die entsprechenden Ermahnungen zur
gegenseitigen Liebe ab. Der Gruß der »Heiligen« stellt die
Korinther in die Gemeinschaft der übrigen Gemeinden.

V. 13: Der Brief endet mit dem bei Paulus üblichen Se-
genswunsch. Allerdings finden wir hier im Unterschied zu
den übrigen Paulusbriefen eine Dreigliederung, die zweifellos an Gottes Dreieinigkeit erinnern soll. Der Apostel
wünscht der Gemeinde als erstes die »Gnade des Herrn
Jesus Christus«. In ihren geistlichen Verirrungen braucht sie
vor allem das Erbarmen und die Geduld des Herrn. Die
tiefste Not ist die in Korinth immer noch herrschende Lieb-

losigkeit. Schon im ersten Brief hatte Paulus die Korinther mit dem Hohenlied der Liebe aus diesem Mangel herausführen wollen. Jetzt wünscht er ihnen als Inbegriff all dessen, was er dort ausgeführt hatte, die »Liebe Gottes«. Der dritte Wunsch bezieht sich auf die »Gemeinschaft mit dem Heiligen Geist«. Der Begriff »Gemeinschaft« *(koinonia)* mit Genitiv bezeichnet bei Paulus immer die Teilhabe an etwas. Die Korinther standen aufgrund ihrer Zwistigkeiten, ihrer Verführbarkeit und ihrer Unbußfertigkeit in der Gefahr, den Geist in vielfältiger Weise zu betrüben und die Gemeinschaft mit ihm zu verlieren. Paulus drückt mit diesem Wunsch seine Hoffnung und auch sein Gebet aus, dass der Heilige Geist neuen Zugang zu ihnen erhalten möge, damit sie aus ihrer Krise herausfinden und gefestigte Christen werden.

Fremdwörtererklärung

a minore ad maius	Redefigur: Schluß vom Kleineren auf das Größere
Anakoluth	Redefigur: Abgebrochener Satz
Äon	Abschnitt in der Heilsgeschichte Gottes
Breviloquenz	Redefigur: Abgekürzter Ausdruck
chiastisch, Chiasmus	Redefigur: Verschränkte Entsprechung von Wörtern bzw. Satzgliedern in Form eines X
Diaspora	Zerstreuung
Doxologie	hymnischer Abschluß von Gebeten
Ekklesiologie	Lehre von der Kirche
en bloc	insgesamt
Epilog	Schlußwort
eschatologisch, Eschatologie	auf die letzten Dinge im Heilsplan Gottes bezogen
Eulogie	Segensspruch, Weihegebet, Lobpreis
Euphemismus	Redefigur: Beschönigung
final	auf ein Ziel bezogen

forensisch	von lat. forum, Markt- und Gerichtsplatz. Hier: eine nur juristische Entschuldung des Menschen, ohne innere Veränderung seines Wesens
genitivus subiectivus	Genitiv als Subjekt einer Handlung, z. B. »die Ankunft des Zuges«
Hebraismus	stilistische Eigenart der hebräischen Sprache im griechischen N. T.
Hendiadyoin	Redefigur: Zwei Begriffe, die das Gleiche meinen
Litotes	Redefigur: Untertreibung
paradigmatisch	beispielhaft
paränetisch, Paränese	ermahnend, Ermahnung
Parenthese	in der Grammatik: Beiordnung
Peristasenkatalog	in der antiken Literatur: Aufzählung verschiedener Lebensumstände
Pneumatologie	Lehre vom Heiligen Geist
Prädestination	Vorherbestimmung
Proselyt	zum Judentum übergetretener Heide
sc.	scilicet (lat): nämlich

Septuaginta   älteste griechische Übersetzung
                              des A. T.

typologisch, Typologie   in der Bibelauslegung: Vergleichs-
                              verfahren, bei dem Personen und
                              Ereignisse des A. T. als geistlich
                              bedeutsam für das N. T. darge-
                              stellt werden

hänssler

Von Joachim Cochlovius ist bereits erschienen:

Joachim Cochlovius

Leben im Zeichen des Kreuzes
Eine Auslegung des Römerbriefs

Tb., 264 S., Nr. 392.650, ISBN 3-7751-2650-3

Diese Auslegung des Römerbriefes ist in vielen Jahren Gemeinde- und Lehrtätigkeit des Verfassers erwachsen. Sie versucht, wissenschaftliche Gewissenhaftigkeit, Allgemeinverständlichkeit und Seelsorge am Leser zu verbinden. Exkurse vertiefen theologische Einzelfragen. Ein Fremdwörterverzeichnis hilft, theologische und rhetorische Fachbegriffe zu verstehen. Auch theologisch nicht geschulte Leser können sich mit Hilfe dieses Kommentars den Römerbrief mit Gewinn aneignen. Für Hauskreise und Gemeindeseminare bietet er eine verläßliche Arbeitsgrundlage.

Bitte fragen Sie in Ihrer Buchhandlung nach diesem Buch! Oder schreiben Sie an den Hänssler-Verlag, D-71087 Holzgerlingen.